66 72 77 1987 94
67 73 78 95
68 74 79 82 88 91 96
69 75 80 83 89 92 97
70 76 81 84 90 93 98
1971 85 86 1999
2000

台灣世紀回味

SCANNING TAIWAN Vol. 1

1895 2000 時代光影

總策劃　莊永明

遠流出版公司

台灣世紀回味

SCANNING TAIWAN Vol. 1

1895–2000 時代光影

編著者　遠流視覺書編輯室
總策畫　莊永明
編輯顧問　鄭林鐘
編務諮詢　吳興文
專文作者　莊永明・王紹中・瞿宛文・洪震宇
主編　黃秀慧
執行編輯　李淑楨・王紹中・鄭麗卿
編務協力　丘光・葉懿慧・吳倩怡
校讀　黃智偉・林蘭芳
圖片提供　莊永明・簡義雄・洪聰益・陳輝明等
（各提供單位資料直接標明於圖側）
照片調集　劉振祥
物件攝影　陳輝明・蔡沂均・徐志初
資料匯整　鄭志匡・蘇麗玲・王雅慧

視覺統籌　勤蜂設計網–吉松薛爾
設計協力　洪致芬
製版印刷　中原造像股份有限公司

發行人　王榮文
出版發行　遠流出版事業股份有限公司
地址　台北市汀州路3段184號7樓之5
郵政劃撥　0189456-1
電話　(02)2365-3707
傳真　(02)2365-7979

香港發行　遠流（香港）出版公司
地址　香港北角英皇道310號
雲華大廈四樓505室
電話　852-2508-9048
傳真　852-2503-3258

出版日期　2000年12月30日
售價　新台幣1500元；港幣500元

行政院新聞局出版事業登記證
局版臺業字1295號

著作權顧問　蕭雄淋律師
法律顧問　王秀哲律師・董安丹律師
ISBN 957-32-4236-2
YLib 遠流博識網
http://www.ylib.com
E-mail:ylib@ylib.com

遠流出版公司

封面圖像：「台灣總督府始政第30回紀念」明信片，1925.（莊永明提供）

目錄

小男孩與行軍隊伍，約1950-60年代，台北重慶南路，傅良圃攝.（常民文化學會提供）

4年台灣省長選舉候選人陳定南競選現場,許伯鑫攝.

產業演義 76

婦,約1950-60年代,傅良圃攝.(常民文化學會提供)

愛國獎券開獎小姐與電動開獎機,郭琴舫攝,1970.11.21.(中央日報社提供)

金錢共和國 118

日本政府為籌措戰爭經費而發行的「大東亞戰爭」公債,1943.(莊永明提供)

歷史照相簿 140

天主堂落成時的慶祝儀式,約1950-60年代,傅良圃攝.(常民文化學會提供)

【總策劃序】

文物有靈，光影不滅

2000年1月1日，台灣第一道曙光破曉的時刻，不少人群聚在台東太麻里海濱，目睹著將黑暗從台灣驅走的光芒，他們成爲台灣邁進千禧年的見證人。

2001年1月1日上午6時33分，21世紀台灣第一道朝陽的光線將灑在台東蘭嶼島上，而台灣本島南端的鵝鑾鼻也將在2分鐘後的6時35分出現日光。同樣的，也必有無數人前往觀賞，祈望看到「世紀交替」。

日出日落，本是自然規律，然而爲什麼有人會懷抱著興奮的心情，爭看「一時」，用以見證千秋？我錯失了迎接「千禧年」台灣第一道曙光的機會，也必無緣等待新世紀降臨台灣時的第一道曙光；和這二次「台灣第一」都未能正面接觸，是不是很可惜？

然而，走出「千禧年」，告別舊世紀；邁入2001年，進入新世紀，我想不僅要見證「光」，也要捕捉「影」。

在20世紀生活了半個世紀的我，而今將和地球上的60億人成爲「跨世紀的人物」。做爲一位台灣文史的研究者，對於台灣的「光和影」，留下了什麼見證？

《台灣第一》是我第一本付梓的著作，當年，這本書能受到矚目，想是因爲彼時台灣研究還是「險學」的年代，「台灣第一」這個詞彙，有挑戰威權的意味，它是大膽而且有魄力的命題！記得作家李喬曾說：「吳濁流創造了『亞細亞的孤兒』一詞，就足夠令他不朽了！」每次李喬和我見面，常直呼我「台灣第一」，想是他對我這本書的書名，情有所鍾吧！

我當然不敢奢望《台灣第一》會在台灣歷史研究叢書中有一席之地，但畢竟「台灣第一」這個名字是永恆的！

雖然《台灣第一》屬於「小品」之作，我也非學院出身，但不少朋友對我刮目相看，鍾肇政前輩說：「英雄出少年」。李南衡則說：「大隻雞慢啼」。柏楊更以「台灣第一位寫台灣第一的人」相許。

區區之作，獲得薄名，想必是大家肯定我的台灣史料收藏。沒錯，我是一位執迷不悟有收藏癖的人，而且到了「無所不集」的地步，台灣史料是蒐集對象之一，也因爲憑藉著此興趣，才能夠有《台灣第一》等40本著作。

做爲一個「蕃薯囝仔」，有幾個問題經常在腦海中思索著：

台灣人有過的是什麼？台灣人失去了什麼？

台灣人希求的是什麼？台灣人創造了什麼？

台灣人嚮往的是什麼？台灣人忘掉了什麼？

鳥瞰台灣全島山河，縱覽百年生活時光（台灣鳥瞰圖,1935年繪,莊永明提供）

其實，我的問題，本就是台灣歷史應該探索、討論的題目。長年來，我勤於收集各種證書、收據、郵票、車票、發票、照片、入場券、電影本事、明信片……，目的無它，因我視其爲史料。

「史料」是能夠檢驗歷史的重要證物，然而什麼才稱得上「史料」？史料，僅只是政府文書、官方檔案嗎？應該未必吧！

執政者往往對史料採行選擇性的保存，政治立場常常會影響「史觀」，於是「修史」是各說各的話，各唱各的調，歷史好像不容庶民的存在，難道「統治者」才能做「歷史」的主角嗎？

台灣研究由「險學」轉爲「顯學」，從非主流成爲主流；在「台灣學」當道的今天，如果還是以統治者爲中心的史觀，鋪天蓋地做台灣史的詮釋，是不足以了解整體脈絡的，用小物件看大歷史是我們的心志，《台灣世紀回味》可以說是「以民爲主」的歷史書。

人民的生活史必成爲未來歷史的主流，此爲可以預期的觀點，也因此我承接了《台灣世紀回味》的總策劃工作，相信多年的收藏物件，可以「回味世紀台灣」，藉著這些斑駁碎物，做歷史片斷的追憶，更重要的突顯台灣人民的「主體性」！

個人的收藏，必定有所不足，況且「藏史於民」的數量是成千累萬，所以也借他人珍藏來共同完成此龐大計劃，更重要的是撰述、編輯團隊的全力投入，始能締造成績，因此《台灣世紀回味》是「群策群力」的作業。

《台灣世紀回味》這套書將分成：政治篇「時代光影」、生活篇「生活長巷」、文化篇「文化流轉」三冊付梓，是以全視野、全方向、全思考來探討1895年迄今的台灣歷史。

文物有靈，歷史有憑，歲月舊痕必能喚起記憶。千禧年前夕，有人埋下「時光錦囊」（時代儲存器,Time Capsule），希望後代子孫挖掘重見天日後，來解讀我們今日的生活。在21世紀前夕，我們決定出版《台灣世紀回味》，因爲文物「入土」不如歷史「出土」重要。

這套《台灣世紀回味》，何止回味世紀台灣，更是爲這塊土地留住久久長長的共同記憶——記憶常存，自有不朽的「影」與永恆的「光」。

莊永明

官模官樣,取自《新新》6期,1946.8月.(鄭世璠提供)

蓋有中華民國郵戳的大清帝國郵票,1912,莊永明提供.

蓋有中華民國台灣省郵戳的大日本帝國郵票,1945-46,莊永明提供.

【出版緣起】

黑白的印象，彩色的回味

在光陰導演的催促下，「20世紀」這場百年大戲就要落幕、進入歷史了。這場戲，關乎地球上大多數人的生存與權利，以及對未來幸福的追求。其劇情高潮迭起環環相扣，精彩的程度與變遷的速度，遠遠超越此前的任何一齣戲。

我們的台灣，從來不曾在世界舞台上領銜主演，卻經常扮演著不可或缺的角色，尤其在經濟領域的表現，屢屢教人刮目相看。即使內裡的傷口疼痛，演出始終賣力。努力生活、跨越障礙，正是台灣最可貴的演出。這些足跡的留存，無論形諸於個人傳記或總體性的歷史記述，這些年來，坊間見到不少可貴的出版，遠流也參與了一部分。

自1975年遠流成立以來，在台灣歷史文化領域的出版表現，深獲各界肯定。因爲，除了作者用心經營的內容深度，還有編輯群的精心調理，爲閱讀的意趣加料、提味。在世紀交替的此刻，出版《台灣世紀回味》這系列圖文並茂的書，便是立意要將眞實的百年人間事、奮鬥的智慧重新歸整。體例上，大膽採取主題式的編排，捨去流水帳式的編年紀事，提供予關心台灣的人，加以審視、回味。

100年的台灣生活累積了怎樣的香醇芳味？胼手胝足的勞動締造了多少奇蹟？政治上的桎梏如何鬆綁和轉換？威權的圖騰又怎會被選賢與能的理想給替代？選票和傳單，怎樣傳達出不同年代的訴求？20世紀初的股票與明信片又表現了多少樸拙的現代美感？

爲此，遠流特別邀請台灣最重要的收藏家、同時也是文化研究者的莊永明先生，來和我們一起策劃編纂這系列《台灣世紀回味》專書，以生活的角度呈現西元1895年至2000年的百年間台灣的政治、選舉、經濟、產業、交通脈動、旅遊、消費、流行時尙、教育、文化、博覽會等近20個領域的發展軌跡，便格外具有意義。他的關懷，向來以台灣爲重心，觸角則延伸至與台灣息息相關的世界局勢、時代背景；他的收藏，使書齋成了書災；他的解讀，則帶領讀者重新探索文物的眞味。

《台灣世紀回味》關懷的面向多元、材料繁多，我們耙理出三個方向：《台灣世紀回味：時代光影》《台灣世紀回味：生活長巷》《台灣世紀回味：文化流轉》，也分爲三部陸續出版。書頁中飽含各色圖片與物象，風格屬於富有溫度的人文與生活記憶，而非昔時統治階層需求的傳統的沈重嚴肅冷硬的大歷史書寫。說得確切些，不但網羅了近期的時代特色，即使舊時代褪了色的印象，都因莊永明先生與視覺書編輯室同仁們的綿密編織和解碼而鮮活起來，回復了自身的色彩與光芒。透過版面編排的活潑靈動和豐富多元的圖像——地圖、證書、攝影照片、明信片、郵票、畫作、物件、宣傳品等等，讀者可由身邊事物著手，盡情地翻閱100年，輕鬆加入回味世紀的陣營。畢竟，在遠流這所無圍牆、無界限的學校裡，我們可以樂在知識，樂在展讀各式歷史資料，也樂在不同見解之間的交流與激盪。

王榮文

編輯室萬味報告

要替20世紀的台灣整理出一些什麼，光是看到「世紀」這兩個字，一不小心，就會掉進「歷史」的框框裡去。這兩個字的時間感太強，而一旦把時間擺在中央思考，歷史的負擔，就一分一分地加重了起來。

閱讀20世紀，可以不必這麼莊嚴肅穆吧！

於是我們選擇用「回味」來閱讀這個世紀、來閱讀台灣。甚至，甩開「閱讀」這兩個沉重的字眼，「回味」就好。

於是，在這套書裡，我們讓「世紀」與「回味」各占一半均等的地位。

我們不忘在文字上理出時間的先後，卻更在乎圖片中有多少你我行過這個世紀「曾有的記憶」與「未見的驚喜」。我們不僅聘請專家，就20個20世紀台灣生活最容易引起你我回味的面向，做大角度的嚴謹解讀，更要在占主體的篇幅裡，藉由大量的圖像光影，勾起你、你的家人、你的朋友心靈裡的互動與交通。

也許，哪一張照片中的人，就正好有你自己在畫面裡頭，抑或是隔壁的阿雄、美珠被拍了進去。也或許，哪一張照片中的房子，就是你曾經住過的街坊、唸書的學校、談情的公園。也或許，哪一張照片中的物件，呈現了一個你怎麼樣也想像不到的世界—你可曾見過，連牛車都要有「行車執照」？

一百年的生活實踐裡，留下的影像何其龐雜，其中，握手、簽約、開幕、剪綵的鏡頭經常可見，然而，更切身的景物是市井小民的生活場景。在時空走廊裡，儘管人人只參與了一部分，但我們在本書可以觀看更多，雖然不是網羅千帆，但百年時光美景又何需一次賞盡呢？

拋下所有沉重的包袱吧！放輕鬆，只要有一張圖片讓你低迴再三，一段小文帶你盪進往昔的悲歡喜苦，20世紀，我們就沒有白走，20世紀，我們就有了回味。

在搜尋本書千餘張圖像與查索內文資料的過程中，編輯同仁均已竭盡所能，從台灣頭問到台灣尾；讀者在玩味之餘，若其中發生錯漏疏失，尚請不吝指正。

改朝換代

日本殖民台灣，半個世紀的統治，從「同化政策」、「內地延伸政策」到末期的「皇民化」政策，其間歷經19任總督；台灣同胞的反日、反帝運動，則有「武裝抗日」和「非武裝抗日」兩個重要時期。

國府統治台灣，中國國民黨一黨專政的歲月，也超過半個世紀；蔣中正、蔣經國父子當權40幾年，「虛位總統」嚴家淦則做了3年。「台灣人李登輝」做總統，從繼承大位到「間接選舉」和1996年直選，共有12年；一直到西元2000年，才改換民進黨陳水扁「綠色執政」。

政權必會更替，而「不變」的永遠是人民，「人民當頭家，頭家成人民」，歷史證明沒有永遠的執政者。

行過台灣一百年

莊永明

歷史悠久的台灣，考古發掘的「長濱文化」和「左鎮人」，
都是屬於舊石器時代，也就是說有二、三萬年，甚至五萬年的歷史；
至於屬於新石器時代、鐵器時代的原始文物遺址，更是多次在台灣各地陸續出土。
幾萬年前的「台灣先住民」，和後來在語言上屬於南島語系的原住民，
是漢人的足跡尚未抵達台灣之前的「主人」。

渡海紛紛為台民

自稱為「人」的南島語系原住民，原來沒有族稱，族名是後來的「外來人」所取的。以前，原住民被分為：「高山族」和「平埔族」。平埔族曾分布在台灣西部沿海一帶，在「唐山人」渡海開拓與他們爭地時，逐漸接受漢化，其族群似乎融入漢人的社會中。高山族概分為十族，除了達悟族（以前稱為「雅美」）生活在離島蘭嶼外，其他分布在本島的九個族群分別為：泰雅、賽夏、布農、鄒、魯凱、排灣、卑南、阿美和人數最少的邵族。

台灣第一次受到西洋人的禮讚，是16世紀葡萄牙的航海者，經過海面，看見此一「屹立乎海中，叢崗翠嶺」的島嶼，驚嘆中直呼：「Ilha Formosa」（啊！美麗的島）。漢人為追求新天地，過新生活，渡海拓疆，「唐山過台灣」的故事，在四、五百年之前，已經在歷史舞台上搬演，但是人數不多。不過，「外來政權」也在那個時候來到台灣，荷蘭人占據南部，西班牙人入侵北部，兩個海權國家分據台灣南北。1642年，在台16年的西班牙人被荷蘭人逐出。「紅毛番」荷蘭人控制和剝削因中國大陸飢荒而來台拓墾的漢人，這個重商主義的西方殖民政權在1662年被鄭成功打敗後，台灣才開始出現漢人建立的政府。

鄭氏政權在台三代，「中原文化」開始傳播台灣；但於1683年即被滿清征服。滿清統有台灣之後，因恐台灣再度成為反叛「中原」的根據地，遂頒布移民禁令，嚴禁偷渡，但是因為福建、廣東饑荒連連，一波波九死一生的渡海浪潮仍湧向台灣。台灣的開發，由南而北，由西往東；其間雖有漳泉之鬥、閩客之爭、漢人和原住民爭地等族群衝突事件，但是在這塊島嶼求生存的決心，是一致的。滿清統治台灣達212年，因為長時期的吏治不佳、強徵重稅，導致民變，「三年一小反，五年一大亂」充分說明了其間抗官事件的頻繁。

戰火中的現代化之路

1860年代，台灣開港通商，西方的宗教、近代醫學、生產技術、貿易知識也隨之傳入，促成了台灣產業結構的改變，樟腦、茶葉、蔗糖成為國際市場上炙手可熱的商品。隨著「美麗島」的盛名遠揚，外國列強又開始窺覬台灣。1874年「牡丹社事件」日軍犯台，1884年「清法戰爭」法軍侵台，皆讓清廷震撼。在「保台」的前提下，派來台灣的技術官僚沈葆楨、丁日昌、劉銘傳銳意建設台灣，也因此出現了電報、鐵路等現代化建設，使得海島台灣的近代科技洗禮，要早於中原大陸。

甲午戰爭，日本打敗滿清。1895年，日本憑著一紙與滿清政府所簽的「馬關條約」，占領台灣，這份「台灣人的賣身契」讓台澎居民成了「日本子民」。義不帝倭的台灣人民雖曾宣布立國，成立「台灣民主國」，但畢竟只是曇花一現。

日本殖民政府統治台灣50餘年，所謂「工業日本，農業台灣」的政策，為本地來諸多變革；許多基礎建設，一方面讓台從「舊社會」中開始蛻變，另一方面隨著育而來的民主觀念啓蒙，也掀起1920年的文化自覺與民族自決運動。「非武裝抗運動」傳達了「台灣是台灣人的台灣」的聲。然而，民族運動的聲浪，後期雖轉換局部和小型的農、工運動，但是終究抵不殖民政府的打壓。

二次大戰期間，日本軍國政府為了達「大東亞主義」的美夢，以台灣為「南進地」。於是，「皇民化運動」日益喧囂，多台灣青年以「台籍日本兵」的身分，被往海外參戰。戰爭末期，台灣本島成為盟飛機轟炸的目標，幾個大都市幾成廢墟。

1945年8月，日本政府宣布無條件投降中華民國政府組織台灣省行政長官公署來理台灣。台灣人原本非常熱烈歡迎「祖國府」到來，但是很快就失望了；政治腐敗特權橫行、物價飛漲、生活困苦，使得台人怨聲載道，終於在「光復」不到2年就生228事件，在這一場不幸的族群衝突中死於非命的人不計其數。1949年，中華國政府因內戰失敗撤退來台，近百萬人分湧上海島，形成台灣史上最大的一波移潮；此後，並遷都台北市，台灣開始被稱「反攻大陸的基地，世界反共的堡壘。」

1949年5月，政府當局為了鞏固台、澎金馬基地，宣布戒嚴令，厲行「保密防諜政策，因之形成此後的「白色恐怖」，造不少冤獄。同時，各項政治、經濟、社會

革措施，也次第進行，如三七五減租、公
放領、耕者有其田的三次土地改革，以及
制改革與地方自治等推行，逐步穩固政權
基礎。

950年6月，韓戰爆發，美國派遣第七艦
協防台海，海峽兩岸因之對立隔絕。美援
提供，對台灣的經濟穩定有不少助益。
54年底，「中美共同防禦條約」簽訂，台
成為美國的忠實夥伴。1958年8月23日，
共開始猛烈砲轟金馬。823砲戰後，兩岸
入「冷戰對峙」時代。

台灣的執政者從1960年開始進行「財經
進措施」，內容包括鼓勵儲蓄、改善投資
境、改革租稅、建立預算制度、限制國防
費等措施，傲世的「台灣奇蹟」，此時已
始扎下了根基。中部橫貫公路通車、桃園
門水庫竣工、高雄加工出口區設立、九年
民義務教育實施等……都是1960年代台
的重大建設。

國民黨除了發揚中華文化「對抗」中共的
化大革命外，亦不忘宣導中華傳統文化，
僅在教育上施行「統一教材」，1960年代
後，亦以黨軍政把持傳播媒體，尤其是電
。相對於這種情況，黨外人士便藉著本土
識來找「發言」的空間。

禁忌到解放

1971年10月，中華民國失去聯合國席
，外交困境年甚一年。1972年，與日本
交；1979年，美國與中共建交，台灣的
際地位更形孤立。1972年，蔣經國接任
行政院長（於1978年就任總統），此後陸續推動十大建設與十二項建設，台灣經濟奇蹟，漸受國際矚目。在這段期間，台灣的反對勢力前仆後繼要求政治改革，「中壢事件」、「美麗島事件」陸續爆發。1986年9月28日，戰後台灣第一個反對黨——民主進步黨突破黨禁宣告成立。1987年7月15日，長達38年的戒嚴宣告解除。年底，開放大陸探親、開放報禁，諸多的政治禁忌紛紛鬆動。所謂的「動員戡亂時期」終於結束。民主化的台灣街頭運動層出不窮，各項議題的抗爭，無不表示人民想要「出頭天」。

1980年代的台灣，逐漸落實發展高科技產業；台灣、南韓、新加坡、香港，共同列名「亞洲四小龍」，台灣有許多出口產品，在世界排名第一。1986年房地產開始飆漲，金錢遊戲氾濫。翌年（1987），行之多年的愛國獎券被迫停止發行，只因不敵「大家樂」賭風日熾。1989年，股市加權指數創下了12,000點的歷史紀錄，形成「全民皆股戶」的現象。

1988年1月13日，蔣經國總統病逝，由副總統李登輝繼任，台灣的威權統治，就此正式落幕。但李登輝主政才四個月，就發生了大規模農民抗爭的520事件，雖是要求政府禁止美國火雞、水果進口的「經濟」訴求，但也凸顯出勞保、公保雖行之有年，而農保卻長期被漠視的問題。於是，1988年，台灣省農民保險全面試辦，也促使「全民健康保險法」提前在1995年3月1日實施。

1996年3月，實施總統、副總統直接民選，中共文攻武嚇，甚至試射飛彈舉行軍事演習。最後，這場台灣史上首度的總統大選，在美國航空母艦的護衛下完成，代表國民黨參選的李登輝、連戰獲得超過半數的選票，當選第一屆民選正副總統，台灣民主化的腳步，又向前跨出了一大步。

在新的起跑線上

1990年代，台灣的資訊工業，從仿冒到打出自己的品牌，短短數年間，進步快速。台灣在未來成為「資訊社會」，是可以預期的。然而，台、澎、金、馬二千二百餘萬人所締造的「台灣經驗」，雖然受到世人矚目，但「經濟掛帥」的政策，也導致功利主義的抬頭，傳統的勤儉美德觀念，逐漸喪失，更不幸的是破壞了「好山好水」，當大地反撲的現象陸續出現，才喚醒各界對環保的重視。

1999年，李登輝總統提出了「特殊的國與國關係」兩岸定位論，遭受中共反彈和打壓，然而台灣仍然「老神在在」。不幸在將跨進千禧年的時候，9月21日發生了集集大地震，地形地貌劇烈變形，造成的災禍，令人怵目驚心。

西元2000年的大選中，「百年老店」國民黨遭到挫敗，拱手讓出政權，由民進黨執政。走過20世紀風風雨雨歲月的台灣，在世界舞台的自主性和重要性，無一日或減，畢竟世界村中的「福爾摩沙」，仍是舉足輕重的角色。

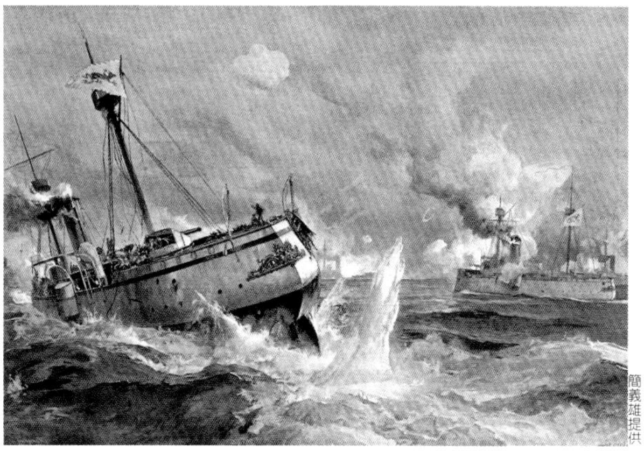

龐義雄提供

1 黃海海戰是甲午戰爭的決定戰之一,北洋軍艦隊全軍覆沒,加速清朝接受和議.取材自倫敦畫報(The Illustrated London News)597期插圖,1894.

1895年
太陽旗下的新殖民地

1895年4月17日，台灣被出賣了！清廷爲了朝鮮主權問題，1894年與日本發生戰爭，在這場「甲午戰爭」中，戰敗的清廷在日方予取予求下，簽下「馬關條約」(日清講和條約)將「台灣全島及附屬各島嶼」、「澎湖諸島即英國格林尼次東經119度起至120度、北緯23度至24度間諸島嶼」的主權，「永遠讓與日本」。

日本取得「台灣人的賣身契」，即由北白川宮能久親王率領近衛師團於1895年5月29日在澳底鹽寮強行登陸準備接收。四天後，清廷派出的「交割台澎全權委員」李經方怕台灣人報復不敢上岸，改在海上完成領土交割法律手續；更不合法理的是日軍宣告占領澎湖群島是在簽訂馬關條約前23天。

被清廷遺棄的台灣人，驚聞即將成爲亡國奴，爲求自力救濟，發動「獨立戰爭」，但畢竟是烏合之衆，難敵船堅砲利的日軍。「台灣民主國」總統唐景崧也爲了自行保命，遁逃唐山。6月7日，台北城在日軍兵不血刃下淪陷。日軍進駐台北城後，新任台灣總督樺山資紀於6月16日由基隆進駐城內的撫台衙署。次日舉行始政儀式，宣布日本政府正式在領有的第一個殖民地開始「庶政」。

始政儀式包含閱兵，侵台的近衛師團第一、第二聯隊，還有工兵、機關砲隊、騎兵隊等均參加受校，如此誇耀皇軍武威，無異是向台北城以外「義不帝倭」從事反抗戰鬥的台胞下馬威。樺山總督在「大典」上致辭如下：「日本戰勝，台澎收入版圖，沐浴皇化。……當夙袍磨勵心力，以促本島居民的安寧。」(莊永明)

2 工兵敢死隊進行第一回作業,《風俗畫報》103號台灣征討圖繪第3編,1895,遠藤耕溪繪.

19世紀台灣的命運

美國海軍將領培理曾主張武力占領台灣，外交官哈厘士則提倡以金錢購買台灣；1855年，美國當局以國力有限，無意在東亞擴張領土而擱置「購台」之議。1860年代，西方列強已在台灣南北港口開設跨國公司，資本主義入侵台灣。日本明治維新後，國力大增，進而向外發展，於是南擾台灣、併吞琉球，西圖朝鮮、進窺中國。1874年日軍藉牡丹社事件出兵台灣，20年後與清廷展開甲午之役。在平壤陸戰、黃海海戰均受挫的清廷，最終簽下辱國失土的馬關條約。

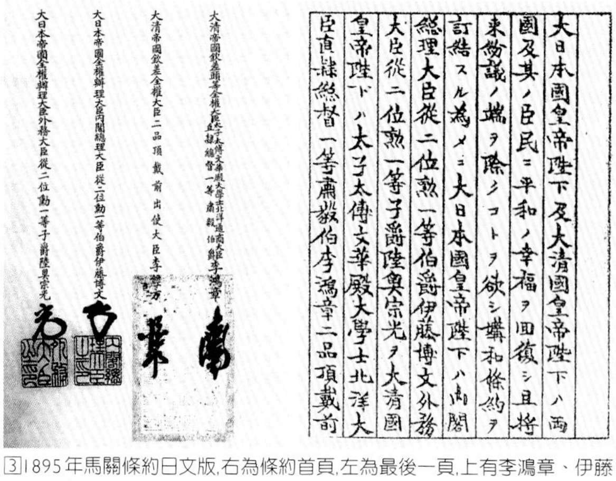

大日本國皇帝陛下及大清國皇帝陛下ハ兩
國及其ノ臣民ニ平和ノ幸福ヲ回復シ且將
來紛議ノ端ヲ除クコトヲ欲シ媾和條約ヲ
訂結スル爲メニ大日本國皇帝陛下ハ內閣
總理大臣從二位勲一等伯爵伊藤博文外務
大臣從二位勲一等子爵陸奥宗光ヲ大清國
皇帝陛下ハ太子太傅文華殿大學士北洋大
臣直隸總督一等肅毅伯李鴻章二品頂戴前

大清帝國欽差頭等全權大臣太子太傅文華殿大學士北洋通商大臣直隸總督一等肅毅伯爵李鴻章
大清帝國欽差全權大臣二品頂戴前出使大臣李經方
大日本帝國全權辦理大臣內閣總理大臣從二位勲一等伯爵伊藤博文
大日本帝國全權辦理大臣外務大臣從二位勲一等子爵陸奥宗光

莊永明提供

3 1895年馬關條約日文版,右為條約首頁,左為最後一頁,上有李鴻章、伊藤博文等人的署名.

4 征台主帥北白川宮能久肖像,約1910年代.(洪聰益提

5 橘色線條圖為1895年日本征台戰役經過略圖(原圖直書文字已改為橫寫)，取自《台灣總督府警察沿革II》,1938.（遠流資料室）

遠流資料室

鹽寮登陸】 日軍接收台灣採南北夾攻，1895年5
29日下午，登陸的首個據點是東北海岸澳底鹽寮，
「台灣民主國」成立僅六天。防守海岸的兵勇，見
潮湧的日軍強行上岸，阻擋不久即戰志全失，匆作
潰散。日軍登陸後一路挺進，雖偶遭抵抗，但其征
者態勢，已經展露。

莊永明提供

日軍從北門兵不血刃地進駐台北城,明治神宮外苑聖德紀念繪畫館壁畫63
石川寅治繪.

台灣民主國百日興亡史

割台之初群情激昂，在「與其生為降虜，不如死為義民！」「不與日人共日月，願與台地共存亡」號召下，1895年5月25日，唐景崧受各方擁戴，由台灣省的巡撫成為「台灣民主國」大總統。然而，「改建民主王國，官吏皆由民選，一切政務從公處置……」的民主國，竟是「今雖自立為國，感念列聖舊恩，仍應恭奉正朔，遙做屏藩，氣脈相通，無異中土。」仍把顢頇老朽的大清帝國尊為母國！10月21日，劉永福棄守，台南府城淪陷，台灣民主國宣告「亡國」。

莊永明提供

7 台灣民主國郵票圖案為「溪虎圖」,郵票以音譯「士擔紙」標示.

簡義雄提供

8 劉永福黑旗軍,取材同 1.

莊永明提供

9 藍地黃虎旗與大清龍旗互相呼應,但這面旗在台灣民主國的天空飄揚不過十幾天而已.

臺南府城
欽命幫辦臺灣防務劉
義民
左連環保
右連環保
示

遠流資料室

10 劉永福1895年頒發的義民證.

戰火硝煙

征戰紀念碑

日本帝國雖於1895年6月17日宣稱「始政」台灣，但全島各地抗日行動仍前仆後繼，令統治者寢食難安。10月21日台南府城淪陷，台灣民主國滅亡，11月1日近衛師團班師離台返日，台灣總督便於11月18日正式宣告：「全島已完全平定」，時隔始政之日，已有155天。

台灣「平定」，統治者並未從此高枕無憂，各地抗日戰鬥仍此起彼落，北部簡大獅、中部柯鐵虎、南部林少貓即被稱為「抗日三猛」。

漢人的武裝抗日運動，較大規模的有北埔事件、關帝廟事件、苗栗事件、東勢角事件、西來庵事件等。1915年西來庵事件中被捕的余清芳等抗日分子，一律依「匪徒刑罰令」舉行司法大審，被告共1,957人，判死刑達866人，是世界司法史上罕見的判例，後雖因日本大正天皇登基施行特赦，仍有95人已被處決，11人冤死獄中。

1910年至1914年的「五年理蕃計畫」，是台灣總督府動員強大武力對原住民進行的血腥鎮壓。1914年6月，佐久間總督親率一萬多名士兵、警察、軍伕，攻打只有三千名壯丁的太魯閣蕃，並於當年9月向天皇報告「全台蕃社底定」。1930年爆發的「霧社事件」，更是震驚島內外的抗日行動，此事件導致總督石塚英藏和台中州知事引咎辭職。

日本統治者為維護政權，鎮壓、迫害、屠殺台灣人，事後還建造紀念碑表彰其血腥的績業，然而歷史的回應是「今不復存」！（莊永明）

1 威嚇鎮壓原住民的日軍砲兵陣容,取自《東台灣展望》,1933.

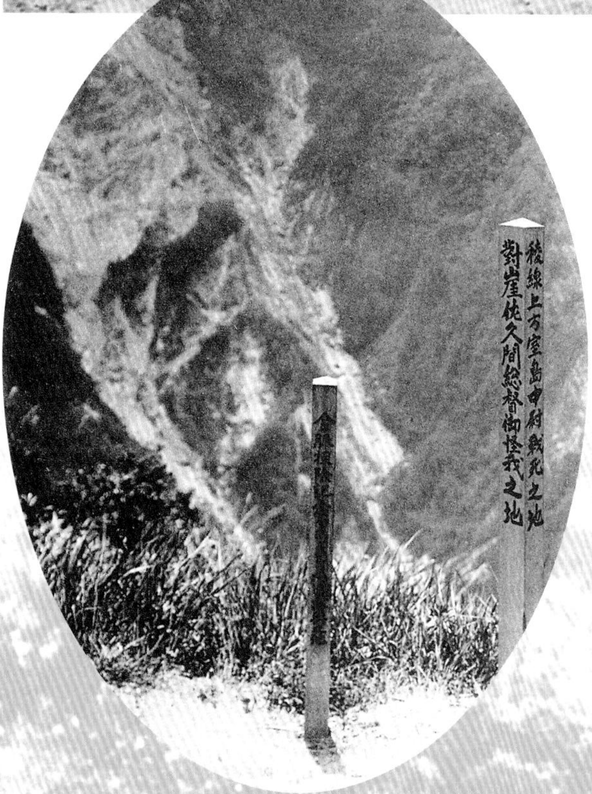

2 1914年日軍征伐太魯閣蕃所留下的紀戰木樁,木樁對面山崖為佐久間總督受傷之地,來源同 1

(臺灣) 角板山佐久間總督追懷記念碑
The Monument of Ex-Governor Sakuma, Kappanzan, Form

3 角板山佐久間總督追懷紀念碑,約1920年代.

4 霧社事件殉難紀念碑,約1930年代.

莊永明提供

5 1911年「土庫事件」中台灣反抗民眾所使用的傳統兵械.（遠流資料室）

6 1915年西來庵事件被捕的反抗民眾在台南監獄前,每個人雙手扣上手鐐,頭上也罩上竹簍.（遠流資料室）

抗日志士即匪徒？

抗日分子被日本統治當局歸類為「匪徒」，日人欲除之而後快。1898年11月5日台灣總督府發布的「匪徒刑罰令」中言明「不問目的是什麼，凡聚眾行使暴行或脅迫者，一概視為匪徒，……匪徒首謀或指揮者處以死刑，附從者處以無期徒刑。」在如此嚴峻法律下，台灣武裝抗日運動的領導者因「刑罰令」而就義者，不乏其人。

7 佐久間總督任内討蕃隊凱旋紀念戳,1913.（遠流資料室）

8 1930年霧社事件中日軍以空投傳單勸降反抗的泰雅族人.（莊永明提供）

9 領導霧社事件的馬赫坡社頭目莫那魯道(中),約1920年代.（莊永明提供）

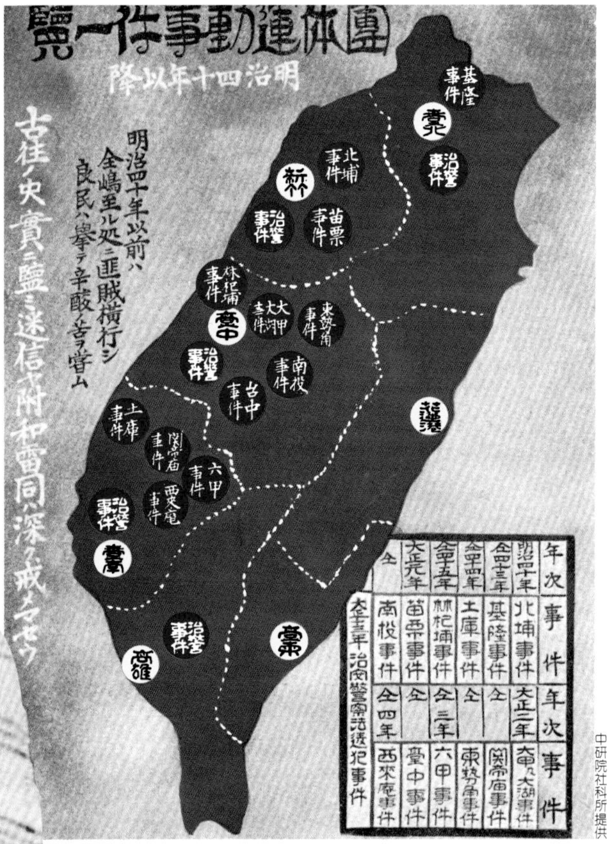

中研院社科所提供

10 1907-26年間台灣人抗日事件圖,取自《台北州警察衛生展覽會寫真帖》.

警察治國有理

軍人、憲兵、警察是日本治台初期三大主力，不過，部門間卻存在著衝突與無法一致的情況。1897年台灣總督乃木希典創設「三段警備制」，想藉此整合三種力量，不過成效不彰，此後，逐步確立以警察爲主要的統治工具。

日治時代，維持社會秩序的警察，其凶狠在台灣人的心目中印象深刻，他們絕不是人民的保母，而是百姓的惡煞！

爲了改變台灣人對警察的不良印象，台北州曾於1925年11月舉辦連續五天的警察衛生展覽會，以表現警察親民的面貌，向民眾說明「警察並不是可怕的」。

然而，如此的粉飾是徒勞無功的。《台灣民報》即對這個「以偏概全」的展覽發表意見：「警察全盛之台灣，（此展覽）想必大有開拓世人之眼界，但未知我島警察界的特許拷問手段，如灌水法、雕龍蝦法、插肋骨法等，亦肯展覽於公眾否？」

1923年發生的「治警事件」，即是警察作爲統治者工具的明證。當日拂曉，蔣渭水等推展「台灣議會設置請願運動」的志士，在全島性的檢肅行動中，被搜索、傳訊、扣押，用以控訴這些「良心犯」的法令根據，正是「違反治安警察法」。

（莊永明）

1 壯丁團和青年團都是日治期間警察藉以控制地方、動員人力的基層組織,圖為嘉義民雄江厝店的青年團成員,1941.

2 日本殖民政府頒予歸順原住民的頭目章,約1920-30年代.（莊永明提供）

3 八通關警察駐在所,約1930年代.

4 穿戴鎧甲全副武裝的雅美族人與警吏,取自《東台灣展望》,1933.（莊永明提供）

中研院社科所提供

5 壯丁團活動一覽圖,取自《台北州警察衛生展覽會寫真帖》,1926.

中研院社科所提供

6 保正、甲長職務一覽圖,來源同 5

【壯丁團】1898年頒布的「保甲條例」，是协警察業務與駕馭地方行政的工具，這種坐制度，被批評爲「原始時代支配階級對支配階級榨取的延長。」而爲了鎮壓「匪」及防範天災，此條例也設立了不具公務員身分及不支薪的壯丁團制度。

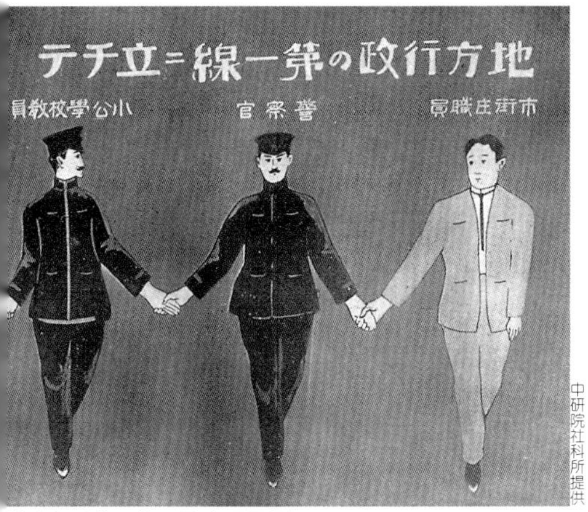

中研院社科所提供

地方行政第一線」圖,來源同 5

大人來了！

無所不在的日本警察，是日治時代台灣人的最怕，無人敢駐足在派出所旁，見了日本警察就連連直呼：「大人！」

「杏仁茶，見著警察叩叩爬，碗盆損破四五個；乎伊掠去警察衙，雙腳跪齊齊，大人啊！後罷不敢賣。」這首童謠所描述的既是小販窘狀，也是小老百姓受欺壓的寫真。

日本警察大人，不是人民的保母，而是人見人怕的豺狼虎豹；一句「大人來了！」就足以令啼哭的小孩不敢出聲，交談中的民衆，一下子噤若寒蟬。和美詩人陳虛谷有詩：

凌虐吾民此蠢才，
寇仇相視合應該；
兒童逢見皆驚走，
高喊前頭日本來！

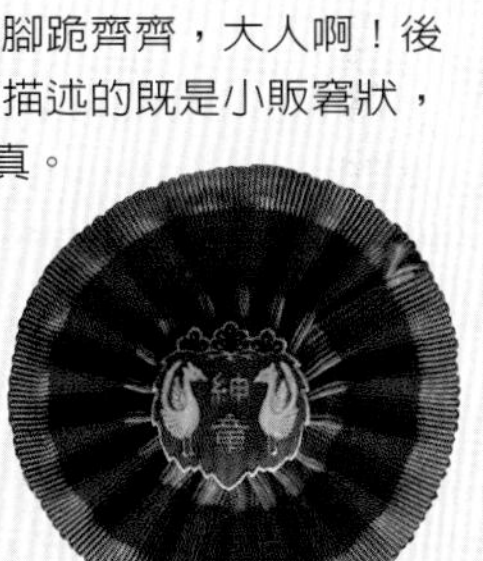

8 總督府所頒發的紳章被台灣人譏諷為「臭狗牌」,擁此章便享有「警察不入」的好處,施行年代為1897-1926年間.
(莊永明提供)

中研院社科所提供

9 警察衛生博覽會海報上被美化為千手觀音的警察形象,可見警察大人確實「無所不管」,來源同 5

1 台灣文化協會第一回理事會紀念,林獻堂(前排右四),蔣渭水(前排左三)等非武裝抗日運動菁英,以推動政治文化運動來反抗日本殖民政府,1921.

凡我青年同志……

1920，自覺的年代

第一次世界大戰後，民族覺醒運動風潮遍及世界各地，1918年美國威爾遜總統的「民族自決」原則和1919年朝鮮人民的「31獨立運動」，影響了當時台灣智識份子對未來前途的觀念。

1918年的「啓發會」和1920年的「新民會」皆由東京的台灣留學生組成，是台灣要求撤廢台、日差別待遇的「六三法」、反帝、反殖民等運動的先聲。新民會所創辦的《台灣青年》雜誌，是1920年代新文化運動的啓蒙刊物，後來演化爲「台灣人唯一的喉舌」的《台灣民報》與《台灣新民報》。

1921年1月30日，第一次台灣議會設置請願書送達日本帝國議會兩院，要求：「對于台灣之統治，務須參酌其特殊情況，因應世界潮流、洞察民心趨向，速予種族平等待遇，俾得符合憲政常道，是即設置由台灣民選之議員，組織台灣議會。」1921至1934年，台灣議會設置運動共發動15次請願。

1921年10月17日，「台灣文化協會」成立，以促進台灣文化之發達爲目標，活動深入民間，對抗日意識的教育有莫大成果。但後來，即使文協領導者蔣渭水大聲呼籲「同胞須團結，團結眞有力！」文協仍因無產青年奪權而左右分裂。舊幹部另起爐灶，於1927年7月10日成立台灣民衆黨，但和殖民政府纏鬥四年後，終因被列爲非法團體而解散。曾任「台灣地方自治聯盟」書記長的葉榮鐘曾以「戰爭的形勢」來譬喻台灣非武裝抗日民族運動：「台灣議會設置運動是外交攻勢，《台灣青年》雜誌（包括以後的《台灣民報》等）是宣傳戰，而文化協會則是短兵相接的陣地戰。」（莊永明）

台灣自治歌

蔡培火寫於1923年因「治警事件」入獄期間

蓬萊美島眞可愛，祖先基業在，
田園阮開樹阮栽，勞苦代過代，
著理解，著理解，阮是開拓者，不是憨奴才，
台灣全島快自治，公事阮掌才應該。

玉山崇高蓋扶桑，我們意氣揚，
通身熱烈愛鄉血，豈怕強權旺！
誰阻擋，誰阻擋，齊起倡自治，同聲直標榜，
百般義務咱都盡，自治權利應當享。

臨床講義

譯者按語：本省革命先烈蔣渭水先生，臺灣醫學專校（當時臺灣之最高學府）畢業後，於民國五年創立大安醫院，以仁術濟世，對貧苦同胞經常免費治療，深得社會人心。然而蔣先烈更關心的是，當時在日本帝國主義下百病叢生的臺灣，遂於民國十年十一月三十日（日本帝國統治臺灣已二十七年）發表了這篇「臨床講義」，替患長期慢性病的臺灣把脈、診斷、開藥方。

蔣渭水　原作
彭峰先　譯

爲名叫臺灣的病人而寫

一、姓　名：臺灣島
一、性　別：男
一、年　齡：遷移至目前住所後算起，二十七歲
一、原　籍：中華民國福建省臺灣道
一、目前住所：大日本帝國臺灣總督府。
一、職　業：世界和平第一關口守衛。
一、遺　傳：有黃帝周公孔子孟子等之血統，遺傳性顯著。
一、素　質：如前條所記乃聖賢後裔，因此素質強健天資聰明。
一、過去病歷：幼年期即鄭成功時代，身體頗爲強壯，頭腦清晰，意志堅強，品性高尙，動作敏捷。清代後，因政策中毒，身體日漸衰弱、意志逐漸薄弱，品性漸趨卑劣，節操日益低下。遷移至日本帝國後，接受了不健全的治療法，雖稍有起色，然而，大約二百年之久的慢性中毒症，不容易收藥到病除之效。
一、目前症狀：道德頹敗，人情澆漓，物質慾望極強，精神生活貧乏，風俗醜陋、迷信深沉、頑冥不化、衛生全然缺欠、智識淺薄，不知著眼永久大計、只顧爭奪眼前小利、墮落怠惰、腐敗、卑屈、怠慢、虛榮、鮮廉寡恥、四肢倦怠、惰性十足、意氣消沉、毫無生氣可言。
一、病人陳述：頸痛暈眩腹內飢餓感。

大致上有這麼一個病人，診察時發現按其身體比例，應該算是一個大頭。想必有很強的思考力。問了兩三個常識問題。其回答皆不得要領。這病人也許是愚蠢或低能兒吧。其頭骨雖大，而內容至虛，腦髓不足。問他稍爲困難的哲學問題、數字問題、科學問題，或是世界局勢，他一聽了就目眩頭昏。但他的四肢卻很發達，或許是操勞過度的緣故吧。再診察他的腹部，細小而凹入。腹壁呈一條條皺紋，恰像是剛生育過的產婦。這想必是由於大正五年以來託歐洲大戰之福，一時突地脹飽，去年夏天，和談之風引起了腸感冒，嚴重下痢，使得腹部緊急收縮。

一、診　斷：世界文化的低能兒
一、原　因：智識之營養不良
一、經　過：患長期慢性病
一、療後病況：因爲素質純良，如加以適當之治療，必能早日痊癒。反之，如果治療錯誤或拖延時間，則必致病人膏荒，有不治死亡之虞。
一、療　法：原因療法也就是根治療法
處　方：正規學校教育：極量　補習教育：極量　幼稚園：極量
圖書館：極量　讀報社：極量
右關綜合藥劑調和後立即服用，二十年必可痊癒。
其他有效藥品從略。

【台灣診斷報告書】有「台灣國父」之稱的蔣渭水，在醫學校時便染上「治病」。在他短暫的42年生命中，從創立台灣文化協會，到組織民眾黨、台灣工友總聯盟，爲喚醒全島民眾的民族自覺而盡心盡力。1921年，他寫下臨床講義，辭句絕妙、含意深重，盡顯一代熱血男兒的才情壯志！（依據1950年代重印本再製）

2 1923年《台灣民報》於東京創立時紀念照,左起:蔣渭水,蔡培火,蔡式穀,陳逢源,林呈祿,黃呈聰,黃朝琴,蔡惠如.

莊永明提供

台灣議會請願運動成員前往東京請願之前,於新竹火車站留影,1929.

莊永明提供

7 台灣民衆黨特刊上的黨旗、宗旨和標語,1929.

莊永明提供

9 1931年台灣民衆黨被迫解散,蔣渭水等重要黨員被拘捕後釋回時留影.

8 正義章是台灣民衆對「治警事件」被迫害者表示敬意的紀念章,1923.
(莊永明提供)

賴和紀念館提供

左、右分裂後的新文協舉辦第四次全島代表大會,彰化,1931.

葉芸芸提供

台灣地方自治聯盟活動會場,正在發表演說的是聯盟書記長葉榮鐘,1930.

莊永明提供

10 台灣工友總聯盟成立大會紀念照,1928.

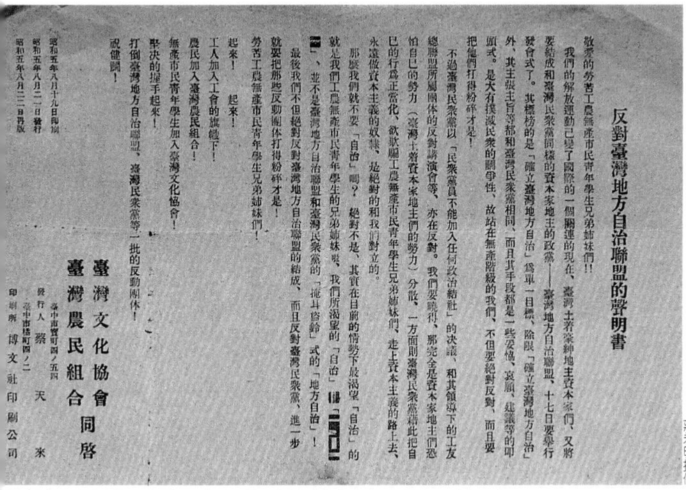

反對臺灣地方自治聯盟的聲明書

敬愛的勞苦工農無產市民青年學生兄弟姉妹們!!

我們的解放運動已變了國際的一個關連的現在、臺灣土著豪紳地主資本家們、又將要結成和臺灣民衆黨同樣的資本家地主的政黨——臺灣地方自治聯盟、十七日要舉行發會式了。其標榜的是「確立臺灣地方自治」爲單一目標、除限「確立臺灣地方自治」外、其主張主旨等都和臺灣民衆黨相同、而且其手段都是一些妥協、哀願、建議等的叩頭式。是大有撲滅民衆的鬪爭性、故站在無產階級的我們、不但要絕對反對、而且要把他們打得粉碎才是!

不過臺灣民衆黨以「民衆黨員不能加入任何政治結社」的決議、和其領導下的工友總聯盟所屬團体的反對講演會等、亦在反對。我們要曉得、那完全是資本家地主們恐怕自己的勢力(臺灣土著資本家地主們的勢力)分散、一方面則臺灣民衆黨藉此把自已的行爲正當化、欲欺騙工農無產市民青年學生兄弟姉妹們、走上資本主義的路上去、永遠做資本主義的奴隷、是絕對的和我們對立的。

那麼我們就不要「自治」嗎?絕對不是、其實在目前的情勢下最渴望「自治」的就是我們工農無產市民青年學生的兄弟姉妹喲、我們所渴望的「自治」卽「自治」、並不是臺灣地方自治聯盟和臺灣民衆黨的「掩耳盜鈴」式的「地方自治」!

最後我們不但絕對反對臺灣地方自治聯盟的結成、而且反對臺灣民衆黨、進一步就要把那些反動團体打得粉碎才是!

勞苦工農無產市民青年學生兄弟姉妹們!

起來! 起來!

工人加入工會的旗幟下!

農民加入臺灣農民組合!

無產市民青年學生加入臺灣文化協會!

堅決的握手起來!

打倒臺灣地方自治聯盟、臺灣民衆黨等一批的反動團体!

祝健鬪!

臺灣文化協會
臺灣農民組合
同啓

昭和五年八月十九日印刷
昭和五年八月二十日發行
昭和五年八月二十一日再版

臺中市寶町四ノ五四
發行人 蔡天來
臺中市橘町四ノ二
印刷所 博文社印刷公司

莊永明提供

新文協、台灣農民組合發起的「反對台灣地方自治聯盟」聲明書,1930.

無產階級·黑色青年·資本家都在革殖民政府的命!

台灣民衆黨以援助受資本家壓迫的勞工運動為其社會政策,積極介入各地之勞資紛爭,在分裂後的新文協、農民組織和台灣共產黨等左翼團體的激盪下愈走愈左,傾向於階級運動,因而引起林獻堂、楊肇嘉、蔡式穀等右翼地主階級的隱憂;為劃清界限,於1930年8月17日創立台灣地方自治聯盟,以確立完全地方自治為「單一目標」。在澎湃洶湧的自治運動潮流中,黑色青年聯盟屬於無政府主義者,此一非主流的小衆團體在1927年被解散。

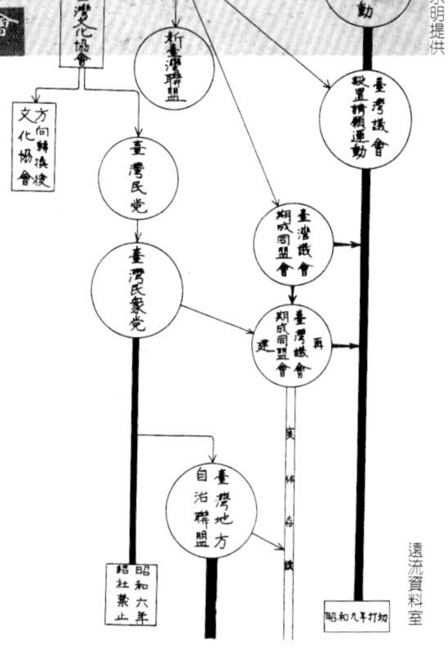

莊永明提供
遠流資料室

11 政治運動系統圖,取自《台灣總督府警察沿革誌III》,1939.

大日本帝國拓殖台灣的現代工程

1930年代，從昭和五年到十五年，可說是日本統治台灣的巔峰期。

從1895年日人「始政」以來，殖民政府陸續完成許多重大建設，包括透過大規模調查，建立國家對人口、資源的全面管理與掌控；在各地設立學校，發展以基礎教育爲主的學校教育；進行全島交通、郵政、通訊建設；設立發電廠，供給工業與民生用電；推動大型水利工程，擴大農業產值。

40年間，台灣的人口倍增，1935年已達5百30萬人。1937年，台灣的生產總值達到戰前高峰，這個記錄一直到了戰後1950年才被改寫。

1935年，日本人爲了慶祝治台40年，特別舉辦了一場規模空前絕後的博覽會，藉以彰顯「南方的躍進」的豐碩果實。

不過隨著中日間局勢吃緊，1936年台灣又恢復由軍人擔任總督的體制，也逐步成爲帝國「大東亞共榮圈」下的南進基地。（王紹中）

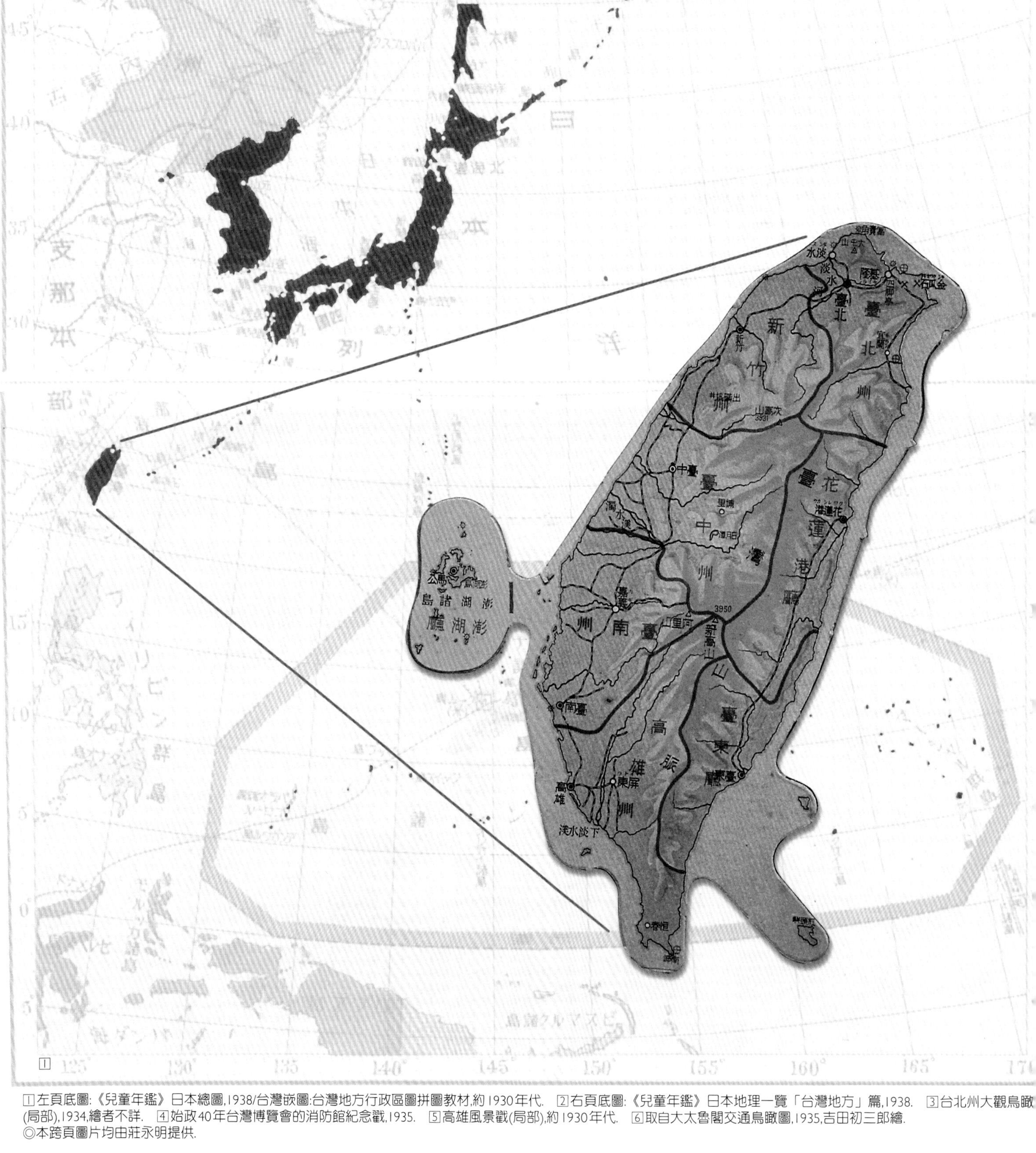

1

1 左頁底圖:《兒童年鑑》日本總圖,1938/台灣嵌圖:台灣地方行政區圖拼圖教材,約1930年代.　2 右頁底圖:《兒童年鑑》日本地理一覽「台灣地方」篇,1938.　3 台北州大觀鳥瞰(局部),1934,繪者不詳.　4 始政40年台灣博覽會的消防館紀念戳,1935.　5 高雄風景戳(局部),約1930年代.　6 取自大太魯閣交通鳥瞰圖,1935,吉田初三郎繪.
◎本跨頁圖片均由莊永明提供.

臺灣地方

面積　三五、九七四方粁
人口　五、二一三千人（昭和十年）

地方大觀

都市

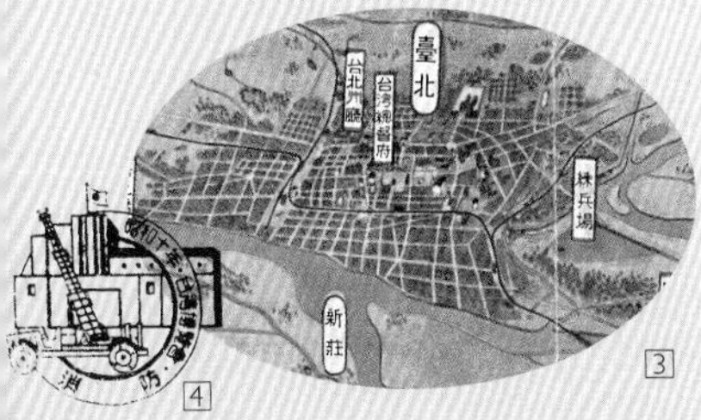

臺北市（總督府）	二七四
臺南市	一一一
基隆市	八七
高雄市	八五
嘉義市	七三
臺中市	七〇
新竹市	五二
彰化市	五一
屏東市	四三
鹿港街	四〇
斗六街	三七
員林街	三四
清水街	三三
豐原街	三三
埔里街	三〇
麻豆街	三〇
大溪街	二八

地勢・交通

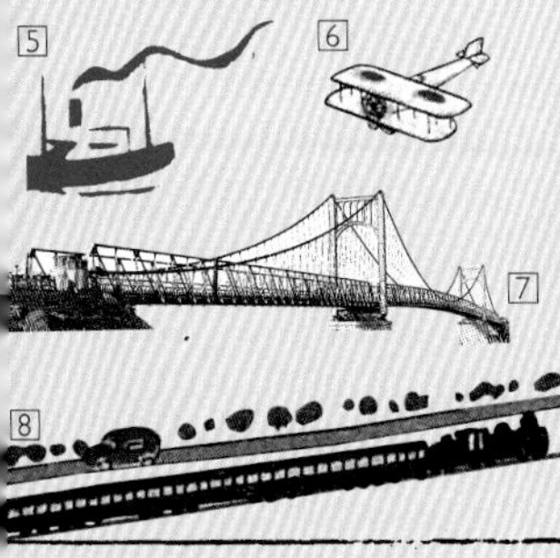

臺灣山脈（新高山次高山・阿里山）臺東山脈・大屯火山脈（大屯山）淡水河・濁水溪・下淡水溪・曾文溪・大甲溪・烏溪・大安溪・臺灣海峽・バシー海峽・澎湖諸島

鐵道＝縱貫線・臺中線・臺東線・宜蘭線・淡水線・集集線・潮州線

航路＝基隆・淡水・高雄・安平等の諸港は、長崎・門司・神戸・福州・廈門の諸港と、定期航路を開いて居る

航空路＝福岡・臺北間、臺灣各地間

產業

米＝臺中・彰化は中心地（年二回の收穫）
茶＝臺北州・新竹州
甘蔗＝中部・南部は一面の甘蔗畑
甘諸・バナナ（以上臺灣五大農産）
豆類・麥・落花生
煙草・麻・胡麻
豚（日本一位）・水牛・黄牛・山羊・鷄
檜＝（阿里山・八仙山）樟
製糖＝（嘉義・臺中・鹽水港・屏東は中心地）
樟腦・樟腦油
製麻・パナマ帽＝大甲・大甲筵
アルコール・肥料
セメント・木製品
金＝金爪石・瑞芳
石油・石炭
漁業＝鯛・鮪・鰹
鱶・鰆・鰹節
製鹽

名所

臺北公園・北投溫泉・日月潭・赤崁樓・臺灣神社・開山神社・臺南神社・牡丹社・獅頭山・八仙山・新高山・次高山・阿里山・鵞鑾鼻

臺灣の三大産物
砂糖年産約二億圓
米年産約一億圓
バナナ年産約一千萬圓

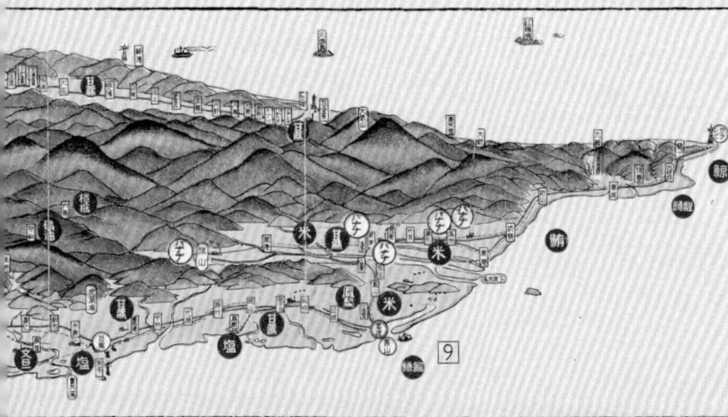

軍隊

臺灣軍司令部
臺灣守備隊司令部
臺灣步兵第一聯隊（臺北）
臺灣步兵第二聯隊（臺南）
臺灣山砲兵聯隊（臺北）
基隆重砲兵聯隊
馬公重砲兵聯隊
第三飛行團司令部（嘉義）
飛行第十四聯隊（嘉義）
飛行第八聯隊（屏東）
基隆要塞地帶
澎湖島要塞地帶
高雄要塞地帶
馬公要港部

]取自昭和橋風景明信片,板橋光畫寫真館攝製,約1930年代.　8 取自屏東市大觀鳥瞰圖,1935,金子常光繪.　9 取自台灣產業地圖,1933,一晴繪.
]取自愛國貯金通帳,草屯信用販賣購買利用組合發行,1943.　11 第一回國勢調査紀念戳,1920.
◎本頁為編輯合成版面,「台灣地方」一覽表上各圖象物件並非原件元素,為編輯以其它1930-40年代圖象拼貼並置而成.

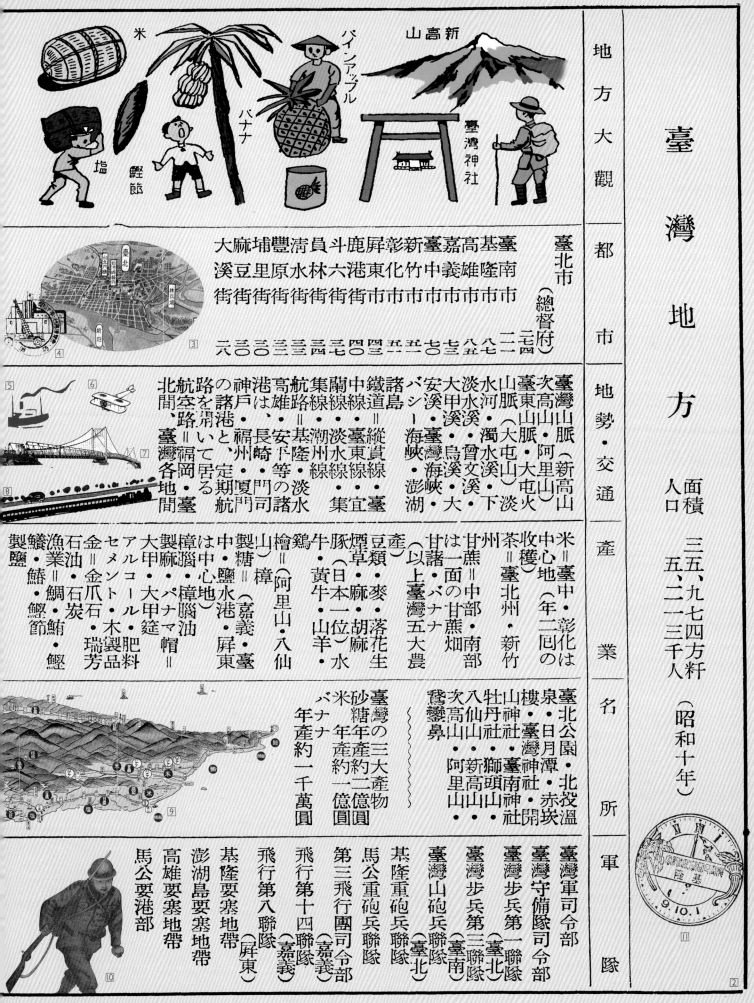

國民精神總動員
改名換姓的皇民化運動

1931年，918事變發生，日本法西斯軍國主義者占領中國東北，翌年扶植「滿州帝國」。此一在中國得寸進尺的軍事侵略行動，也將台灣逐漸拖進了戰爭圈。

1937年7月，中日戰爭爆發，台灣軍司令部對台灣人發出「非常警告」，嚴禁「非國民之言行」，要台灣人以日本國民的身分，言行一致，以「懲罰支那」。9月10日，台灣總督府設立「國民精神總動員本部」，「皇民化運動」如火如荼展開。

「國語家庭」制度首由台北州推行，之後全台各地仿效。任何家庭只要講日語者，即給予各項優惠獎勵；至於「正廳改善」和「寺廟整理」制度則摧毀台灣傳統家庭廳堂的祖宗神主牌，並改變民間宗教祭典儀式。

1940年2月11日，藉著傳統日本年曆「皇紀紀元2600年」的吉日，修訂戶口規則，准許台灣人改換日本姓名，使台灣人成爲名正言順的「天皇赤子」。

1941年4月19日，「皇民奉公會」成立，實踐綱要爲：「期其皇民精神之透徹。吾人要信仰絕對無上之國體，貫徹尊皇敬神、皇國臣民之榮譽，全島一致，以努力顯揚肇國之大道。」此外，皇民化運動實施期間，在支援「聖戰」的號召下產生了「皇民文學」；傳統音樂、戲劇如南北管、歌仔戲、布袋戲，都必須「改良」爲具有大和魂精神的「時局歌曲」與「皇民劇」，才能演出。（莊永明）

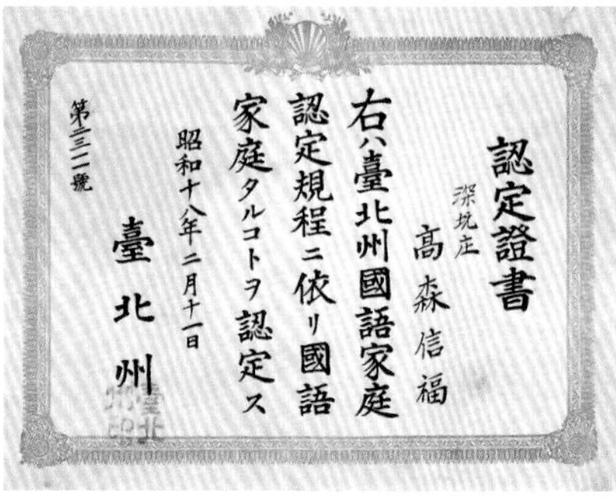
認定證書
深坑庄 高森信福
右ハ臺北州國語家庭認定規程ニ依リ國語家庭タルコトヲ認定ス
昭和十八年二月十一日
臺北州
第三二一號

台北228紀念館提供

1「國語家庭」認定證書,1943.

台北228紀念館提供

2「國語家庭」是皇民化運動時期家家戶戶都要學習的樣板家庭,約1940年代.

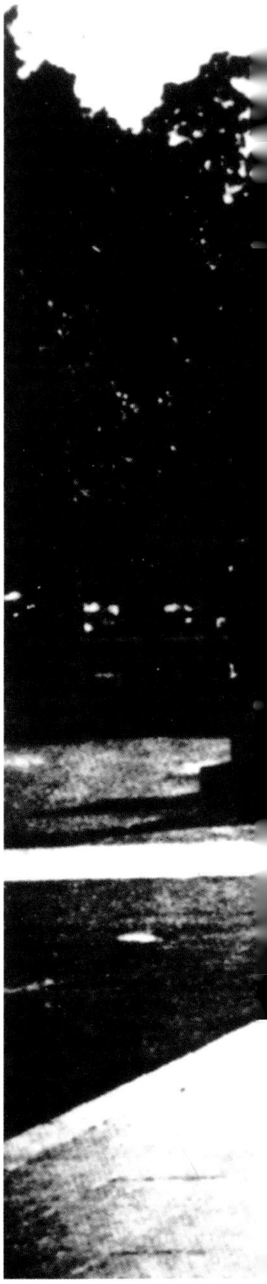

台北228紀念館提供

3「國語之家」門牌,約1940年代.

莊永明提供

4手持皇民奉公旗的「皇民」青年,約1943.

5皇民化運動期間的學生參拜儀式,約1940年代.

參拜神社是台灣人成為皇國子民的必修課程，圖為台南長老教中學（今長榮中學）參拜神社的紀念照，1934.（長榮中學提供）

洪聰益提供

徐仁修提供

7 皇民化風潮所及，連吃飯也要「精神動員」，圖為新竹芎林青年團在用餐前合掌感謝天地與日本天皇，約1940年代.

台北228紀念館提供

8 興亞奉公日告示牌，約1940年代.

台灣行進曲
祝君出征

1937年9月27日，台灣人以軍伕之名首度被徵調前往中國戰場，他們不曾接受過軍事訓練，位階居於「軍人、軍屬、軍馬、軍犬、軍伕」之末。台灣人原無資格當兵，因日本政府「恐怕對本國不能忠實奉公，所以不使新附民（即台灣人）負擔兵役義務。」但日軍陷入二次大戰泥淖時，爲求兵源，不得不開始募集台灣青年參戰。1942年陸軍特別志願兵制、1943年海軍特別志願兵制，掀起「天皇赤子」的「血書志願」熱潮。另有1,800名原住民編入高砂義勇隊赴南洋。

1945年4月，實施全面徵兵制度，役齡青年均得徵召入伍；在校青年學生也必須參加「學徒兵」，從事糧食增產、國防建設、戰役防空等訓練。

「我們要出征，日章旗風下，我們要出征！」參加「懲罰米(美)、英聖戰」的台灣青年，成爲太平洋戰爭末期日本帝國最後一搏的人力資源。

台籍日本兵共有80,433人，軍伕、軍屬多達12萬6,750人；其中因被派往中國和南洋戰場，而成爲砲灰從此歸不得故鄉的共計30,304人。（莊永明）

臺灣行進曲
三、われら島民大御代の
光榮ある偉業承け繼ぎて
强く正義に生きんかな
あゝ萬世の大君に
水漬く草むす殉忠の
赤誠かたくまもれこゝ
神州日本わが臺灣
（街頭出征風景）

1 在太平洋戰爭時期,連街頭出征送行的場面,也成為明信片中的風景,1940年代初期.

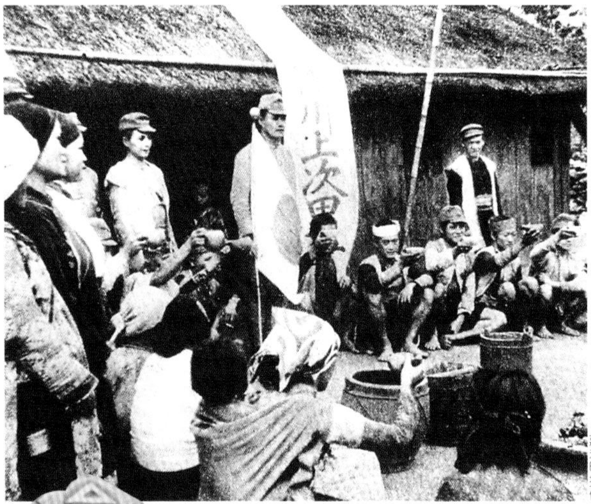
莊永明提供

2 高砂義勇軍出征送別紀念照,1940年代初期.

祝陳英保君徵兵

5 出征送別紀念照,1940年代初期,桃園新屋.

從軍

3 從軍紀念章,1930年代末.
(莊永明提供)

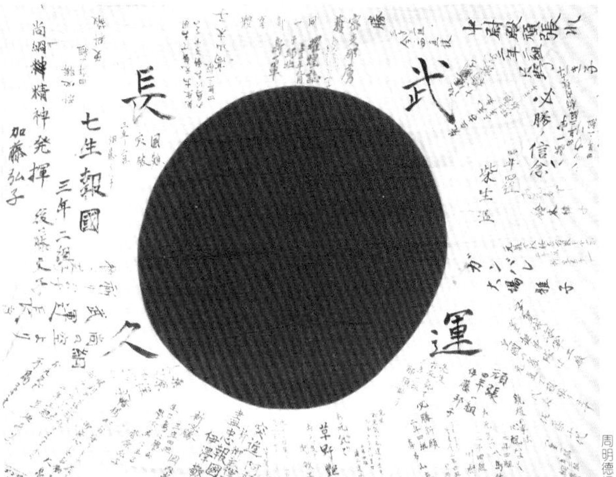
武
運
長
久
七生報國
周明德提供

4 戰爭時期的中學生在日本太陽旗上簽名祝禱日本帝國「武運長久」,1940年代初期.

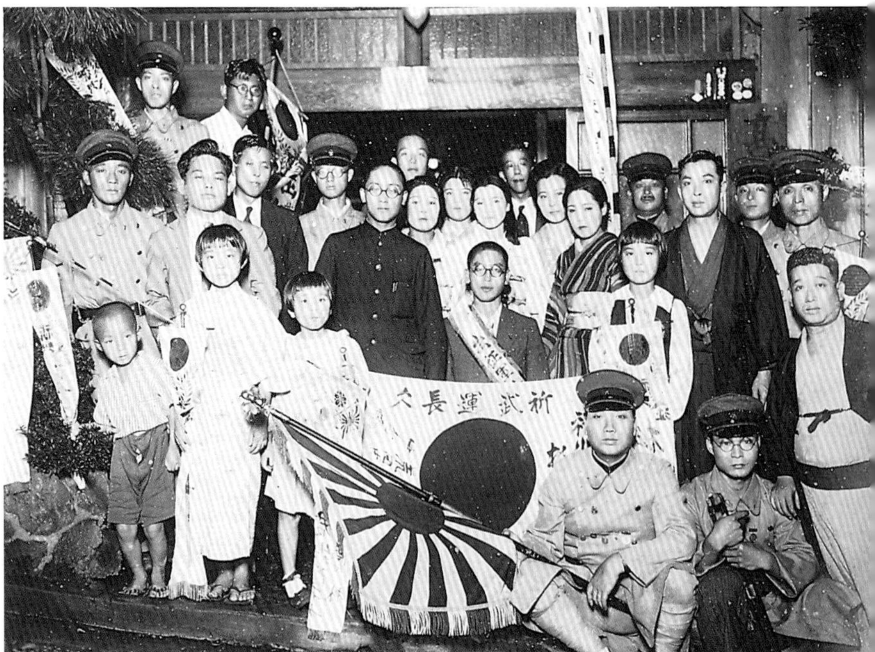
祈武運長久

6 披著出征布條的青年,「皇民」裝扮的家人親族,武運長久的布條,太陽旗,面對鏡頭的眼神,這些構成了大戰時期台灣人從軍影像紀錄中的經典畫面,1940年代初期,台北.

【從軍歡送行列】 皇民奉公運動是催促本島人（台灣人）能認知自己和「內地人」（日本人）一樣，都是「天皇赤子」，也因此要同仇敵愾、一致對外；能成爲「皇軍」的一員，就理所當然是無上的光榮了。因此，歡歡喜喜的「從軍樂」行列，不時出現在1940年代的台灣街頭。圖爲吳鴻麒（前排左向民眾揮手者）從軍時的歡送行列。（1942,新竹,鄧南光攝）

大東亞共榮圈

日本這個島嶼小國在明治維新後，先後打敗兩個大陸大國，1894年戰勝清國，1905年打敗俄國，因而有自居亞洲盟主的心態。

1937年日本發動侵華戰爭後，勢如破竹，到年底中華民國首都南京撤守，控制了中國大部分地區的日本氣焰高漲。翌年，近衛文麿內閣宣稱：「日本、滿州、中國一體，建設東亞新秩序，以排斥歐美在亞洲的勢力。」

1940年7月，內閣又提出「八紘一宇」（世界一家）的口號，以日本為中心包括中、滿、蒙及東南亞、印度等亞洲國家，建立「東亞共榮圈」。

1940年9月，松岡洋右外相對中南半島、印尼、馬來亞、泰國、緬甸、印度等發表宣言，強調亞洲民族共存共榮的重要性。

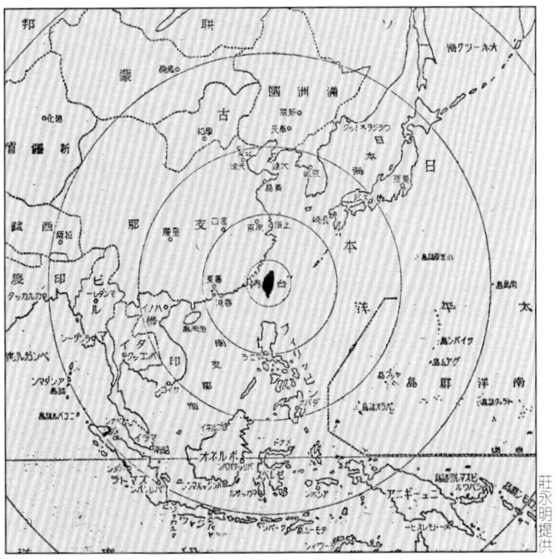

莊永明提供

7 以南進基地台灣為中心的大東亞共榮圈示意圖,約1940.

莊永明提供

8 南進基地：屏東飛行隊,1930年代末期.

9 第一回軍伕送別攝影紀念,1937.12.18.（洪聰益提供）

送君曲

李臨秋作於1940年代初

送阮夫君欲起行，
目屎流落無做聲。
正手(右手)舉旗，
倒手(左手)牽子，
我君啊！做你去打拚，
家內放心免探聽。
火車慢慢欲起行，
一時心酸味出聲，
正手舉旗，
倒手牽子，
我君啊！身體顧勇健，
家內放心免探聽。

皇國之戰，本島之災

1936年9月海軍上將小林躋造就任第17任台灣總督，宣告了「文官總督」時代的結束。1937年，蘆溝橋事變前，小林宣布「皇民化、工業化、南進基地化」政策，亦即在台灣推行皇民化運動，提昇工業水準，成爲日本帝國「南進」的基地。後來接任的總督長谷川清（海）、安藤利吉（陸）都是軍人出身。1941年12月7日，日軍偷襲珍珠港，太平洋戰爭爆發。一周後，日本政府爲籌軍費，發行臨時公債，勒令台灣承銷250萬圓。翌日，改訂「國民徵用」，不論性別年齡，均有受徵召的義務。

美國對日宣戰前，台灣總督府已決定改變「農業台灣，工業日本」爲「農業南洋，工業台灣」的戰略規劃：「皇國之戰」成爲「本島人」無可迴避的戰爭，人人須以「完成聖戰」爲己任。

每當前線捷報傳來，如新加坡陷落、南京勝利，本島都舉行盛大慶祝遊行，民眾被發動「歡呼」。但日、台航線被盟軍潛水艇封鎖後，海上交通幾被切斷：1942年高千穗丸被炸沉，千餘名返鄉的台灣人葬身海底。同年，美國軍機初次轟炸台灣，而後空襲次數愈來愈緊密，防空、防諜成爲人人的功課。已成強弩之末的日本，對台灣予取予求，雖日甚一日，但在美軍的密集反攻下，大日本帝國也已日暮途窮了。（莊永明）

1 太平洋戰爭時期的謹守國防機密、社會治安貼紙.（洪聰益提供）

3 戰爭時期激勵人心的「時局歌曲」：古倫美亞唱片「來自鄉土部隊的勇士」，作曲人「唐崎夜雨」為鄧雨賢在皇民化時期所用的日本筆名.（洪聰益提供）

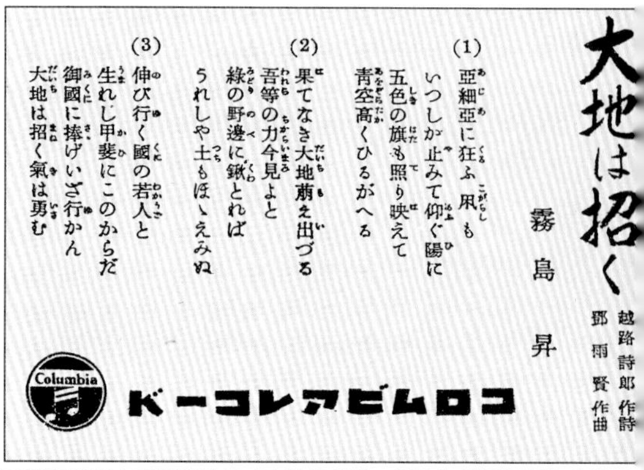

4 鼓吹參與大東亞建設的「大地的招喚」原曲為鄧雨賢所作的望春風，1930年代末.

5 戰爭宣導明信片，1941-42.

台北228紀念館提供

2 太平洋戰爭初期，女學生在街頭向民眾勸募國防獻金.

6 太平洋戰爭末期，一批台灣青少年到日本建造軍機，其中因生病或空襲而客死異鄉者不在少數，成為戰爭下的「台灣少年工」悲劇。圖為日本高座郡大和村海軍高座工廠（今神奈川縣大和市）在雷電戰鬥機上合影的少年工，1943-45.

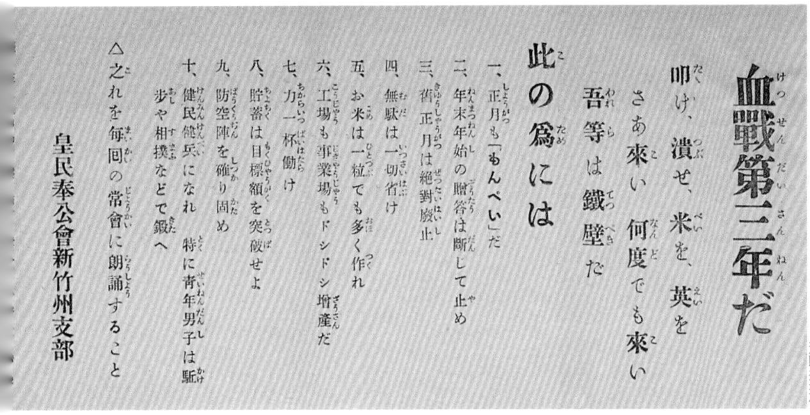

血戰第三年だ
叩け、潰せ、米を、英を
さあ來い 何度でも來い
吾等は鐵壁だ
此の爲には
一、正月も「もんぺい」だ
二、年末年始の贈答は斷じて止め
三、街正月は絕對廢止
四、無駄は一切省け
五、お米は一粒でも多く作れ
六、工場も事業場もドシドシ增產だ
七、力一杯働け
八、貯蓄は目標額を突破せよ
九、防空陣を確り固め
十、健民健兵になれ 特に青年男子は駈歩や相撲などで鍛へ
△之れを每回の常會に朗誦すること
皇民奉公會新竹州支部

洪聽益提供

入「血戰第三年」,台灣各地均厲行增產報國、儲蓄愛國等運動,圖為1943年皇民奉公會公告.

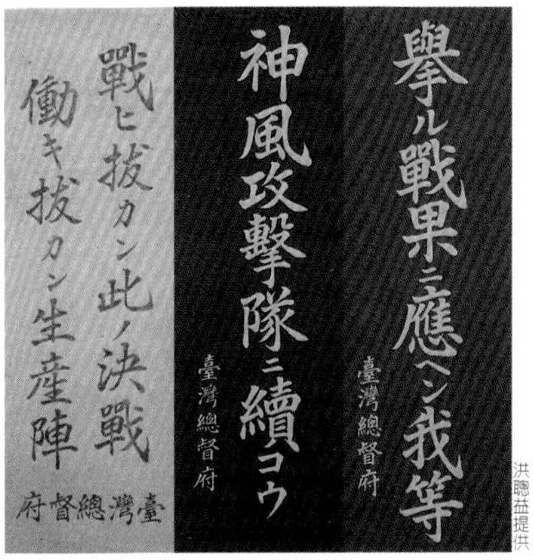

洪聽益提供

8 神風攻擊隊海報,1940年代初期.

洪聽益提供

9 戰時宣傳刊物:《日本旗的榮光》,藍蔭鼎封面繪圖,1940.

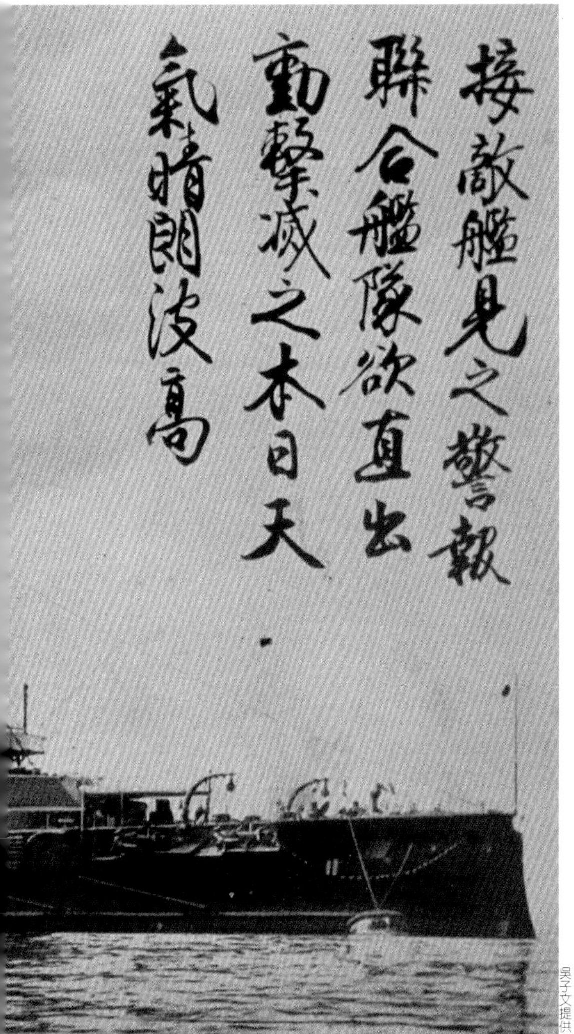

吳子文提供

洪聽益提供

10 戰爭宣導漫畫,藍蔭鼎繪,1943.

中研院社科所提供

11 美軍轟炸時期民眾必讀的台灣防空讀本,1944.

當戰歌響起:榮譽的軍伕

沿用「雨夜花」曲調改填日文歌詞而成

(一) 紅色彩帶,榮譽軍伕:多麼興奮,日本男兒。
(二) 獻給天皇,我的生命:爲了國家,不會憐惜。
(三) 進攻敵陣,搖舉軍旗:搬運彈藥,戰友跟進。
(四) 寒天露營,夜已深沉:夢中浮現,可愛寶貝。
(五) 如要凋謝,必做櫻花:我的父親,榮譽軍伕。

日本殖民政府為驅役台灣人「參戰」,以「時局歌曲」激勵民眾士氣,於是,許多原本在當時台灣膾炙人口的流行歌謠「月夜愁」、「雨夜花」歌詞,紛紛被改填成「軍伕之妻」、「榮譽的軍伕」。然而,到了戰爭末期,「一億玉碎」(日本戰時統治的本國、殖民地總人口數)終成虛妄的口號。

米英ニ宣戰

台北市旭小學校畢業紀
上的慶祝「新加坡陷
、「南京勝利」等遊行,
)年代初期.
院社科所提供)

莊永明提供

13 在太平洋戰爭之前,已積極進行防空準備的台灣總督府,1934.

台北228紀念館提供

1 太平洋戰爭末期,南進基地——台灣的要塞都受到美軍攻擊,圖為美軍轟炸新竹火車站,1940年代初期.

台灣大轟炸

1943年底，美國軍機開始轟炸台灣，此後空襲次數加劇，盟軍企圖癱瘓日本的南進基地——台灣。

總督府加緊採取應變措施，以因應延燒到本島的戰火，1944年3月6日公布「台灣決戰非常措施要綱」，因物資以支援前線爲重，生活用品匱乏，遂下令實施「配給」制度。

盟軍空襲次數增加，投彈目標由機場、工廠、交通設施擴大到市區。1944年6月18日，當局發布「稠密都市住民疏散要綱」，指定台北、基隆、台南、高雄四市展開疏散措施。1945年，台灣完全陷入盟軍肆意空襲的狀態，走（跑）空襲成爲日常生活的重要環節。中學生甚至被動員組織防衛警備隊，以防禦美軍登陸。

5月31日的全島大空襲，台北市區遭受嚴重破壞，全燬的建築有鐵道飯店、台灣總督府圖書館，台北帝大附屬醫院、台灣總督府則局部損毀。空襲帶來的財產損失龐大，但慘重的傷亡數字，至今仍是不可解的歷史之謎。

（莊永明）

遠流資料室

2 遭受美軍轟炸的高雄港,攝於1945.10月.

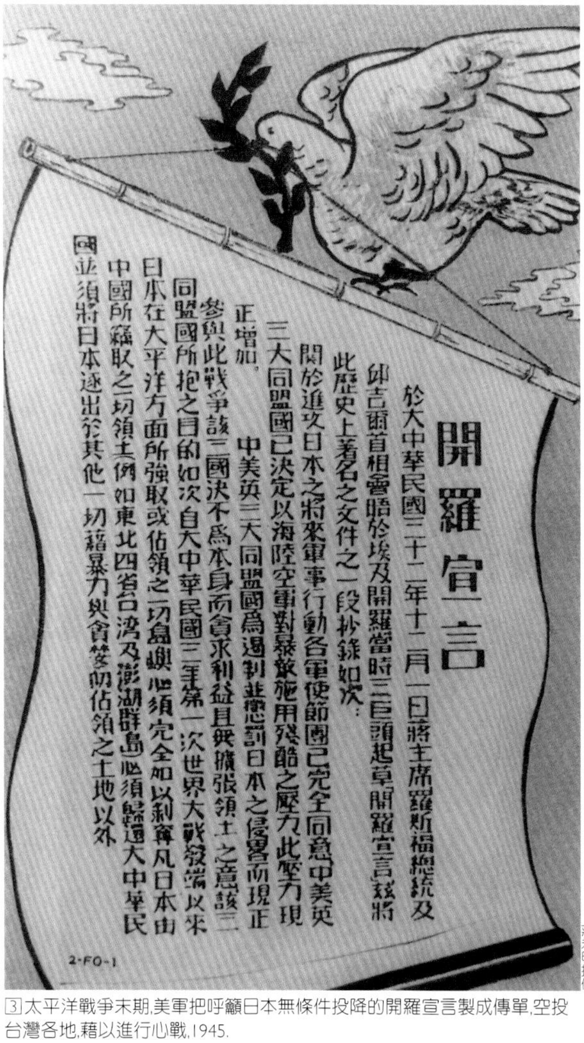
開羅宣言

於大中華民國三十二年十二月一日將主席羅斯福總統及邱吉爾首相會晤於埃及開羅當時三巨頭起草「開羅宣言」茲將此歷史上著名之文件之一段抄錄如次：

關於進攻日本之將來軍事行動各軍使節團已完全同意中美英三大同盟國已決定以海陸空軍對暴敵施用殘酷之壓力此壓力現正增加。

中美英三大同盟國為遏制並懲罰日本之侵略而現正參與此戰爭該三國決不為本身而貪求利益且無擴張領土之意該三同盟國所抱之目的如次自大中華民國三年第一次世界大戰發端以來日本在太平洋方面所強取或佔領之一切島嶼必須完全加以剝奪凡日本由中國所竊取之一切領土(例如東北四省台湾及澎湖群島)必須歸還大中華民國並須將日本逐出於其他一切藉暴力與貪婪所佔領之土地以外

2-FO-1

莊永明提供

3 太平洋戰爭末期,美軍把呼籲日本無條件投降的開羅宣言製成傳單,空投台灣各地,藉以進行心戰,1945.

4 美軍轟炸後的台灣總督府,中彈日為1945年5月31日,攝於1945.10月.

5 戰爭末期,美軍連醫院也轟炸,圖為轟炸後的台北帝大附屬醫院,1945.

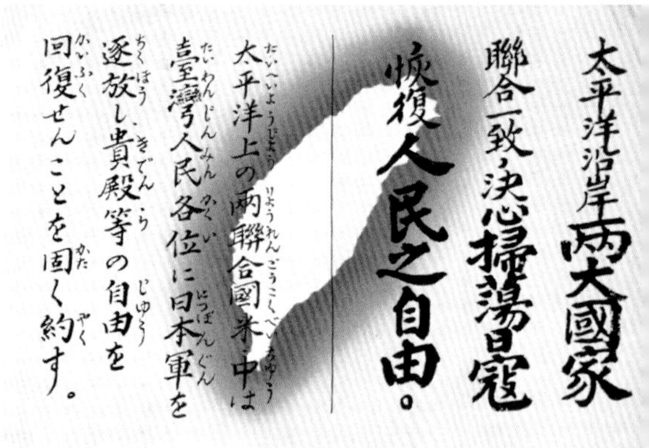

6 中、美聯合抗日傳單,1940年代初期.

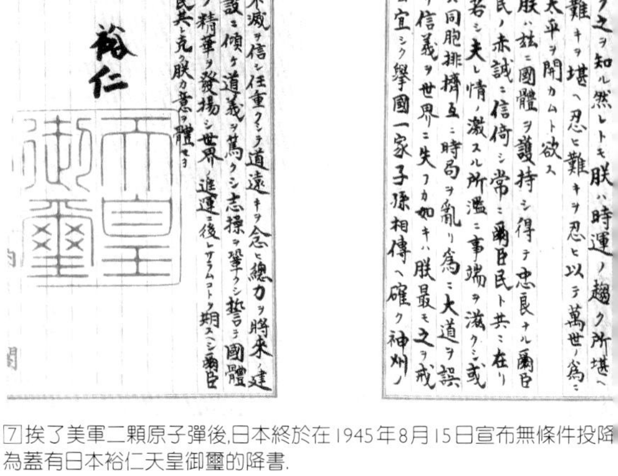
ク之ヲ知ル然レトモ朕ハ時運ノ趨ク所堪ヘ難キヲ堪ヘ忍ヒ難キヲ忍ヒ以テ萬世ノ為ニ太平ヲ開カムト欲ス

朕ハ茲ニ國體ヲ護持シ得テ忠良ナル爾臣民ノ赤誠ニ信倚シ常ニ爾臣民ト共ニ在リ若シ夫レ情ノ激スル所濫ニ事端ヲ滋クシ或ハ同胞排擠互ニ時局ヲ亂リ為ニ大道ヲ誤リ信義ヲ世界ニ失フカ如キハ朕最モ之ヲ戒ム宜シク擧國一家子孫相傳ヘ確ク神州ノ不滅ヲ信シ任重クシテ道遠キヲ念ヒ總力ヲ將來ノ建設ニ傾ケ道義ヲ篤クシ志操ヲ鞏クシ誓テ國體ノ精華ヲ發揚シ世界ノ進運ニ後レサラムコトヲ期スヘシ爾臣民其レ克ク朕カ意ヲ體セヨ

裕仁

天皇御璽

7 挨了美軍二顆原子彈後,日本終於在1945年8月15日宣布無條件投降為蓋有日本裕仁天皇御璽的降書.

台北228紀念館提供

灣省行政長官陳儀初抵台北松山機場,1945.10.24.

遠流資料室

灣民衆歡迎國民政府官員,1945.10月.

遠流資料室

後被遣返的日本軍民,搭火車啓程返鄉,1945.9-10月.

莊永明提供

⑪1945年10月25日台灣地區受降儀式在台北公會堂(今中山堂)舉行時,民衆聚集會場外的情景.

歡迎：台灣光復歌

一日風，二日霜，三日日頭光。

1945年8月15日，日本宣布無條件投降，台灣人稱之爲「終戰」或「降伏」。10月25日，中國戰區台灣省受降典禮在台北市公會堂（今中山堂）舉行，民衆接納了官方定位的「光復」。

「台灣今日慶昇平，仰首青天白日旗；六百萬民同快樂，壺漿簞食表歡迎。」經過戰爭苦難的台灣人民，是以歡欣心情期待祖國政府的來臨。

「喜離苦雨淒風景，快睹青天白日旗」，這是歡迎國府的對聯。大家聽聞打敗「攻無不克」的日本皇軍的國府軍隊來台，群聚基隆碼頭準備歡迎，但看到的竟是軍衣破爛、挑鍋揹傘、精神萎靡的「棉被兵」，好不失望！

更讓人感到不平的是，來台接收的官僚，不少人是以征服者的心態前來君臨台灣的。（莊永明）

⑫在戰爭過後的廢墟上慶祝台灣光復的遊行民衆,1945.9月.台北.（遠流資料室）

在歡迎祖國之後
翻天覆地228

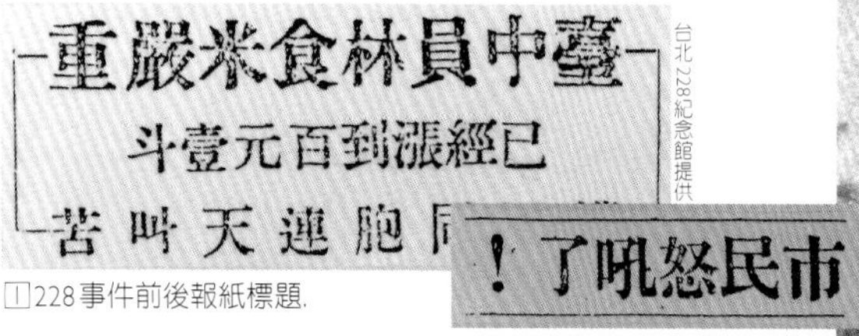

台北228紀念館提供
1 228事件前後報紙標題.

光復後，台灣人對「祖國」政府從「心爲嚮往」變成心灰意冷。接收成爲「劫收」，接收人員要的是「五子登科」：金子、銀子、車子、房子、女子；政府貪污腐敗，百姓生活困苦。

1947年2月27日《民報》社論指出：「最近物價突變地在高漲，整個的社會在震盪著，人民生活極端困苦，……社會階層的分化和對立，這是社會不安的根源。這個趨勢走到極端，便會變成整個社會的動亂。」人心思變下，果然當天傍晚因「查緝私菸」鬧出命案。28日，民衆請願抗議，不料在行政長官公署前遭機槍掃射，消息傳出後，各地罷市罷工罷課，引發族群衝突，而「政府暴力」的不正當介入，造成更大傷亡。

國府軍隊3月8日登岸後，在「扣扳機的快感」下展開鎮壓，成爲歷史慘痛的一頁！（莊永明）

五天五地

228事件不是革命、造反，而是民怨演變成民變。《閩台通訊社》所引述當時的「五天五地」流行語，正是潛在於事件背後的原因：
盟軍轟炸「驚天動地」
台灣光復「歡天喜地」
貪官污吏「花天酒地」
政治混亂「黑天暗地」
物價飛漲「呼天喚地」
就在這個時代背景下，發生了「天翻地覆」的228事件。

2 洪晁明的「迎神圖」漫畫,捕捉了光復初期民衆歡迎國府的氣氛.《新新》月刊創刊號,1945.11.20.（鄭世璠提供）

台北228紀念館提供
3 228事件當天在台北專賣局前聚集的民衆,1947.

The Washington Daily News
CITY EDITION THURSDAY, MARCH 21, 1946
3¢
Exclusive Inside Report:
CHINESE EXPLOIT FORMOSA WORSE THAN JAPS DID
Page 3

4 《華盛頓郵報》獨家內幕報導：中國人剝削台灣人甚於日本人,1946.

台北228紀念館提供
5 1947年上海《中國生活》畫刊特別製作了台灣228事件的專題.

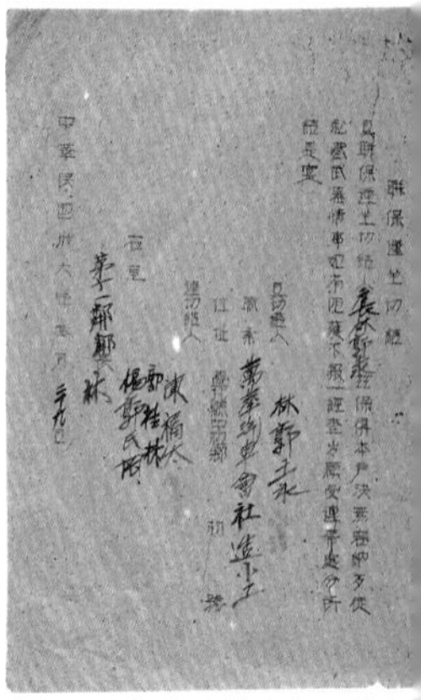
6 228事件後陳儀政府展開清 動,每戶均需簽署連保連坐切結 1947.3.29.

誰能料想三月會做洪水！

吳新榮寫於1952

誰能料想三月會做洪水！
那突然的巨浪，
竟衝破這樣堅固的防堤；
那無情的巨浪，
竟流毀這樣美麗的田園；
那激怒的巨浪，
竟淹沒這樣平和的城鎮。

誰能料想三月會做洪水！
有一個勇敢的青年，
他曾有過洋的經驗，
但未到防堤就被狂浪捲去了。
有一個理智的青年，
他懷抱新進的理論，
但未到田園就被泥海埋去了。
有一個熱血的青年，
他將發無限的純情，
但未到城鎮就被崩山壓去了。

誰能料想三月會做洪水！
洪水一過滿地平坡！
啊！這樣國土何時能夠再建？
洪水一過家散人亡！
啊！這樣民族何時能夠復興？
洪水一過人心如灰！
啊！這樣社會何時能夠新生？

7 228事件當天台北火車站前的動亂情況.（台北228紀念館提供）

8 228公義和平運動紀念貼紙,1989.（莊永明提供）

和平的代價
從禁錮到立碑

「228事件」被官方定位爲暴動叛亂，加上後繼的白色恐怖，長期禁忌形成社會不健康的心理。清除「禍源」成了追求民主人權志士努力的目標。

1987年「228和平促進會」成立，要求平反、還原歷史眞象，此舉漸獲共識，令國府不得不面對事實。1994年立法院終同意對事件受難者賠償；次年2月28日，李登輝總統以國家元首身分正式表示道歉。（莊永明）

（台北228紀念館提供）

947年,力軍(黃榮燦)以木刻版畫「恐怖的檢查」寫實的描繪了國府軍隊在228事件期間的血腥殺戮,此畫最初發表
司年4月28日的上海《文匯報》上,但他本人最後也死於1950年代白色恐怖時期.

10 民間人士爭取「228和平日」的遊行現場,1987,宋隆泉攝.

1 國軍自海南島撤退轉進至台灣於高雄港上岸,1950.5.2,羅超群攝.

2 撤退來台的軍隊搬運物資上岸,1950.5.2,羅超群攝.

大轉進＝大撤退＝大移民

從異鄉到家鄉

1949年底，中華民國政府退入台灣，遷都台北，隨著國民政府來台的軍人、軍眷和「忠貞人士」，據官方公布的數字是100萬人。然而，此波大撤退並不是「單一行動」，而是因赤色政權逐漸吞食大陸版圖，而一波一波湧進台灣的逃亡浪潮。

第一批來台的「國軍」是在1945年10月17日的陸軍70軍，將近3,000人搭乘美艦由基隆登岸；第一批來台的1,001名中國警察，則是在當月24日抵台。1948年11月，聯第44兵工廠所屬的河南封兵工廠的員工及眷屬台，搭建了台北市第一眷村。

1950年5月初，海南撤退，5月中，舟山群棄守；6月27日，美國七艦隊駛進台灣海峽，岸從此隔絕。然而，台歷史上最大的移民潮，未就此結束。

1953年，滇緬反共游隊約2,000人自緬境撤離台；1954年，參加「抗援朝」的共軍約有14,(

【戰士、老兵、榮民、呆胞】 第一代外省人堅信英明領袖是「民族救星」，雖愁坐孤島，只待反攻號角響起，返鄉指日可待。但「戰士」終於老去爲「榮民」，國府的「每年授予可出產淨燥稻穀二千市斤面積之田地或與其同產量面積之田地」的「戰士授田證」，已成畫餅。開放探親後，他們「回家」了，卻成爲被問「客從何處來？」的「呆胞」（台胞）。

保衛大台灣

保衛大台灣，保衛大台灣。
保衛民族復興的聖地，保衛人民疏散的樂園。
眾志一心，全體動員，節約增產，支援前線，
打倒蘇聯強盜，消滅共匪漢奸，
我們已經無處後退，只有勇敢上前！
我們已經無處後退，只有勇敢上前！

（國府遷台初期傳唱的愛國歌曲，學生課堂必唱；最後一段後來改為「我們已經準備好了，只有勇敢上前！」）

3 高雄女學生在港口碼頭集合準備向舟山撤退來台官兵致歡迎詞，1950.5月，羅超群攝.

乀選擇「投奔自由」，安排抵台：1955年，又大陳列島25,000名軍民抵台灣。

家在山的那一邊的「阿人」，在台安家落戶，成眷村文化；竹籬笆的人因有家歸不得，作了土花生」，成爲外省人台的「開基祖先」。

228事件造成「阿海和山」的省籍情結，兩方經一度「仇視」。時過遷之後，「山」、「海」間的互不往來現象逐漸除，「通婚」情形也日頻繁，而有「芋仔加蕃」的現象。（莊永明）

雄各界慶祝「反共抗俄分會」成立的遊行盛況，1950年代初，羅超群攝.

戰火未熄，前線緊張

國府於1949年12月9日遷都台北，不到一個月(1950年1月5日)美國聲明不介入台灣海峽事務。1950年6月韓戰爆發，美國杜魯門總統宣布台灣海峽中立並派遣第七艦隊協防；翌年恢復對台軍援。

但中共武力解放台灣的企圖未減，1954年大舉砲擊金門，國府也派軍突襲閩浙沿海地區。美國不願兩岸戰事擴大，便促成「中美共同防禦條約」的簽署。台灣受制此約，無法反攻大陸，但有了「金鐘罩」；美國在西太平洋的強權利益則更形鞏固。

1958年8月23日，共軍突然瘋狂砲擊金門馬祖，面積僅148平方公里的金門群島挨了47萬發砲彈，平均每平方公尺落彈四發，簡直「天翻地覆」。10月25日，中共宣布「單日打、雙日不打」的象徵性奇數日砲擊。其後打打停停，甚至有逢年過節停止砲擊三天的作法，直到1979年1月1日才真正結束。除砲擊外，海峽上空亦常有國府掛載響尾蛇飛彈的美式軍刀機，和共軍俄製米格機的空中戰鬥，往往比「前方吃緊」的新聞更受後方關注。（莊永明）

3 823戰役30週年紀念戳,1988.8.23 (莊永明提供)

1 823戰役勝利30週年紀念特展紀念明信片(局部),1988. (莊永明提供)

4 金門823砲戰勝利紀念碑,攝於1970年代.

2 在台灣海峽巡弋的第七艦隊航空母艦及其子艦,1955.4.1. (美軍資料片)

⑤1949年10月25日金門古寧頭戰役中,青年軍201師死守陣地、浴血奮戰,蔣中正總統頒贈虎旗,因而被譽為「新軍魂」,圖為201師戰鬥英雄歸來時的情景,羅超群攝.

⑥防空避難所,傳良圃攝,約1960年代.(常民文化學會提供)

防空演習

平時即戰時，即使「前線」無戰事，「後方」的台灣仍要定期舉行防空演習。躲警報的年代，防空比防震、防災還重要，每逢11月21日防空節都舉行慶祝大會。1950年代，白天跑防空壕、晚上探照燈照射，幾乎是日常生活的一部分。1955年起拓寬的北市羅斯福路，也因屬於「防空疏散道路」而由路寬12公尺闢建為40公尺。

莊永明提供

⑧第28屆防空節發行的防空常識宣導海報,1967.

⑦防空洞使用證,1954.(莊永明提供)

【第七艦隊和美軍顧問團】

編制在美國太平洋艦隊之下的第七艦隊，是在1950年6月27日，即韓戰爆發第二天，即航入台灣海峽協防台灣，以監視海峽兩岸軍事行動爲其任務。翌年5月1日，美國在台灣成立「美軍顧問團」，負責軍事援助。

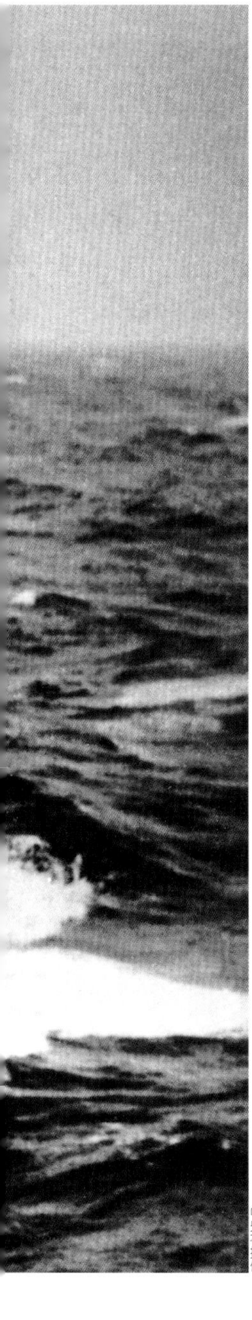

中央社提供

⑨陸軍第52軍軍長與美軍顧問團合影紀念,1953,楊梅,吳金榮攝.

光復大陸追想曲

反共抗俄，無所不在

莊永明提供

1 光復大陸郵票,1957-62.

1949年，紅軍在大陸擊潰國軍，成立中華人民共和國，中華民國渡海遷台。翌年3月1日，「引退」的蔣中正復行視事。國府以東亞民主自由的燈塔自居，視「光復大陸，解救同胞」為神聖使命。「一年準備，二年反攻，三年掃蕩，五年成功」的「復國計劃進度表」，讓少康中興、毋忘在莒等歷史故事成為以寡擊眾的榜樣；服從領袖、完成革命，是人人必得服膺的政策。反共抗俄思想教育，不容懷疑、不許討論、不可辯論，「反侵略、反共產」所泛生的口號，得念茲在茲，否則，懲治叛亂條例、肅清匪諜條例便不知何時會糾纏於身。

但反共抗俄的「神主牌」總有從神壇滑落的一天。中國青年反共救國團在世紀末拿掉了「反共」，團歌中的「革命青年」改為「熱情青年」，「反侵略、反殘暴」改為「有理想、有目標」。（莊永明）

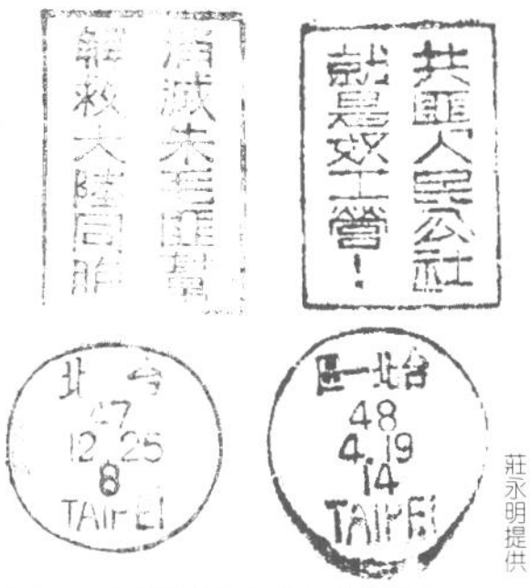

莊永明提供

2 1950年代郵件上的反共戳印.

莊永明提供

3「三民主義救中國」戳印, 1985.1.23, 取自金馬風光郵票首日封.

反

反共標語錄

打回大陸，解救同胞
知職負責團結奮鬥，遵守時間注重秩序
驅逐俄寇光復中華，收復失土重整山河
犧牲小我復興民族，群策群力救國救民
國家至上民族至上，意志集中力量集中
實行節約努力生產，消滅共匪安定社會
反抗俄寇侵略，消滅朱毛漢奸
實行三民主義，完成國民革命
認清共匪面目，粉碎統戰陰謀
莊敬自強，復興中華

從1950年蔣中正的「復國計畫進度表」到蔣經國提出的「人人參戰運動：戰到底、幹到底、苦到底！」開始，一直到1990年代，反共標語走過了三、四十年的興衰史。

【反共復國歌】 蔣中正作詞於1950年代

打倒俄寇，反共產，反共產！
消滅朱毛，殺漢奸，殺漢奸！
收復大陸，解救同胞；服從領袖，完成革命。
三民主義實行，中華民國復興，
中華復興！民國萬歲，中華民國萬萬歲！

5 同 2
(莊永明提供)

重建大陸的藍圖 三民主義的模範省—台灣

國父說：政府當與人民協力謀農業之發展，以足民食。

國父百年誕辰紀念

中華民國政府，已經把台灣建設成為三民主義的模範省，來作為紀念國父百年誕辰的具體獻禮。對於在共匪暴政下的大陸同胞，這裡顯示的建設成果，當然就是光復大陸後的建設藍圖，讓我們在國父遺教的偉大昭示下，一致努力消滅共匪，建設三民主義的新中國。

4 反共復國年代的樣板文宣,取自「國父百年誕辰紀念」空飄大陸傳單,1965.

8 1949年11月開始發行的《反攻》半月刊標準字(遠流資料室)

反共義士

在反共抗俄的年代，反共是職責、是義務，因此「中華民國國民」儘管反共卻不具「義士」的資格。在「不是敵人，便是同志」的策略運用下，投奔「自由」的人才是反共義士。123自由日便是緣於1954年參加抗美援朝的14,209名反共義士來台的紀念日。而後，一次又一次駕駛米格機來台的中共空軍被宣傳成唾棄共產暴政的英雄，他們是可以獲得鉅額黃金獎勵的反共義士。

獎勵檢舉匪諜辦法摘要

一、對於左列份子，大家都要盡情加以檢舉：

①匪黨或其外圍份子。

②偽民主同盟、偽中國國民黨革命委員會、偽孫文主義同盟、偽救國會、偽農工民主黨、偽民主建國會、偽民主促進會、偽三民主義同志會、偽致公黨、偽民社黨革新派、偽臺灣民主自治同盟等附匪黨派。

③其他非法組織或直接間接受共匪利用者。

二、檢舉報告要列明：

①被檢舉人的姓名、年齡、籍貫、住址、參加匪黨情形或可疑的事證。

②檢舉人的姓名、住址，或約定通訊處。

三、檢舉書信，寄臺北市臺字二一五號信箱于新命先生。不會寫信或因其他原故不便寫信的，可向當地警察局、憲兵隊，或所屬機關學校主管或軍隊政治部密報。

四、檢舉匪諜，可得銀元二百元至六千元的獎金。

五、政府對於檢舉案件，絕對保守秘密。

附記：在這時期裏，如有勇於自首的人，仍然可以得到優待，受到愛重。

莊永明提供

9 獎勵檢舉匪諜辦法摘要,《豐年》月刊2卷1期,1952.

莊永明提供

10 蔣經國接見駕駛中共米格軍機「投奔自由」來台的范園焱,1977.

莊永明提供

11 在胸膛上刺青國徽的韓戰反共義士郵票,廖未林、席德進、何明績繪,1955-66.

中央社提供

大陳島士兵正在製作空飄大陸汽球,約1955,秦炳炎攝.

12 射鏢不忘反共救國,1960年代末期,苗栗,徐仁修攝.

莊永明提供

在反共年代裡,
結婚喜帖都要「服從」反共國策,約1960年代.

1 楊梅第一期新兵徵集歡送入營紀念,1951,原楊梅戲院前,吳金淼攝.

【壯士出征】「春朝一去花亂飛，又是佳節人不歸，記得當年楊柳青，長征別離時」……當兵，若非生離死別，至少也是離鄉背井，壯士出征前的祝福，總有些「前途未卜」的惶惑與落寞。

給我立正站好！

軍隊是一個非常特殊的社會，軍營被森嚴的圍牆與必須絕對服從的紀律所封閉；戰場被隨時可能掩至的殺身危機所封閉。一群大男人，就在如此封閉的空間裡，感受最深沉的悲歡喜怒。

二次大戰，台灣子弟穿上日軍制服征戰他鄉，在日軍戰敗而中國勝利的那一刻，將要「回歸祖國」的他們，不知道自己是勝王還是敗寇？

光復了，戰火卻不見止歇，對岸的砲聲依舊隆隆，反攻的號角隨時會響起，「金馬獎」成了入伍服役最繃緊的那條神經線。對照世紀末高唱三通、馬山前哨站出現觀光解說兵的景況，「今夕何夕」的長歎，可以從金門一直聽到廈門。

軍旅生涯爆笑的鮮事N籮筐，但若處在退訓邊緣，卻十有八人不願去唱從軍樂。高個兒在測量身高時努力挺胸墊腳，矮個兒盡量「低調」處理；役政單位對這類仁兄改採「臥姿測量」後，兵員得員率居然提高了2.5%。

從激情地出征到無奈地入伍，時代的變化，寫在官衙、寫在民間，同時，也寫在部隊。

（鄭林鐘）

2 青年入伍時所背的披帶,約1950年代.（洪聰益提供）

莊永明提供

3 一人入伍,全家留影,約1950年代.

4 入伍當兵,就是「為民前鋒」,約1950年代.

台灣青年當兵小記

戰前，台灣青年受殖民政府徵召，成為台籍日本兵。戰後改朝換代，台灣青年入伍成為國軍。不過，戰後初期國府為「剿匪」在台募兵，一些台灣青年個別被軍隊吸收，遠赴大陸投身國共戰場。隨著1949年底國府遷台，1950年1月台灣開始徵兵。不過此時兵役制度尚未成形。1950年8月各縣市開始登記兵役適齡男子，只要年滿18歲，男子就得接受徵召服役。1951年7月國防部首次施行徵兵制，此後世代的台灣青年總會按時收到兵單、走入軍營，數饅頭的日子也成了男兒共同的回憶。

莊永明提供

960年代,我們只知道「效忠領袖」,不知道「個人崇拜」.

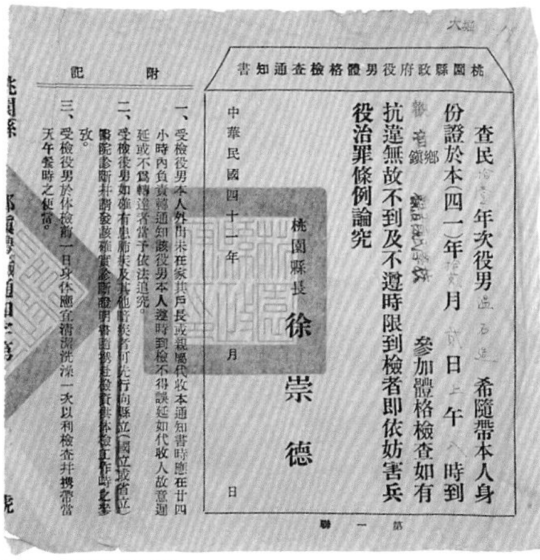

桃園縣政府役男體格檢查通知書

查民 年次役男 希隨帶本人身份證於本(四一)年 月 日 午 時到 鄉鎮 參加體格檢查如有抗違無故不到及不遵時限到檢者即依妨害兵役治罪條例論究

桃園縣長 徐崇德

中華民國四十一年 月 日

第一聯

附記

一、受檢役男本人外出未在家其戶長或親屬代收本通知書時應在廿四小時內負責轉通知該役男本人遵時到檢不得誤延如代收人故意遲延或不爲轉達者當予依法追究。

二、受檢役男如確有患肺疾及其他疾病者可先行向縣立(國立或省立)醫院診斷并請發該確實診斷證明書屆時攜赴檢查站作時之參致。

三、受檢役男於体檢前一日身体應宜清潔洗澡一次以利檢查并攜帶當天午餐時之便當。

蔡進昌提供

8 役男體檢通知書,1952.

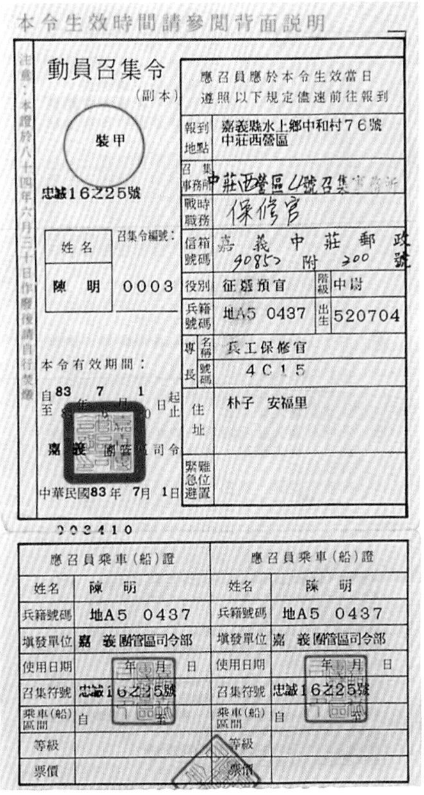

本令生效時間請參閱背面說明

動員召集令（副本）

裝甲

忠誠16225號

姓名	召集令編號：
陳　明	0003

本令有效期間：自83年7月1日起 至 年 月 日止

嘉義團管區司令

中華民國83年7月1日

注意：本證於八十四年六月三十日作廢後請自行焚燬

應召員應於本令生效當日遵照以下規定儘速前往報到

報到地點	嘉義縣水上鄉中和村76號 中莊西營區		
召集事務所	中莊西營區4號召集事務所		
戰時職務	保修官		
信箱號碼	嘉義中莊郵政 90852 附 200 號		
役別	征選預官	階級	中尉
兵籍號碼	地A5 0437	出生	520704
專長 名稱	兵工保修官		
專長 號碼	4C15		
住址	朴子 安福里		
緊急避難位置			

303410

應召員乘車（船）證		應召員乘車（船）證	
姓名	陳　明	姓名	陳　明
兵籍號碼	地A5 0437	兵籍號碼	地A5 0437
填發單位	嘉義團管區司令部	填發單位	嘉義團管區司令部
使用日期	年 月 日	使用日期	年 月 日
召集令號	忠誠16225號	召集令號	忠誠16225號
乘車(船)區間	自	乘車(船)區間	自
等級		等級	
票價		票價	

陳煉明提供

9 後備軍人動員召集令通知書,1994.

莊永明提供

10 阿兵哥與迫擊砲,1959.

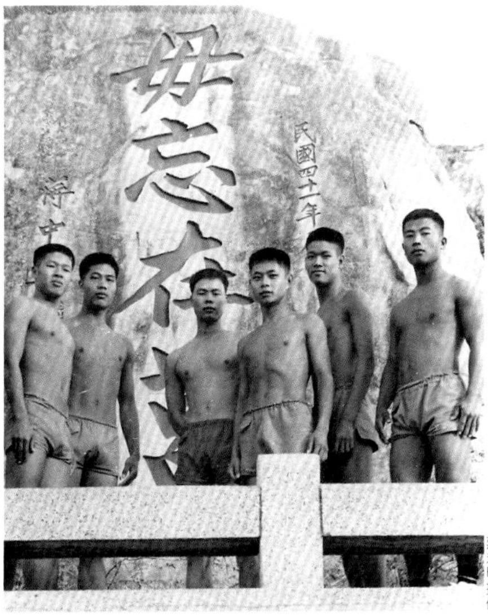

莊永明提供

11 傳說會到「對面」看場電影再回營的金門蛙人,約1960.

莊永明提供

12 飛行員與反潛機,約1960年代.

陸海空軍軍官退伍令 退字第01980號

陸軍行政少校 吳占震應予退伍為預備役此令

總統 蔣經國

行政院院長 孫運璿

國防部部長 高魁元

中華民國柒拾年伍月 日

莊永明提供

13 領了這張退伍令,就是平民百姓了,1981.

6 預備軍官臂章,
約1970年代.
(莊永明提供)

莊永明提供

970年代,國防部的宣傳明信片依然「吹著反攻的號角」.

敬軍勞軍 大家HAPPY

勞軍，日治時期叫做「慰安」，今天一提到這兩個字就想到一段台灣婦女同胞的傷心血淚史，但事實上，勞軍的內容，絕對不是只有這樣。

戰後，勞軍風氣始於1949年，發動勞軍的單位是「軍人之友社」。勞軍的花樣很多，歌舞、電影司空見慣，畫展、書展也參一腳，平日有勞軍車票、勞軍香菸，每年三節還有勞軍包裹八折優待。

國防部的藝工大隊會巡迴勞軍，影視歌星會奉獻勞軍，連學生也加入勞軍的行列。1959年9月，育達商職創辦人兼校長王廣亞就曾率領學生赴金門前線勞軍，首開青年學生組團勞軍之先例。

你勞軍，國家除了說謝謝之外，還有許多租稅回饋。勞軍捐獻統統可以算進所得稅列舉扣除額，不受金額限制；勞軍捐贈的貨品免徵貨物稅；娛樂稅第四條也說「勞軍用之各種娛樂活動免稅」。軍民同樂，大家happy！

（鄭林鐘）

勞軍皇后鄧麗君

鄧麗君一生勞軍次數極多，1981年的「君在前哨」，更是經典之作，長達一個月，全省走透透，為她確立了軍中情人的地位，也掀起沉寂多時的勞軍風潮。1994年，她參加華視慶祝陸軍官校70周年所舉辦的「永遠的黃埔」勞軍晚會，沒想到卻成了她生前在台灣的最後一次公開演出，連最後一次的公開演出都給了勞軍晚會！難怪在20世紀勞軍史上，沒有任何一位台灣藝人的成就可以超越她。

1 端午節勞軍團,1955.6.22-27,馬祖,秦炳炎攝.(中央社提供)

台南市文化基金會提供

2 演藝人員能提振士氣,女學生也行,這是台南市光華女中學生與軍人的合影,1953.

鄧麗君文教基金會提供

3 鄧麗君堪稱「勞軍皇后」,這是她與海軍陸戰隊官兵同樂的一幕,約1970年代.

【八三么樂園】「金門廈門門對門，
砲小砲砲打砲」，一幅有色的對聯，留
一段當年戰地「軍中樂園」的話題痕跡
這種勞軍方式備受爭議，卻一直到1992
才被當時的國防部長陳履安正式廢止，
入歷史。

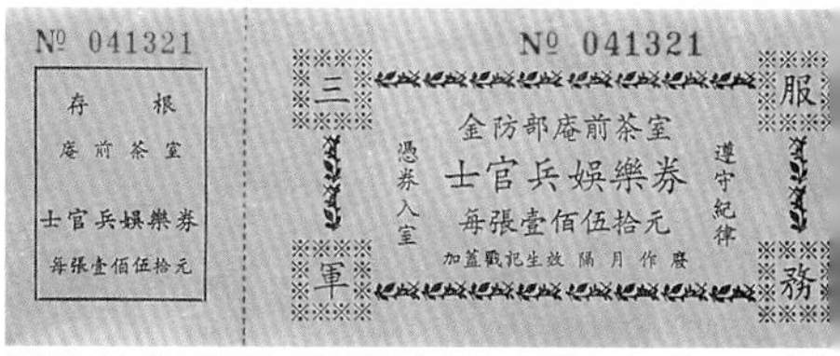

№ 041321

存根

庵前茶室

士官兵娛樂券

每張壹佰伍拾元

№ 041321

三軍服務

金防部庵前茶室

士官兵娛樂券

每張壹佰伍拾元

憑券入室

遵守紀律

加蓋戳記生效 隔月作廢

4 到軍中樂園尋歡,記得「遵守紀律,憑券入室」,約1980年代

中華民國軍人之友社台北市分社

四十六年春節

勞軍榮譽證

反攻大陸

支援三軍

敬軍

愛國

這是對反共抗俄貢獻的證明

5 勞軍券收據別亂丟,有此捐獻,榮譽一生,1957.

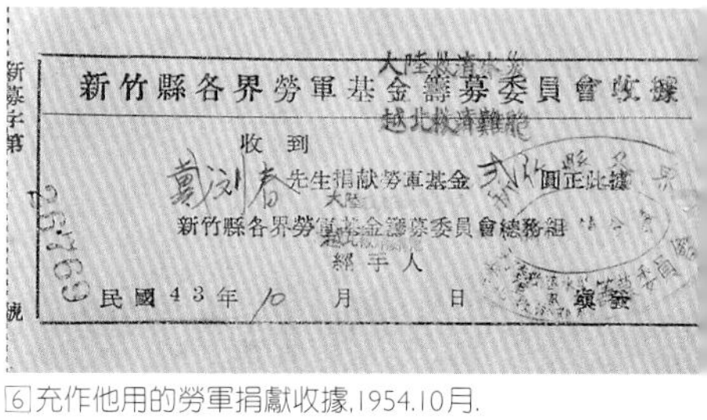

新募字第 號

新竹縣各界勞軍基金籌募委員會收據

收到

先生捐獻勞軍基金 圓正此據

新竹縣各界勞軍基金籌募委員會總務組

經手人

民國 43 年 10 月 日 填發

6 充作他用的勞軍捐獻收據,1954.10月.

陳輝明提供

國軍軍官的莒光日教材,1987.

勞軍香蕉

這是李繼孔〈不吃有三〉一文的精采節錄：

轟動一時的「蕉蟲」案爆發之後，生產過剩的香蕉，去處大有問題：有智慧及有識者便提議——勞軍，犒勞60萬大軍！每人吃5根就解決掉300萬根香蕉。

前兩次吃勞軍香蕉，衆官兵都很興奮，勞軍香蕉氾濫以後，想到香蕉就肛門打哆嗦。入伍訓練單位的設備簡陋，並無內務櫃可用，吃不完的香蕉只好暫時擱在床頭，晚上睡覺時裝進鋼盔。不料，有天長官巡察，認爲有礙觀瞻與戰備（說的也是，捧著一鋼盔香蕉上戰場，敵人沒被打死，倒有笑死的可能），當天中午接獲命令：立即處理儲存香蕉。值星官吹哨：「全連弟兄攜帶香蕉集合，先吃完的可以離開集合場！」

軍令如山，頭頂烈日，口啖香蕉。國民應盡的義務——服兵役，竟是大口吃香蕉！？吃到第五根——比武裝匍匐前進還苦；吃到第八根——再吃就會吐；吃到十一根——不如讓我死；吃到十三根——誰再叫我吃，我就跟誰拚命（狠狠記住教育班長的姓名，此仇非報不可）；第十四根嚥不到一口——天旋地不轉；剝開十五根——這輩子寧死不吃香蕉：從頭到尾我竟然不知道別的兵是怎麼吃？吃多少？吃完沒？（鄭林鐘）

9 國軍軍徽.
（莊永明提供）

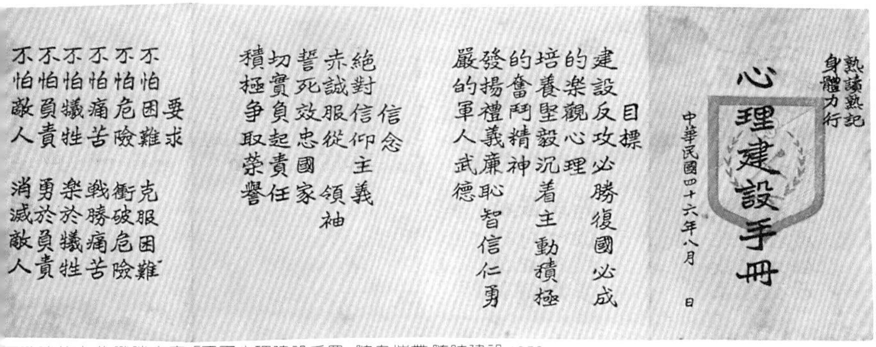

熟讀熟記
身體力行

心理建設手冊

中華民國四十六年八月　日

目標
建設反攻必勝復國必成
的樂觀心理
培養堅毅沉着主動積極
的奮鬥精神
發揚禮義廉恥智信仁勇
嚴的軍人武德

信念
絕對信仰主義
赤誠服從領袖
誓死效忠國家
切實負起責任
積極爭取榮譽

要求
不怕困難
不怕危險
不怕痛苦
不怕犧牲
不怕負責
不怕敵人

克服困難
衝破危險
戰勝痛苦
樂於犧牲
勇於負責
消滅敵人

莊永明提供

要戰勝敵人,先戰勝心魔,「國軍心理建設手冊」隨身攜帶,隨時建設,1959.

莒光日

莒光日的那一天（每周一次），大專兵很快樂，因為不用出操；大頭兵很頭痛，因為唸書作文比刺槍打拳難過。看電視教學、讀《奮鬥》（軍官組）與《革命軍》（士官兵組）、小組討論當周主題，一整個上午，四體不必勤、腦袋要夠靈、思想要堅定。因為長官說，勝利不能光靠拳腳槍砲，要思想武裝、信仰武裝。

10 月台上年輕的母親揮手送別從軍的兒子,專車車窗裡另一位士兵斜望著送行的人,揮別的手勢似乎也同時送別了這悄然相望的眼神,1965,台北車站,吳永順攝.

三民主義模範省！三民主義共和國？

1945年10月24日，中國戰區「台灣受降主管」同時也是台灣省行政長官的陳儀抵台，發表日後施政方針，表示「當以建設三民主義的台灣為鵠的。」翌日早上舉行受降典禮，下午召開「台灣光復慶祝大會」，大會主席林獻堂即席致詞：「……此後，我等應親愛互助，協助實現三民主義的新台灣。」這位台灣大老顯然在呼應陳長官的話。

1 台灣省三七五減租紀念郵票，1952-61，廖未林繪.
莊永明提供

掙脫日本帝國主義束縛後，轉變為三民主義的新台灣，自是台灣人的願景，只是何謂三民主義，大多數台灣人都懵懵懂懂，甚而只知三民主義就是自由，因此有「三民主義隨在（隨便）人」的可笑說法。

中華民國憲法第一條：「中華民國基於三民主義，為民有民治民享之民主共和國。」因此三民主義既是中華民國的國策，自然也是對抗共產主義的利器。

4 台灣省實行地方自治紀念郵票，1951-52，廖未林繪.
莊永明提供

1951年光復節，蔣中正發表告台灣全省同胞書，指示政府對於台灣省的建設，始終是要努力貫徹成為一個三民主義的模範省。因此「實行三民主義，建設復興基地」的口號處處可見。

當國際社會逐漸不認同台灣代表中國後，反攻大陸、反共復國已被認為徒然，加以1980年代中共釋出和談呼籲，蔣經國就1980年6月10日提出以三民主義統一中國政策。強調「革命民主政黨」的國民黨，也在黨章中說「實現三民主義，收復大陸國土，復興民族文化，堅守民主陣容，統一中華民國，建設自由、安定、和平、福祉的三民主義共和國」。（莊永明）

5 1953年創刊的《地方自治》半月刊.
莊永明提供

2 1950年代初期的「耕者有其田」宣導活動.
洪騰益提供

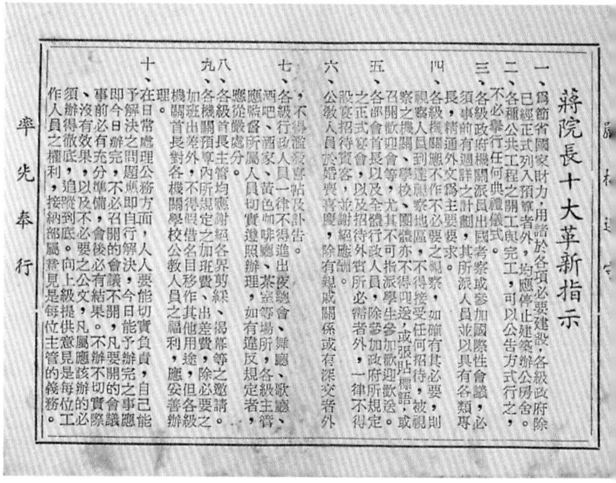
蔣院長十大革新指示

率先奉行

6 1970年代，「蔣經國時代」來臨，「建設三民主義模範省」的重責大任也逐漸落在他的肩上，1972年他上任行政院長不久即要求軍公教人員厲行「新」政令，圖為蔣經國頒布的公務人員「十大革新指示」，1972.6.18.

3 取自1970年《台灣光復25週年紀念專刊》.
遠流資料室

台灣自治歌

大約在1960年代中期以後，國民政府強力宣導政績，因而出現鼓吹政策的改良式民間曲調，在歌仔戲、車鼓陣中傳唱一時。以下為由民間小調「桃花過渡」所改編的台灣自治歌：

實施自治模範省，
全國台灣尚得先，
三民主義有實行，
總統指示真分明，
咳呀囉的咳，
嘿呀囉的嘿，
嘿呀囉的嘿呀
伊都咳囉的咳……

提供

莊永明提供

項建設郵票,左上起分別為:南北高速公路、桃園國際機場、高雄造船 北迴鐵路、大煉鋼廠、蘇澳港、石油化學工業、台中港、鐵路電氣化 來加上核能電廠成為十大建設),1977.

愛國獎券上也 以見到三民主 範省的藍圖. 明提供)

【唱國歌】 戰後初期，國民政府爲了要讓老百姓熟悉新國家新政府，國歌教唱是第一要務，於是到處都有「中華民國國歌普及會」。大甲民眾晚間到街上學唱國歌，街燈下歌詞貼得高高的，只是不知道民眾圍著的手拿麥克風的女郎，國歌是唱到哪一句了？……唱著，唱著，悠悠數十年過去，到了1990年代，唱國歌卻已經變成藝術家反諷的對象了。

9 連德誠裝置作品「唱國歌（文字篇）」,1991,台北,2號公寓展出,綜合媒材,林茂榮攝.

莊永明提供

10 慶祝中華民國建國六十年經建成果展宣傳單,1971.

國家建設，厚植經濟

面臨中共的威脅，台灣的國防經費支出十分龐大，因此多少影響基礎建設。1953年起推動「四年經濟建設計畫」，每期四年，總共六期，至1965年完成。其間重大的建設有農地重劃、中部橫貫公路通車、石門水庫興建等。1973年10月，因中東戰爭引發第一次石油危機，使台灣在一年內躉售物價上漲40.5%，消費者物價上漲47.5%。但是當年12月16日，蔣經國宣佈將在五年內完成「十大建設」(原為九項，後加上核能發電廠成為十項)，此為台灣戰後首次大規模的基礎建設，蔣經國還強調：「今天如果不做，明天就會後悔。」十項建設對改善以勞力密集為主的台灣產業，有一定的影響。1984年，俞國華就任行政院長，提出了「十四項重要建設計劃」；1990年軍人郝柏村組閣時，則以「國家建設六年計劃」為方針，內容如下：

11 國家建設六年計劃標誌.(莊永明提供)

1.住宅建設
2.建設生活圈
3.文教建設
4.勞工及社會福利
5.休閒設施
6.醫療保健
7.環境保護
8.總體經濟目標
9.科技研發
10.交通建設
11.新市鎮開發

1 上圖描繪1946年7月美國駐台北領事館舉辦美國國慶宴會的情景,台灣省行政長官陳儀(畫面中左三、著黃西裝者)也到場致意.圖為藍蔭鼎所繪.

台北228紀念館提供

從亞細亞孤兒到國際孤兒

第二次世界大戰後躍升爲「世界五強」的中華民國，四年後竟被逐出中國大陸，形成遷都台北的中華民國與建都北京的中華人民共和國分治兩岸的局面。

2《豐年》雜誌標誌,2卷1期.1952.

(莊永明提供)

堅持反共的國府，以「漢賊不兩立」的立場，不僅以中共爲「匪幫」，甚至將與中共建交的國家也視爲「不夠朋友」而與之斷交。

戰後，美蘇兩個超級大國對立的冷戰時代，美國重視台灣在太平洋的戰略地位，因此在中美共同防禦的結盟下，儘管1950年之前已有蘇聯、印度、英國等國承認中共，但台灣仍然有不少邦交國。蔣中正時代，他親自接待美國總統艾森豪、伊朗國王巴勒維、約旦國王胡笙、菲律賓總統馬可仕、越南總統吳廷琰、韓國總統朴正熙、中非總統(後來稱帝)卜卡薩蒂、沙烏地阿拉伯國王費瑟、剛果總統莫布杜等國元首來台訪問。

1971年10月，國府退出聯合國，此厄運並非一日之寒，此年度即有土耳其、伊朗、獅子山、比利時、祕魯、黎巴嫩、墨西哥、厄瓜多爾與台灣斷交。1972年9月，日本與中共建交，1979年1月，中(共)美建交，台灣的外交版圖江河日下，「大國家」沒有了，只能倚賴幾個「小朋友」來維持國際邦交。(莊永明)

5 1957年台人劉自然遭駐台美軍槍殺,但兇嫌卻獲無罪開釋,引發不滿民衆搗毀美國駐台大使館、美國新聞處,令反美情緒高漲.圖為抗議學生在街頭舉牌示威,前排右起第一人即為後來的知名作家陳映真,1957.5.24,蘇培基攝.

6 美國卡特政府宣布與中共建交後,中美關係諮商代表團抵台時遭民衆抗議,1978.12.27.陳漢中、劉偉勳攝.

3 1956年聯合國新年賀卡上的各會員國國旗,在這片橄欖葉形上,中華民國國旗也在其中.(莊永明提供)

入席・退席——台灣的聯合國命運

聯合國創始會員國也是常任理事國的中華民國，在失去大陸政權後，其代表中國的合法性，開始受到討論與質疑。1960年之前因「在韓戰結束前，把中國代表權問題擱置不討論」的原則，台灣在聯合國的席次穩坐不失。1961年後「中國代表權」雖被列為重要問題，但需2/3以上支持才能通過，因此台灣仍能保住席次。1970年10月，中共入會的議案，亦即台灣所稱的「排我納匪案」，以51：49首度出現贊成中共入會過半數現象，雖然要達2/3多數才能通過，但已對台灣造成嚴重警訊。1971年10月25日聯合國大會以76：35票通過中共的代表權決議案，中華民國宣布退出。聯合國第2758號決議文如此表示：「決定恢復中華人民共和國的一切權利，承認它的政府代表為中國在聯合國組織的唯一合法代表，並立即將蔣介石的代表從它在聯合國組織及其所屬一切機構中所非法占據的席次驅逐出去。」

7 公投進入聯合國大遊行,1991,許村旭攝.

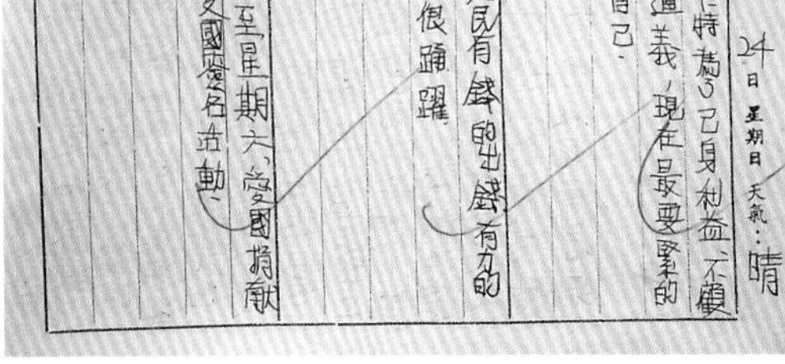

國際要聞	國內大事	本校大事
67年12月24日 星期日 天氣：晴 △美國卡特為了自身利益，不顧國際道義，現在最要緊的是靠自己。	△全國人民有錢的出錢，有力的出力，很踴躍	△星期一至星期六，愛國捐獻並有愛國愛召活動

李淑楨提供

4 台灣1970年代的外交動盪,也反映在當時中學生的週記上.

遠渡重洋辦外交

「中華民國在台灣」為維持在世界的外交版圖，不得不努力與一些友邦維持良好關係。1964年2月台灣與法國斷交後，和法語系的國家也跟著「交惡」，此後，維繫台與中南美國家和非洲新興國家的關係，成為台灣的外交重點工作。除了金援，所謂技術合作也成為拉住和招來朋友的手段。技術合作有農業、養殖、建設、醫療各方面，其中農耕隊的成就舉世矚目，台灣的農耕隊把中南美洲、非洲的許多地方變成綠油油的田地。榮工隊、中華工程公司的工程隊也在異邦造橋修路，各大醫院更派遣醫療團隊到邦交國的落後地區服務。農業技術人員、工程人員、醫師、護士等都是「兼職」外交人員，他們遠渡重洋幫國家打外交戰。所以若批評台灣只會金錢外交，實在不公平。

莊永明提供

8 中非技術合作紀念郵票首日封上圖案, 1971.5.12.

莊永明提供

9 玻利維亞郵票：中華民國農耕隊, 1982.

12 美國總統艾森豪訪華紀念戳,1960.

15 約旦國王胡笙訪華紀念戳,1959.

12 至 19 均為莊永明提供.

18 菲律賓總統賈西亞訪華紀念戳,1960.

13 布吉納法索總統訪華紀念戳,1994.

14 越南總統吳廷琰訪華紀念戳,1960.

16 伊朗國王巴勒維訪華紀念戳,1958.

19 祕魯總統浦樂多訪華紀念戳,1961.

17 甘比亞共和國總統訪華紀念火柴盒,1972.10月.

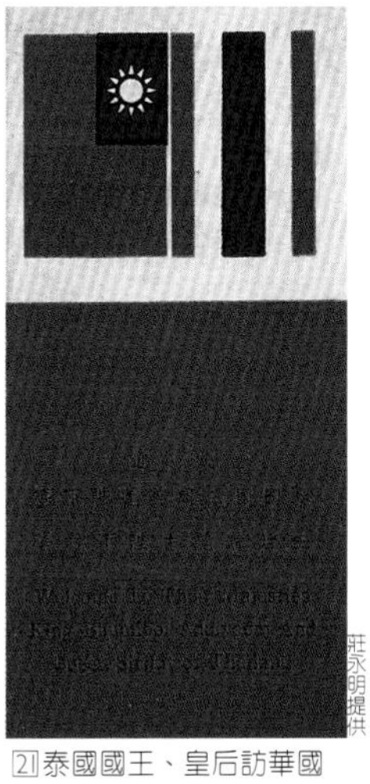

莊永明提供

21 泰國國王、皇后訪華國宴紀念香煙盒,1963.

莊永明提供

遞「到任國書」的大使,隨著國府的外交受挫而人數銳減,約1970年代.

莊永明提供

20 甘比亞總統瓦拉訪華時與嚴家淦副總統共同閱兵,1971.

中央社提供

韓國總統朴正熙在蔣經國陪同下參觀演習,1966.2.17,左營,潘月康攝.

釣魚台

釣魚台列嶼位於台灣東北方，沖繩島西南方，中、日均表擁有主權。1941年東京法院判決尖閣群島（含釣魚嶼、花瓶嶼）主權屬台北州而非沖繩縣。後來，釣魚台漁場因為發現附近有海底油田而再受矚目，中日雙方對主權問題再起爭議。1972年，美國將琉球交給日本時竟也包含釣魚台列嶼，於是在愛國保土的號召下，海內外學生掀起保釣運動。

莊永明提供

22 保衛釣魚台列嶼紀念標誌,1970年代.

莊永明提供

23 20年後又起的保釣運動已無1970年代的氣勢,圖為1990年保釣刊物.

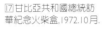

戒嚴・白色恐怖

1949年當共軍逐步在大陸取得絕對優勢，也不忘高喊以武力解放台灣；落敗的國民政府，無可迴避最終遷台的命運。

爲了穩住局勢，1949年3月台灣省主席兼警備總司令陳誠下令封鎖台灣海岸線。5月1日零時起，台灣實施戶口總檢查。5月20日台灣地區開始實施戒嚴。戒嚴令一直維持了38年，這項世界紀錄，也讓台灣在人權史上留下嚴重不良的紀錄。

戒嚴令禁止人民集會、結社、遊行請願等權利；禁止設立新政黨；限制新聞自由、禁止新設傳播機構；禁止罷市、罷工、罷課；限制或禁止宗教活動等。這一連串違反自由的禁令，竟在「自由中國」被視爲具有合法性。

與戒嚴法同樣被視爲鞏固國府政權的是「動員戡亂時期臨時條款」。1948年第一屆國大所制定的臨時條款，原應在1949年5月期滿，但以奉有中國法統正朔自居的國民黨，以光復大陸志業尚未完成爲由主動延長。臨時條款的法權超越憲法之上，諸如：總統可不受立法院限制，發布緊急命令、正副總統可連選連任等。

同年6月21日起，「懲治叛亂條例」及「肅清匪諜條例」也開始實施。情治單位在「寧可錯殺一千，也不可錯放一人」的心態下濫捕民衆，動輒以唯一死刑定罪，白色恐怖的陰影，從此籠罩在台灣人心中。

(莊永明)

莊永明提供

1 蔣中正總統復行視事三週年紀念郵票,1953-1961.

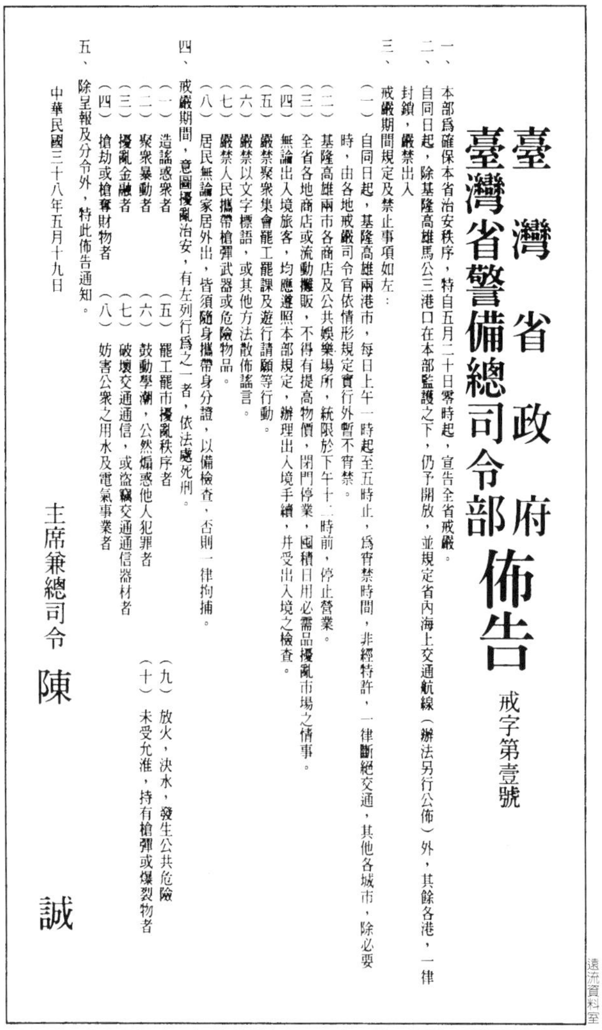

臺灣省政府
臺灣省警備總司令部 佈告

戒字第壹號

一、本部爲確保本省治安秩序，特自五月二十日零時起，宣告全省戒嚴。

二、自同日起，除基隆高雄馬公三港口在本部監護之下，仍予開放，並規定省內海上交通航線（辦法另行公佈）外，其餘各港，一律封鎖，嚴禁出入

三、戒嚴期間規定及禁止事項如左：

（一）自同日起，基隆高雄兩港市，每日上午一時起至五時止，爲宵禁時間，非經特許，一律斷絕交通，其他各城市，除必要時，由各地戒嚴司令官依情形規定實行外暫不宵禁。

（二）基隆高雄兩市各商店及公共娛樂場所，統限於下午十二時前，停止營業。

（三）全省各地商店或流動攤販，不得有提高物價，閉門停業，囤積日用必需品擾亂市場之情事。

（四）無論出入境旅客，均應遵照本部規定，辦理出入境手續，并受出入境之檢查。

（五）嚴禁聚衆集會罷工罷課及遊行請願等行動。

（六）嚴禁以文字標語，或其他方法散佈謠言。

（七）嚴禁人民攜帶槍彈武器或危險物品。

（八）居民無論家居外出，皆須隨身攜帶身分證，以備檢查，否則一律拘捕。

四、戒嚴期間，意圖擾亂治安，有左列行爲之一者，依法處死刑。

（一）造謠惑衆者　（五）罷工罷市擾亂秩序者　（九）放火，決水，發生公共危險

（二）聚衆暴動者　（六）鼓動學潮，公然煽惑他人犯罪者　（十）未受允准，持有槍彈或爆裂物者

（三）擾亂金融者　（七）破壞交通通信，或盜竊交通通信器材者

（四）搶劫或槍奪財物者　（八）妨害公衆之用水及電氣事業者

五、除呈報及分令外，特此佈告通知。

中華民國三十八年五月十九日

主席兼總司令　陳　誠

遠流資料室

2 束縛台灣人民長達38年的戒嚴令在1949年5月19日發布,隔日起施行.

4 偉人銅像前的警察,約1950-60年代,傅良圃攝.

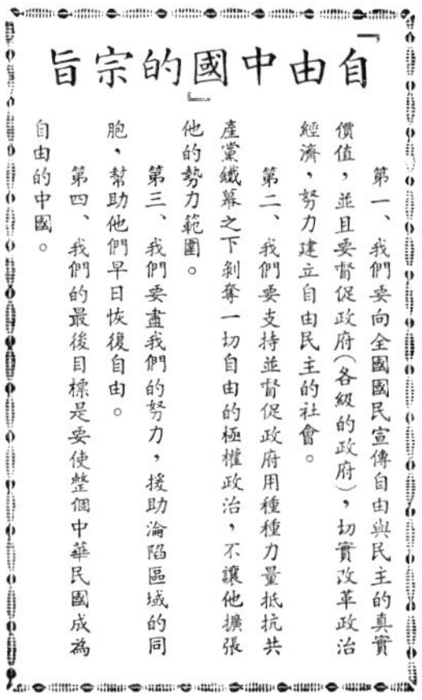

「自由中國」的宗旨

第一、我們要向全國國民宣傳自由與民主的真實價值，並且要督促政府（各級的政府），切實改革政治經濟，努力建立自由民主的社會。

第二、我們要支持並督促政府用種種力量抵抗共產黨鐵幕之下剝奪一切自由的極權政治，不讓他擴張他的勢力範圍。

第三、我們要盡我們的努力，援助淪陷區域的同胞，幫助他們早日恢復自由。

第四、我們的最後目標是要使整個中華民國成為自由的中國。

遠流資料室

5 胡適擬撰的《自由中國》雜誌宗旨.

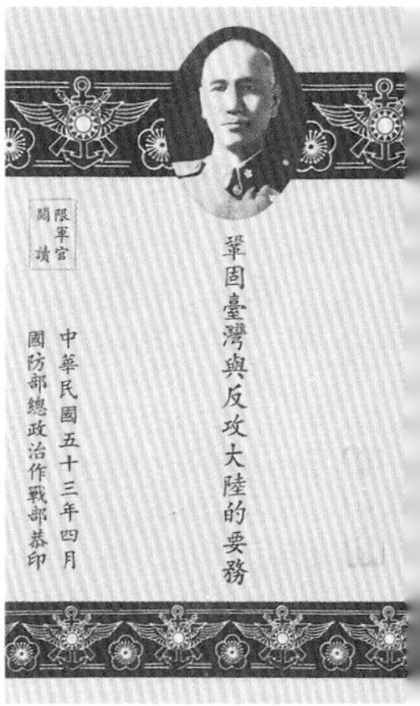

6 領袖訓詞成為思想武裝的基本

都是祝壽惹的禍？——自由中國與雷震案

遠流資料室

7

《自由中國》雜誌創刊於1949年11月20日，創辦人為胡適和雷震、王世杰、杭立武等國民黨高層人士。《自由中國》是一宣傳民主自由的反共刊物，編輯、撰述者有殷海光、傅正等學者，他們觀察內政，認為一黨專政、憲政危機等問題如果繼續存在，民主將只是空泛口號，而且堅持執政措施是可公開評論的，因此他們不懼威權，刊出對當局的諍言，〈政府不可誘民入罪〉、〈搶救教育危機〉等文章，皆為當道所不滿。1956年10月31日蔣中正總統七秩誕辰，該刊製作「祝壽專號」，刊有胡適希望蔣中正試行的「無智、無能、無為」六字訣，及雷震強調軍隊要超出黨派等「不敬」之文，引起黨、軍攻擊《自由中國》以「思想走私，為共匪統戰鋪路」。而後《自由中國》仍堅持「書生問政」風格，與當局對立愈深，終遭致嚴厲打壓，雷震等人被羅織入獄。

3 白色恐怖時期處決政治犯的刑場——馬場町,在1990年代為政治受迫害者爭取平反的運動中,經常在這個「歷史傷心地」舉辦228事件及白色恐怖受難者的追悼會,河堤上相片即是幾位政治受難者的遺照,1991,劉振祥攝.

台灣人
有權回自己的家
台中市
民主進步黨

劉振祥攝

黃昏的故鄉」
黑名單

:28事件後逃亡海外的
對人士，本就是國府追
的對象，他們也知道從
台灣獨立運動，返鄉只
被捕、被殺的命運，只
以異鄉爲家鄉。

960年代前後，許多出
的留學生因接觸到以前
內的「歷史禁忌」，知
了不少國民黨「白色恐
」統治的秘密，而加入
獨運動。國府將這些異
分子列入黑名單，吊銷
照，讓他們有家歸不
，只能在海外唱著「黃
的故鄉」。

「懲治叛亂條例」廢除
後，許多名列黑名單的
議人士見政治鬆綁，便
賣闖關，最後爭得了落
歸戶的權力，且在有了
鄉權」之後，也有了「
政權」。（莊永明）

FREE ALL POLITICAL
PRISONERS
釋放所有政治犯

台灣人權促進會提供

8 美麗島事件之後,支持反對運動人士製作海報,共同呼籲「釋放所有政治犯」,1985.12.10.

廢惡法
100行動聯盟

小邱工作室提供

9 以廢除刑法100條為目標的「100行動聯盟」活動貼紙,1991.10.

【返鄉運動全面化】 國府阻止海外異議份子返鄉；於是「可愛的故鄉，自然的山河，今日離開千里遠，啊！何時再相會」成爲島內外的心聲。聲援「黑名單人士」有返鄉自由，是民權運動目標之一；台灣人有權回家，不僅要求取消黑名單，也要求偷渡返鄉被捕的主張台獨人士能立即獲釋。

機場事件

1986年3月，流亡美國的「走路縣長」許信良，解散了前一年成立的台灣革命黨，聯合黑名單人士在海外發起遷黨回台運動，企圖催化台灣正式成立新政黨。9月28日，民主進步黨宣告成立，當時黨禁尚未解除，反對人士憂心打壓行動出現。11月底林水泉、許信良企圖闖關返台聲援，民進黨發動大批群衆接機，當獲知他們將被原機遣返時群情激憤，與噴灑水龍的警方發生衝突。

綠色小組提供

10 等候許信良回國的群衆對軍用直昇機比著L(柯拉蓉競選菲律賓總統時支持者所用的手勢,一說代表自由)的手勢,1986.11.30.

解嚴・抗爭・台灣民主歌

「自由中國」在國民黨一黨專政下，異議份子在海外、島內前仆後繼地展開反對運動，海外的台獨運動、島內的民權運動，執政者均給予嚴厲打壓。

蔣中正四次連任總統，在台主政長達25年，蔣氏過世後，雖有嚴家淦的「過渡政權」，但政治權力早已由其子蔣經國接掌。蔣經國在1978年3月當選總統前，中華民國退出聯合國、日本與中共建交，美國向大陸示好，在國際劣勢之下，他推動的十項建設陸續完工，島內民主運動也正方興未艾。

1 公投會的訴求是以「全民公投」來決定是否加入聯合國,1991.(莊永明提供)

1977年11月19日，台灣首次一併舉辦五項地方公職選舉而爆發搗毀警車、焚燒警局的中壢事件。1979年1月21日抗議余登發被羅織匪諜罪嫌而加以逮捕的橋頭事件，是黨外人士在戒嚴後的首次政治示威遊行。這段時間黨外人士以政論雜誌來散布民權民主理念。反對運動中影響最大的是1979年12月10日的美麗島事件，民眾藉此事件認知獨裁專制政權的眞實面。1980年「228」，發生情治人員監視下林義雄母女三人被殺慘劇，同情認同黨外人士的人愈來愈多。

同時，蔣經國則繼續推動政權的本土化。1985年他言明蔣家絕不會再當總統。「時代在變、潮流在變、環境也在變」，蔣經國晚年深知若仍堅持國民黨「黨外無黨、黨內無派」的原則來面對局勢是行不通的。1986年9月28日民主進步黨成立。

1987年7月14日，蔣經國發布解嚴令，烙印在台灣人心底的桎梏終於去除，新的民主道路由此開啓。（莊永明）

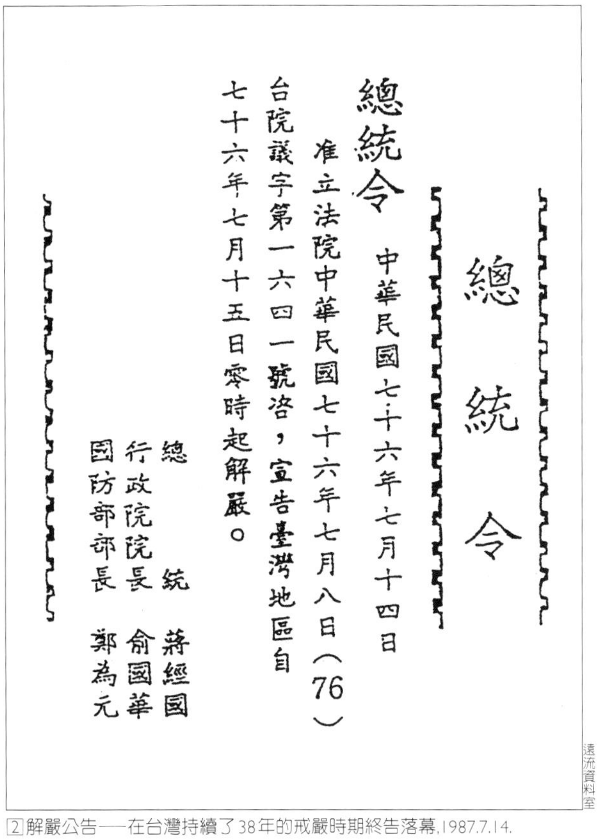
總統令

總統令　中華民國七十六年七月十四日

准立法院中華民國七十六年七月八日（76）台院議字第一六四一號咨，宣告臺灣地區自七十六年七月十五日零時起解嚴。

總　統　蔣經國

行政院院長　俞國華

國防部部長　鄭為元

遠流資料室

2 解嚴公告——在台灣持續了38年的戒嚴時期終告落幕,1987.7.14.

中央社提供

3 1979年12月10日黨外人士舉辦活動而爆發群衆憲警衝突的美麗島事件.

中央社提供

4 美麗島大審,台北,1980.03.18,劉偉勳攝.

5 黨外人士奮戰多年後終於突破黨禁成立民主進步黨,執政黨在「形勢比人強」下,也予以默認,1986,陳炳勳攝.

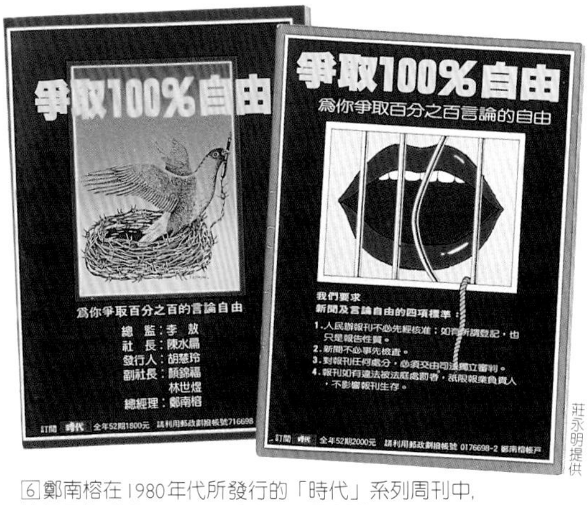

莊永明提供

6 鄭南榕在1980年代所發行的「時代」系列周刊中,始終堅持「爭取100%言論自由」的訴求.

7 1975年發行的《台灣政論》雜誌,雖然發行了五期,但卻開啓黨外雜誌風氣之先

再見美麗島

「今年是決定我們未來道路和命運的歷史關鍵的時刻，動盪的世局和暗潮洶湧的台灣政治、社會變遷在逼使我們在一個新的時代來臨之前抉擇我們未來的道路，歷史在試煉著我們。」這是1979年8月24日《美麗島》雜誌的創刊詞。

《美麗島》雜誌是一群以「沒有黨名的政黨」做為目標的黨外人士所創辦；他們在高雄市舉辦「人權大會」，因為群衆與「鎮暴部隊」發生衝突，被惡意塑造為「暴徒」，政府藉此對黨外人士進行逮捕、判刑。透過軍事法庭的審判，有八人以叛亂罪分處無期徒刑到12年不等的刑期。

獨台會案,知識界反政治迫害聯盟發起遊行,1991.5.20,劉振祥攝.

進黨發起的「417反對老賊修憲」大遊行,1991.4.17,蔡明德攝.

⑩1988.520事件現場,吳耀坤攝.

【解嚴前後街頭】隨著威權體制鬆動，解嚴前後，許多過去被壓抑的不滿在台灣各地傾洩，前後大約十年間，台灣街頭總不乏各種政治社會抗爭事件。一波波的抗爭，或許得到回應，或者無疾而終，不過終究我們走了好長一段，站在一個不同的位置上。

灣v.s.中國

台灣海峽兩岸有兩個政實體，一邊是中華民一邊是中華人民共和1949年起，兩岸人各在不同政權下生活。戰時代，一方叫囂「血台灣」，一方高喊「反大陸」，彼此仇視。

0年後（1979），北京出三通：直接通航、通通郵，台北則堅持三不接觸、不談判、不協，兩岸相互喊話。中在國際外交上打壓台灣行不爲，「中華民國」國際上只得以「中華民在台灣」、「中華台、「台澎金馬」等名委屈求全。

000年總統大選後政黨替，民進黨取得政權。對統一並將台獨列爲黨的民進黨，在面臨「一中國」問題時更爲緊新政府雖在就職演說向對岸表達善意，但對謂1992年一個中國各表述的兩岸共識仍持歧執政的民進黨面臨台新世紀的挑戰，何去何值得深省。（莊永明）

⑪鄭南榕在高檢處前抗議政府將台獨論罪,1987,劉振祥攝.

⑫鄭南榕告別式後靈車經過總統府前,宋隆泉攝,1989.5.19.

鄭南榕為台獨理念自焚

鄭南榕，一位出生在228事件那年的外省囝仔，堅持做個行動思想家。1984年他創辦《時代週刊》，這份雜誌屢遭查禁、沒收，但他仍以「爭取100%的言論自由」的精神，用了18張執照，以《民主天地》、《發展》、《開拓時代》等名籌辦了五年八個月共302期的系列周刊。1986年起，他走向街頭推動519綠色行動（訴求解嚴）、新國家運動、228和平公義運動，他更積極的是主張台灣獨立！1989年4月7日，他以自焚的方式，抗議當局對他的非法拘捕而結束生命。

⑬馬關條約簽訂百年前夕,主張台灣獨立的社運團體發起「告別中國」遊行,1995.4.16,潘小俠攝.

⑭新世紀來臨前,台灣人用選票實現了首度政黨輪替執政.圖為陳水扁總統就職典禮上李登輝致辭後向群衆揮手,2000.5.20,蘇聖斌攝.（中央社提供）

第1任總督樺山資紀 (1895~1896)
第2任總督桂 太郎 (1896,任期4個月)
第3任總督乃木希典 (1896~1898)
第4任總督兒玉源太郎 (1898~1906)
第5任總督佐久間左馬太 (1906~1915)
第6任總督安東 貞美 (1915~1918)
第7任總督明石元二郎 (1918~1919)
第8任總督田 健治郎 (1919~1923)
第9任總督內田嘉吉 (1923~1924)
第10任總督伊澤多喜男 (1924~1926)
第11任總督上山滿之進 (1926~1928)
第12任總督川村竹治 (1928~1929)
第13任總督石塚英藏 (1929~1931)
第14任總督太田政弘 (1931~1932)
第15任總督南 弘 (1932,任期2個月)
第16任總督中川健藏 (1932~1936)
第17任總督小林躋造 (1936~1940)
第18任總督長谷川 清 (1940~1944)
第19任總督安藤利吉 (1944~1945)

1

2

3

4

5

6

A 3 OFFICE OF TAIWAN GOVERNMENT, TAIHOKU.
湾總督府正面（臺北名勝）

9

10

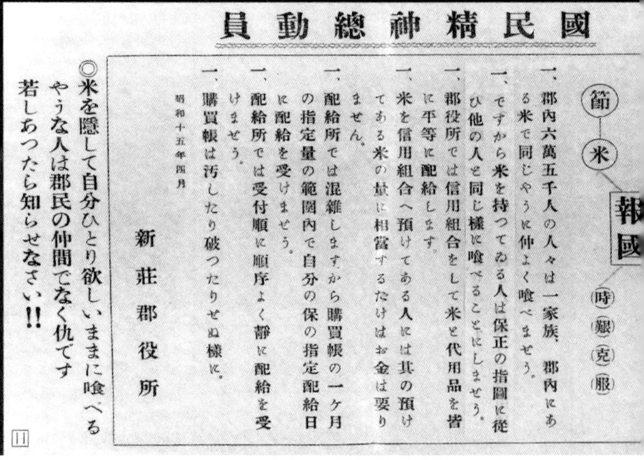
國民精神總動員

節米報國
時艱克服

一、郡内六萬五千人の人々は一家族、郡内にある米で同じやうに仲よく喰べませう。
一、ですから米を持つてゐる人は保正の指圖に從ひ他の人と同じ様に喰べることにしませう。
一、郡役所では信用組合をして米と代用品を皆に平等に配給します。
一、米を信用組合へ預けてある人には其の預けてある米の量に相當するだけはお金は要りません。
一、配給所では混雜しますから購買帳の一ケ月の指定量の範圍内で自分の保の指定配給日に配給を受けませう。
一、配給所では受付順に順序よく靜に配給を受けませう。
一、購買帳は汚したり破つたりせぬ様に。

昭和十五年四月

新莊郡役所

◎米を隱して自分ひとり欲しいままに喰べるやうな人は郡民の仲間でなく仇です若しあつたら知らせなさい!!

11

7

8

拾穗，在改朝換代的風華過後

回味百年政壇更迭的田園
在一畦一畦的收成後
總還有些值得你我拾穗
……

新辭彙．舊時語

【八紘一宇】第二次世界大戰期間，日本軍國主義份子標舉「大東亞共榮圈」的旗幟，急速地擴張日本帝國的勢力網，而以「八紘一宇」將侵略行為正當化，意思是「囊括四海，併吞八荒」。

【無力者大會】1920年代，日本殖民政府的御用紳士以「寧做太平犬，不為亂世民」的心態，指責從事民族運動的台灣議會請願運動人士，後者遂舉辦「無力者大會」聲討這些得勢的「有力者」。

【蔣總統】早年，蔣總統是孩童心目中最偉大的人，也是領袖代名詞，他們會說尼克森是美國的「蔣總統」。

【空飄氣球】1950年代開始在台海兩岸飛來飛去的「匪」我文宣品，通常內裝傳單，民眾撿到要交給派出所則以私藏匪物論罪。

【匪諜】1950年代匪諜生」以來，沒有人知道匪長什麼樣子，只知道匪所不在，車站、學校、局的圍牆上，總有「保

人人有責」的大字。

敬自強，處變不驚】
0年代，台灣面臨外交挫
領袖以此鼓勵國人。世
棒冠軍賽中，巨人隊在
關頭揮出全壘打，也被
莊敬自強的典範。

【自立救濟】 在國民黨一黨專政下，長期以來，民眾對公部門不寄予希望。1980年代中期以後，隨著威權的鬆動，對自身處境不滿的民眾紛紛走上街頭，向當局抗議施壓，捨合法程序於不顧。

統治者與老百姓的世紀群像

【圖片說明】 ①底圖：鹽寮日軍登陸紀念碑,建於1930年代,國府時代改為抗日紀念碑至今.（莊永明提供） ②-⑥均為台灣總督府始政紀念戳,分別為第21回,1916；第22回,1917；第24回,1919；第25回,1920；第26回,1921.（遠流資料室） ⑦太平洋戰爭時期原住民被徵調為「高砂義勇軍」的訓練情景,約1940年代,取自《日本殖民地史3：台灣・南洋》.（莊永明提供） ⑧二戰期間鄉村孩童的軍人遊戲扮裝照,約1940年代初期.（楊仁杰收藏/陳板提供） ⑨台灣總督府風景明信片,約1930年代.（莊永明提供） ⑩始政40周年紀念台灣博覽會海報,1935.（莊永明提供） ⑪二戰時期節約物資宣導公告.（台北228紀念館提供） ⑫嚴前總統紀念戳,1994.12.24.（莊永明提供） ⑬義美食品「政權和平轉移」紀念貼紙,2000.5.20.（黃秀慧提供） ⑭蔣夫人防癆郵票,1959.（莊永明提供） ⑮中華民國歷任元首紀念明信片,1988.（莊永明提供） ⑯蔣介石的時期（局部）吳天章繪,1987,綜合媒材（吳天章提供） ⑰蔣經國的時期（局部）,來源同⑯. ⑱台灣檔案室慶祝第八任「蔣總統」就職展覽現場裝置,侯俊明作.1990.（侯俊明提供） ⑲1990年3月學運的精神象徵：野百合,許伯鑫攝.

選舉風雲

民主，是百年來台灣人爭民權、求平等，前仆後繼所追求的政治理想。

日本、中國都是立憲國家，然而統治者或執政者並沒有依照「憲法」給人民應有的權利，連選舉權都是「循進式」一步一步才取得的。

競選，必須經過選戰的洗禮，由於黨派、地方派系、社團、金主的介入，以及綁樁、買票和爭取同情票、賭濫票的需要，台灣的選戰形形色色，可不只是文宣戰、口舌戰而已。

有人說，選舉是看選民圈選的是政客還是政治家，但能當選者往往是「呼風喚雨」的人物。

新
議會未成功
要求自由平等
倡民權
爭平等
打破專制主義
同志須努力
竹
大正十五年臺灣議會請願委員餞別會

世紀選舉之爭

王紹中《台灣世紀回味》研究員

20世紀，隨著西方民主國家占據世界舞台的中心位置，
西方的民主價值觀也大力向外輸出，逐漸成爲舉世宣稱的人類主要價值之一。
台灣，在這個標舉民主的世紀裡，也沒有缺席。
20世紀台灣人的「民主之爭」，其實多半局限在「選舉之爭」。
選舉不開放，所以先爭取選舉權；
選舉制度開放後，各黨各派人士爭的是選票，唯有勝選才能分享政權。

帝國殖民下爭投票

1895年日本開始殖民統治台灣。爲了抗日，地方官僚與本地士紳籌組「台灣民主國」，立總統、設議會，號稱亞洲第一個共和國就此成立。不過，台灣民主國國祚甚短，而其所謂的「民主」，並不具備西方民主意涵。

日本以武力的方式取得殖民地，是一種帝國霸權的侵奪行徑，目的是國力擴張與殖民地資源汲取，這殖民事業背後的邏輯，本來就與民主價值相違背，因此殖民政府當然不會尊重民主，更遑論在殖民地推動民主。20世紀初期在這片土地上，民主尚未萌芽。

1910年代中期以後，台灣赴日留學青年增多，逐漸形成一股聲勢。這批基本上是在殖民下成長的青年，經由留學途徑，不但接觸到各種新思潮，也受到當時反殖民、爭自決等國際新局勢的衝擊。

1920年底，一批在東京留學的台灣青年，結合島內人士，發起「台灣議會設置請願運動」，企圖在殖民體制下爭自治。隨後，這股改革風潮在島上蔓延，一個又一個理念不盡相同的政運團體相繼成立。對於自治權的爭取，改革人士除了要求設立一個全島性議會，也向當局積極爭取實施州市街庄自治，但這些努力終究沒有達成預定目標。

台灣人第一票

在各方對自治的爭取下，1935年台灣總督府將市街庄升格爲法人，實施地方自治。年底，第一屆市街庄議員選舉登場。這是台灣歷史上第一次投票選舉。官方在事前事後都大肆宣傳，肯定其意義。不過從實質面來看，選舉人投票資格有所限定，女性則完全沒有投票權，而眞正民選的議員其實只占總額一半，其餘則爲官派；這種由官派民選議員各半所組成的地方議會，所能發揮的自治功能是有限的。無怪乎當時以「確立完全地方自治制」爲運動目標的台灣地方自治聯盟，抨擊此爲假自治。

1937年7月，蘆溝橋事變後中日戰爭爆發。一周之後，台灣地方自治聯盟自行解散。在戰雲硝煙的陰影下，台灣人對自治及選舉權的爭取受到壓縮。官辦的地方選舉，在1939年第二屆市街庄選舉過後，也告中止。一切的停頓，似乎都要等待戰爭結束，才能重新開始。

1945年8月15日，台灣人所肩負的「皇國聖戰」終於結束，只是皇國已不再；隨著日本戰敗，台灣「重回祖國懷抱」。台灣人的歷史座標，也在這一刻撥轉到另一個向度上。台灣人的身分，從彼時日本帝國眼下的本島人，改爲此刻祖國口中的台灣省同胞。

與中國憲政接軌

1912年1月1日，當海峽此岸的台灣人正邁入日本明治紀元最後一年之際，在海峽彼岸，一個新的紀元率先展開——中華民國成立。新中國自詡爲亞洲第一個民主共和國，不過內憂外患接踵而來，在邁向民主共和的道路上，始終荊棘滿布。

1945年台灣重新納進中國政治發展進程。國民政府在「台灣省接管計畫綱要」中，擬訂「預備實施憲政」及「推行地方自治等攸關台灣民主發展的方針。因此，在接工作甫告兩個月後，陳儀政府即提出「台省各級民意機關成立方案」，開始推動地民意機構的設立。

從1946年2月開始，台灣走入戰後第一選舉熱季，鄉鎮區民代會、縣市參議會、參議會等三級地方民意機關逐一設立。中，眞正由一般民衆投票選出的，只有最層的鄉鎮區民代，省縣市民代都是由次一民意機關所選出，屬於逐層代表的方式。時全國尚未推行憲政，地方自治也未正式始，各省縣市的地方首長仍由官派，地方意機關也只屬於過渡時期所設立的參議會不過在這些限制之下，參議會仍然扮演著詢、監督地方政府的功能。

除了地方選舉，戰後初期的台灣也舉辦多次中央選舉。1946年間，先後選出制國民大會代表與國民參政員，從而代表台省參與中央民意機關運作。1947年1月，華民國憲法頒布，12月開始行憲。爲落憲政，1947年底到隔年初，台灣省又舉第一屆中央民意代表選舉。

對日治期間長期爭取自治權的台灣人言，戰後初期在國民政府統治下所獲得的些民主進展，無疑是值得珍惜的。不過1947年228事件發生，霎那間敲碎了台灣的祖國夢，台灣人對政治參與的熱情也一被澆熄。

中央陰影下的地方自治

1947年頒行的憲法已賦予實施地方自治的制基礎，不過受到國共內戰影響，全國各的地方自治推展因而延宕。1949年陳誠任台灣省府主席，隨即開始推動地方自治務。不過，年底國民政府遷台，島上出現一省之國」的現象，中央與地方省縣市的係在島上重組，在中央獨大的陰影下，憲所賦予地方的自治權限受到嚴重壓縮。

1950年台灣開始推行地方自治，定期辦理級地方政府首長及民意機關選舉，唯獨省選舉一直未開放。因爲省長選舉的範圍過，經由選舉活動所滋長的全島性勢力，足危及中央政權統治。台北市、高雄市在升爲直轄市之後，因地位更形重要，市長選也停辦。另外，也因爲中央與地方轄區重性過大，中央緊抓財政不放，影響了地方主發展的空間。

除了限制地方自治權限，國民黨政權也透在各地所扶植的派系來贏取選票，彌補自外來性與本地社會之間的隔閡，以鞏固政的地方基礎。台灣的選舉風氣也在這種工性的派系操作下日益惡化。

儘管1947年開始行憲，不過在很長的一時間裡，台灣人實際上所能享有的地方自權備受中央壓縮，這種情況一直要到1994以後才有所改變。

增額選舉新舞台

1949年底國府遷台，第一屆中央民意機構同時抵台。往後，當局以大陸地區淪陷，法辦理改選爲由，讓第一屆中央民代長期任（直到可以依法辦理改選爲止）。國民政府藉著這個在1948年內亂局勢中產生的「第一屆民意」，繼續宣稱自己仍具有代表中國的合法性。不需改選的第一屆國民大會，也讓蔣中正能順利四度連任總統。

國民大會、立法院、監察院等不用改選的中央民意機關，再加上總統可以掌控的行政院、司法院，五院分立的中央機關成爲一個以強人爲中心的封閉統治集團。在1950年以後，國民黨政權就利用這種抓緊中央、嚴控地方（透過黨部與派系）的方式，主宰台灣的政治天空。

從第一屆中央民代確立「無法改選、繼續延任」起，一些異議人士與地方政治菁英就開始提出批評、要求改選。不過，一直要到1970年代前後，隨著國內外情勢的變化，中央選舉才有了一些開放。從1972年開始，政府定期舉辦第一屆中央民意機關的「增額選舉」。藉著增加「自由地區」中央民代名額的方式，經由選舉過程，將新民意納入第一屆中央民意機關。政府並逐次增加增額選舉名額，以緩慢的步調，開放中央選舉。

1970年代也是戰後新生代發揮影響力的年代。像1920年代追求自治的青年一樣，這批同樣也成長於新政權下的新生力量，開始質疑權威、倡議改革。一些人更直接投入選戰，藉著歷次選舉逐漸凝聚成一支聲勢浩大的黨外隊伍。1979年底，美麗島事件爆發，黨外力量雖然受到挫敗，不過並沒有就此消寂，繼續在往後的選戰中整隊擴編。

1986年黨外人士突破黨禁，籌組民進黨。台灣的選舉活動從此走入政黨競爭局面。民進黨成立後，對體制展開更大的衝撞力，並逐漸把焦點放在國會全面改選運動上；當民意無法進入國會殿堂，就號召人民走上街頭，發起一波又一波的群眾示威抗議。

世紀末選舉嘉年華

在民間要求國會改革聲浪最高的時刻，1990年李登輝當選中華民國第八任總統。這位站上舊體制權力頂峰的領導人，開始貫徹他強烈的本土意識與改造意志，發動體制內改造。

在新人主政與民間力量的推波助瀾下，1991年底，延任40年的第一屆中央民代終於退職，第二屆中央民代選舉陸續辦理，國會全面改選終於實現。1994年底，同樣也延宕多年的地方自治權——省長與直轄市長選舉首度開放。1996年3月，進行第一次總統直接民選。短短幾年間，長期被國民黨專斷的中央政權與地方權限，有了極大幅度的開放，人民選票所能決定的公共事務也愈來愈多。

隨著政治改革開放，1990年代的選風丕變，從前黨內黨外候選人間兩極化的衝突對立場面不再。世紀末的候選人要勝選，必須讓選民快樂有希望；除了靠政見，更要靠包裝。黨外時代熱哄哄的大型政見發表會，也換成綜藝化的大型造勢場面。政治常態化，選舉也有些庸俗化。

20世紀的台灣人努力追求民主、爭取選舉權，也掙得了一張又一張得來不易的選票。到了世紀末，更藉著選票實現了台灣歷史上第一次政權和平移轉。在21世紀，台灣人要如何用手中神聖的一票決定自己的道路？

爭取設議會 要求投票權

1920年代是台灣人自覺的年代。因受第一次世界大戰後民族自覺及民主主義潮流影響，台人開始爭自由求民主。

1921年開始的台灣議會設置請願運動，雖屢遭失敗，但難折民主者的信心。請願團前往東京，向日本帝國議會遞交請願書，不僅在島內受到熱烈送行，留日同胞每回都手執自由、平等、台灣議會的旗幟列隊歡迎。第三次請願時，台灣第一位飛行員謝文達還駕機在東京上空散發數十萬張傳單，表達台灣人心聲：「台灣議會請願委員來了！台灣30年來，為專制政治呻吟於塗炭之苦。……把台灣人從現在之桎梏救出，以收台灣統治之功，除設置台灣立法議會，付與台灣人特別參政權外，別無方法可想。」請願運動共15次歷14年，但全遭日本國會「不採擇」否決。

台灣議會設置請願活動主要是針對島外的帝國議會進行訴求，1930年8月17日創立的台灣地方自治聯盟，則是著重在島內的活動。它以促進台灣地方自治制度的實施為「單一目標」。

1930年11月，《台灣新民報》舉辦各市議會、州議會模擬選舉，以假投票行動，抗議統治者不給投票權。自治聯盟奮鬥了五年，統治者終在1935年11月22日舉行「市議會及街庄協議會」選舉，但這場台灣第一次選舉只能算是「半自治」，因為除了選民資格有所限制之外，議員名額半由官派、半才由民選。（莊永明）

莊永明提供

【台灣議會請願團抵達東京車站】「賦予施行於台灣之特別法律及台灣預算之協贊權，必能帝國議會相輔相成，圖謀台灣統治健全之發達，是獨台灣民眾之事？實乃日本帝國新領土統治史上光燦爛之一大善美之功績也。」——《請願趣旨》摘

莊永明提供

1 台灣民眾黨成立於1927年,圖為1928年7月於台南市召開第二次大會情景.

模擬投票

1930年11月，《台灣新民報》為使台灣人懂得行使投票權，特舉辦各市議員、州議員的模擬選舉。報社將選票印在報紙上讓讀者郵寄投票。為提高民眾關心，還舉辦有獎徵答，猜誰會高票當選、得票數多少？第一名獎金十圓。結果共收到19萬張選票，這次雖只是「假投票」，台灣人也算過足了投票癮。

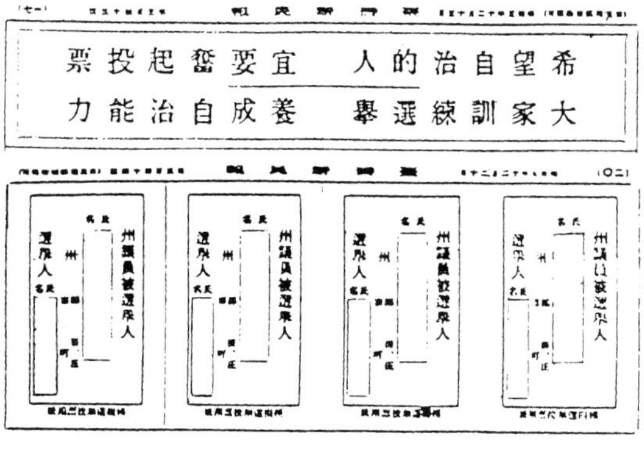
希望自治的人　宜要奮起投票

大家訓練選舉　養成自治能力

州議員被選舉人

選舉人

國圖台灣分館提供

2 王添灯曾任台灣地方自治聯盟台北支部負責人,1931年他著此書以探討地方自治,戰後當選省參議員,後死於228事件.

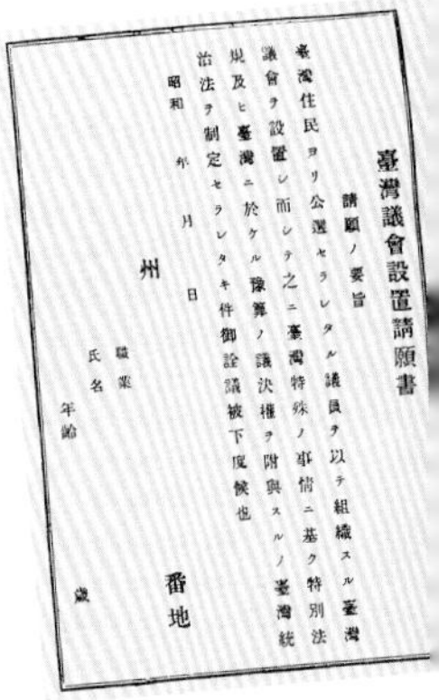
臺灣議會設置請願書

請願ノ要旨

臺灣住民ヨリ公選セラレタル議員ヲ以テ組織スル臺灣議會ヲ設置シ而シテ之ニ臺灣特殊ノ事情ニ基ク特別法規及ヒ臺灣ニ於ケル豫算ノ議決權ヲ附與スルノ臺灣統治法ヲ制定セラレタキ件御詮議被下度候也

昭和　年　月　日

州　番地

職業

氏名

年齢　歲

3 台灣議會請願團以此簽名單為向東京帝國議會請願之民意據,1926.（莊永明提供）

4 台灣地方自治聯盟理事會於台中本部集會,1935.

台灣地方制度改正記念

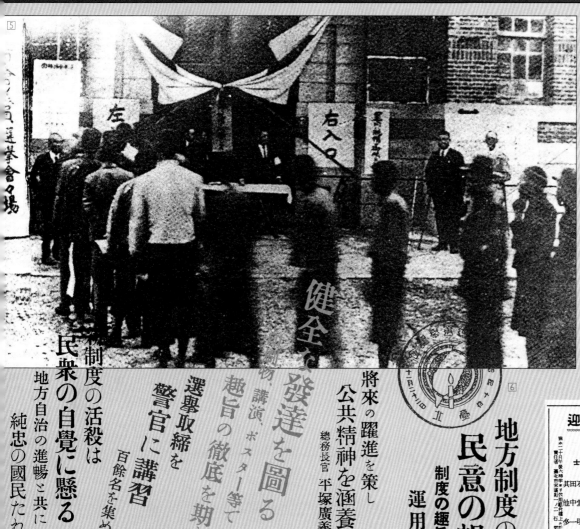

躍進臺灣に適はしい 地方制度の大改正

改隷玆に四十周年にして 治績の精華朗かに咲く

5

6

健全な發達を圖る

印刷物、講演、ポスター等で趣旨の徹底を期す

選擧取締を警官に講習

百餘名を集め

新制度の活殺は民衆の自覺に懸る

地方自治の進暢と共に純忠の國民たれ

將來の躍進を策し 公共精神を涵養

總務長官 平塚廣義氏談

地方制度の改正は 民意の暢達が主眼

制度の趣旨をよく體得して運用の適正を切望

選擧人名簿は 戶口簿に依り作製

缺格條項は法務課檢察局の協力に依り萬全を期す

大演說會

臺北市會議員候補 松田繁義（マツダシゲヨシ）

期日 十八日午後六時半

會場 鐵道ホテル

應援辯士 大澤貞吉 陰山登 佐藤夜牛 荒川義一 小川寸堂 小林靜夫

責任者 臺北市大安字十二甲 陰山登

來聽歡迎

古川二郎演說會

期日 十八日午後六時半

會場 於東門町曹洞宗別院

應援辯士 小壽一 田女史 竹德松 宮原三 石明治 田中二 其他多數

責任者 臺北市末廣町一ノ二 石黑明治

7

中研院社科所提供

當選御禮

瑞芳庄協議會員

佐藤清一 秋山長剛 黑木神助 高天枝 劉景明 陳松生 許天滄 簡宏霖 陳註 潘水

屏東市會議員 當選御禮 宮添緱 渡邊藤次郎

屏東市會議員 當選御禮 吉野新市 龍揖松藏

屏東市會議員 當選御禮 劉榮頭

屏東市會議員 當選御禮 簡金鐘

8 9 10 11 12

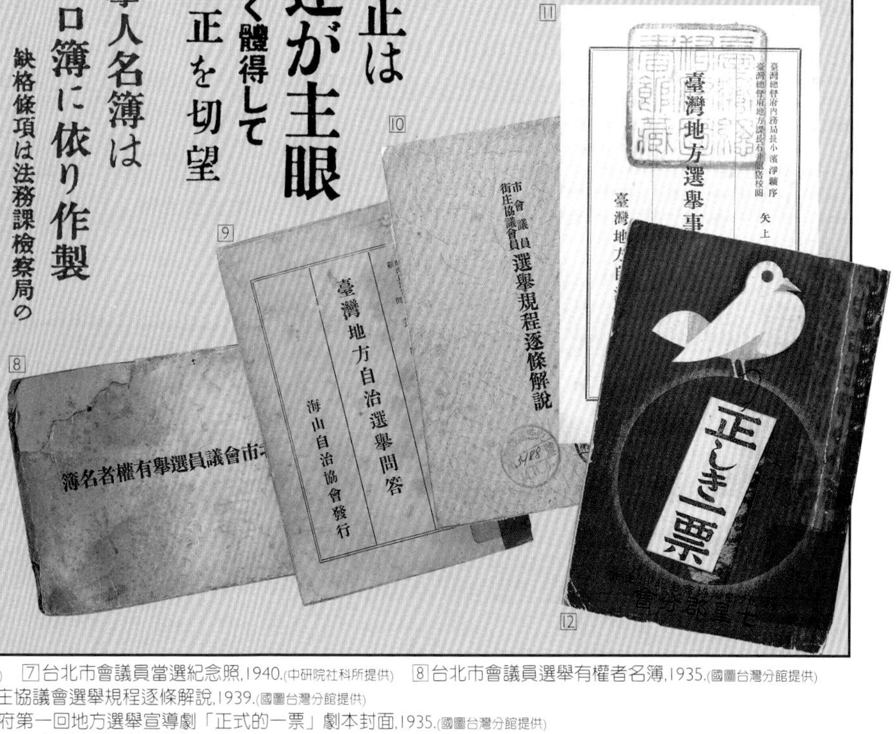

中市會議員選擧現場,1935.11.22.(莊永明提供) 6 地方選擧紀念郵戳,1935.(遠流資料室) 7 台北市會議員當選紀念照,1940.(中研院社科所提供) 8 台北市會議員選擧有權者名簿,1935.(國圖台灣分館提供)
灣地方自治選擧問答,1935,海山自治協會出版.(國圖台灣分館提供) 10 市會議員、街庄協議會選擧規程逐條解說,1939.(國圖台灣分館提供)
灣地方選擧事務提要,1935,台灣地方自治協會出版.(國圖台灣分館提供) 12 台灣總督府第一回地方選擧宣導劇「正式的一票」劇本封面,1935.(國圖台灣分館提供)
頁「台灣地方制度改正記念」專刊標題、演講預告、當選致謝等剪報資料取材自1935年《臺灣日日新報》.(遠流資料室)

張進通、許世賢文教基金會提供

1 嘉義市參議會成立紀念合影,1946.

2 王添灯〈省參議會的千萬言〉刊頭,《新新》6期,1946.8月.(鄭世璠提供)

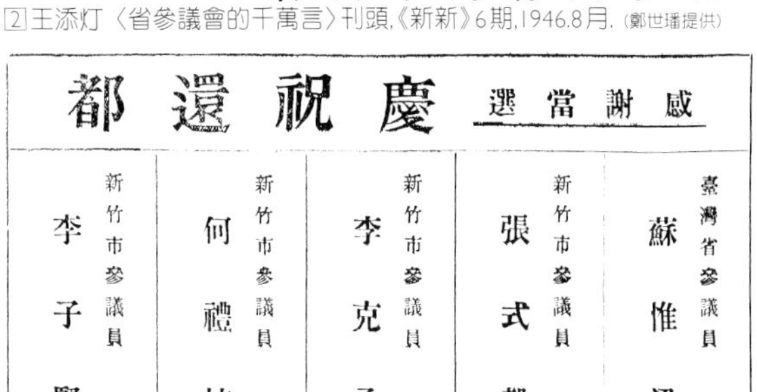

感謝當選

慶祝還都

臺灣省參議員 蘇惟梁
新竹市參議員 張式穀
新竹市參議員 李克承
新竹市參議員 何禮棟
新竹市參議員 李子賢
新竹市參議員 陳添登
新竹市參議員 鄭作衡
新竹市參議員 周宜培
新竹市參議員 李延年
新竹市參議員 郭福壽
新
新竹市參議員 張國珍
新竹市參議員 郭傳芳
新竹市參議員 蔡欽旺

3 新竹市參議員當選感謝廣告,1946.(鄭世璠提供)

省縣公職候選人考試及格證書

4 要參選,先通過考試這關!

鄭世璠提供

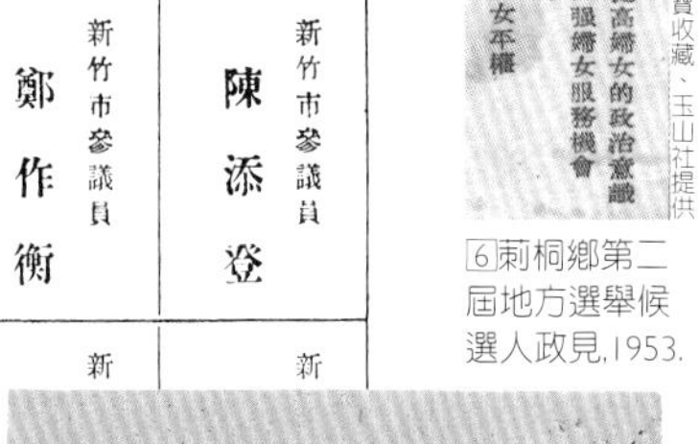

新竹市區民代表當選證書

查本市東區東門里鄭世璠君當選為該區區民代表……此證

中華民國卅七年四月

5 戰後第一批地方民代當選證書,1948.

鄭世璠提供

林廖隨

性別 女
年齡 四十四
籍貫 臺灣省雲林縣
職業 家管理

履歷:臺灣省立臺北第一高等女子中學畢業,雲林縣莿桐鄉婦女會理事長,雲林縣莿桐鄉婦女會主任委員,莿桐鄉調解委員會委員,莿桐鄉自衛隊副隊長

政見:一、提高婦女的政治意識 二、加强婦女服務機會 三、舉辦托兒所 四、徹底實行男女平權

林保寶收藏、玉山社提供

6 莿桐鄉第二屆地方選舉候選人政見,1953.

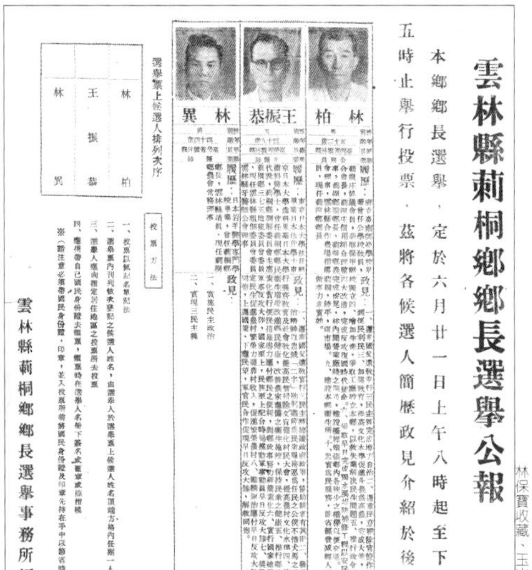

雲林縣莿桐鄉鄉長選舉公報

本鄉鄉長選舉,定於六月廿一日上午八時起至下午五時止舉行投票,茲將各候選人簡歷政見介紹於後:

林柏　王振恭　林巽

選舉票上候選人排列次序:林柏、王振恭、林巽

投票方法

雲林縣莿桐鄉鄉長選舉事務所編印

林保寶收藏、玉山社提供

7 雲林縣莿桐鄉第一屆鄉長選舉公報,1951.

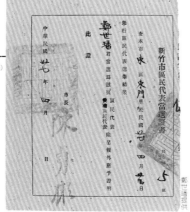

戰後第一票

民主來了嗎?

1945年日本戰敗,台
重新編入中國版圖。隨
合國府在大陸的憲政推
時程,台灣省行政長官
署很快就公佈了各級民
機關成立方案,以便即
選派代表參與制憲國民
會。隔年2月起,台灣
入戰後首次的選舉熱季
239萬的合格選民首先
票選出7千多名鄉鎮區
代表,這些基層民代再
出523名各縣市參議員
最後再由縣市參議員選
30名省參議員。

這場戰後舉行的第一
地方選舉,有兩個特色
(一)殖民時期長期遭壓
的自治權獲得較大開放
儘管還不是充分的地方
治,但仍獲得台灣人熱
響應:(二)甫入戰後,
民黨政權尚無法一手掌
台灣,戰前延續下來的
方菁英紛紛投入選戰,
映出地方蓬勃的生命力
這種對政治的熱情與改
的急切在1947年228事
後遭到壓制。

1949年底,內戰中落
的國民政府遷台。為了
固政權,省主席陳誠提
「人民第一」的口號,
始推動地方自治。台灣
地方選舉也走入了另一
時期。(王紹中)

8 蔣中正總統頒發第一屆民選花蓮縣長當選證書予當選人楊仲鯨,1950.

議會五龍一鳳：李萬居、郭雨新、許世賢、郭國基、吳三連、李源棧.(莊永明提供)

11 當選第九屆嘉義市長的許世賢受到民衆歡迎,1982.(張進通、許世賢文教基金會提供)

中央小地方
治尚未成功！

949年底，國民政府遷，台灣背負起國府所宣的法統，成爲「一省之，讓1950年代起推行地方自治，初始即走在係中央與地方權限糾纏情的扭曲道路上。

根據憲法規定，省、縣地方自治施行團體。但，在省與國的有效統轄圍相差不遠的情況下，儘管1950年已開始定期辦理地方縣市長選舉、縣市議員選舉，但在省級自治中，卻只辦議員選舉，一直未開放省長選舉，因爲省長選舉實質上已具「全國」規模，足以引發「地方反噬中央」後果。

地方自治推行之際，也正是國民黨努力將一黨專政，深耕密織入台灣社會的時刻，選舉逐步落入國民黨的操盤掌控下，異議成了少數。1957年標榜非國民黨的「五龍一鳳」當選省議員，在沉悶的政情中帶起一股生氣。另一方面，以雷震、殷海光等外省籍自由派人士爲主所組成的《自由中國》雜誌社成員，也開始從關切選舉、批判選風，逐步走向與地方異議菁英結合，籌組反對黨的地步。不過，隨著1960年雷震遭警總逮捕、雜誌社被迫停刊，地方議壇復歸另一段低潮期。（王紹中）

15-7095

12 第一屆臨時省議員選舉期間,候選人何傳於宣傳車上拜票,1951.(信誼基金會提供)

不死的虎將
郭雨新
台灣民意的領航者
《老驥伏櫪 志在千里》
老兵最後一戰・不能任他凋零！

宜蘭縣史館提供

75年,省議會黨外前輩郭雨新轉戰增額立委選舉時的競選海報.

派系輪替治天下

地方派系是國民黨統治的重要基礎。1950年代開始，為了勝選、掌控地方，外來的國民黨政權在各地培養自己的班底，藉著釋出獨占利益與運用懲罰性工具，交換地方派系的選票支持，彌補自身社會性的不足。同時國民黨也透過培養一個以上的派系，避免單一派系坐大、失控。余登發是高雄縣「黑派」始祖，也是黨外地方派系代表人物。黨外派系的存在顯現黨國掌控下的間隙，但從他起伏多舛的從政生涯，也可衡量出對抗黨國的代價。

13 在高雄縣撐起黨外派系一片天的「黑派」創始人余登發,1987,顏新珠攝.

1 中壢事件現場.抗議群衆聚集在中壢警局前,1977.11.19,莊萬壽攝.
2 民進黨桃園縣黨部舉辦的中壢事件十週年紀念遊行,1987.11.19,劉振祥攝.

【擁抱群衆力量大】 中壢事件爆發於1977年11月19日，桃園縣長候選人信良的一萬多名支持群眾，包圍中壢警察分局，抗議警方對國民黨作票舞弊事處置不公。這場大規模的群眾事件暴露出人民對國民黨操控政治的強烈反感，預示著黨外與群眾未來將越走越近，結合成一股新力量。

劍拔弩張黨外大串聯

引爆中壢事件

1970年代台灣，外交上風雨飄搖，內逢權力核心轉換。雙重變局下，戰後新生代上場發聲，以《大學雜誌》爲陣地，展開對政局的批評建言，試圖推動新一波改革。另一些人則直接披掛上陣、投身選戰，爲議壇注入新氣勢。

最早參選的新生代是康寧祥，在1972年首次增額立委政見會場上，他拉抬出鼎沸人氣。隨著他的崛起，「黨外」一詞開始廣泛使用，逐步凝集成新認同。同年第五屆省議員選舉中，參與《大學雜誌》的許信良也嶄露頭角。

1977年底舉辦五項公職選舉，成爲1970年代地方選舉高潮。一方面，這是戰後規模最大的選舉，另一方面，在康寧祥、黃信介居間串聯、巡迴助選下，各地黨外人士連成一氣，掀起了全島首見的選舉熱潮。過程中更爆發了大規模群衆聚集抗議的中壢事件。本次選舉，黨外與新生代有多人當選，黨外集體力量漸成氣候。

1970年代新生代引爆的政治改革動力，雖在美麗島事件中遭到壓制，但仍源源不絕地向後貫穿到世紀末。（王紹中）

中央社提供

3 共產黨也在中壢事件中參一腳？圖為作票事件發生後,許信良競選總部所製作的文宣海報,1977.11.19,宋文正攝.

從打官司到打選戰

1975年，林義雄、姚嘉文受聘為立委候選人郭雨新的律師，二年後他們投入省議員、國代選戰，踏上政治之路。1980年美麗島大審中，二人成了被告，陳水扁等人為他們辯護，隨後也有多位律師從法庭走向議場，繼二人之後也走上政治之路。

廖銘義律師
林義雄律師
姚嘉文律師
聯合啓事

一、本律師等茲受當事人郭雨新先生聘任為參加立法委員競選之法律顧問，除對其本人及助選人員提供有關選舉法規之諮商意見外並依法保障其所應享之參政權及言論自由，如有侵害者當依法追究。

二、特此啓事各界人士如知有任何侵害郭先生權益或使選舉失去公平之事實，請向本律師檢舉，以憑處理。

廖銘義律師事務所 地址：台北市漢口街一段73號之1三樓 電話：三一一－四三五〇

林義雄律師事務所 地址：台北市民生東路14號三樓 電話：五七一－〇五四八

姚嘉文律師事務所 地址：台北市中華路二段39巷12－二號六樓 電話：三八一－一八九〇 三八一－四二一五

第一選區立法委員候選人①郭雨新選舉事務所 地址：宜蘭市西後街卅號電話：二二八二六。地址基隆市義一路二〇〇號電話：二四四三九。地址：三重市仁愛街十八號電話：九七一二八七九。

遠流資料室

4 廖銘義、林義雄、姚嘉文律師聯合啓事,1975.12.12.

方包圍中央

步入1980年代，美麗事件中被壓制下的黨外量持續擴散，在歷次選中重整旗鼓。延續1970代黨外聯誼會的結盟形，1980年代的地方選中，黨外繼續推出共同主題、政見與口號，也始出現推薦名單、綠色制色。1986年民進黨立，地方選舉走入政黨爭時代。隨著地方得票日益上升，民進黨喊出以「地方包圍中央」！994年，省縣自治法頒實施逾40年的地方自終於完成法制化。同年市長開放選舉，受扭曲地方自治才回到常軌。過，根據兩年後國、民黨的國發會共識，1998開始「凍省」，「四百年第一戰」也成爲最後一。（王紹中）

6
縣長候選人尤清

5 第11屆台北縣長候選人尤清發表政見,選舉結果,他贏了,台灣第一大縣也從此走入綠色執政,1989,許伯鑫攝.

飛鴿傳書定江山
懇切向您推荐陳定南
讓我們結合百萬人攜手改寫歷史
實現台灣人江山夢
5 陳定南
終結1994外來統治政權
迎接1995人民當家作主

莊永明提供

7 陳定南1994年的敗選,再一次驗證出民進黨的得票很難成為「多數」的宿命.

【四百年來第一戰】 1994年省長選舉是國民黨宋楚瑜與民進黨陳定南對決。爲求勝選，宋努力學講台語，藉以拉攏選民。陳則高喊四百年來第一戰，想靠歷史造勢。結果陳輸了，也促使民進黨向主流民意靠攏。

一屆,也是最後一屆的省長候選人南的競選活動現場,1994,許伯鑫攝.

1 吳三連是台北市省轄市時期的第一任民選市長.圖為1951年競選期間他掃街拜票情景.

吳樹民提供

地方升級，民主降級

北、高市改制前的市長選舉

1994年開始，等候許久的北、高市民，終於有機會投票選市長。在此之前，直轄市長一律由行政院派任。不過，年紀稍長的市民還記得，幾十年前他們也是用選票決定自己的地方行政首長。

戰後初期，各地的市參議會紛紛設立，參議員由各地的區民代表選出，屬於間接選舉。市長則由省方指派。北、高兩市的情況也是如此。1950年代開始，省府推行地方自治，各縣市行政首長及議員都由票選產生。不過，等到北、高兩市分別在1967年、1979年升格直轄市之後，市民選市的權利就被剝奪。如同灣省一般，北、高直轄的行政首長也由中央派。所以儘管行政位階升，分享更多行政資源不過，市長改為官派，眾的自治權也退步了。

北、高兩市均屬高度市化，但一北一南民風異，選情也不同。台北無派系政治生存空間，舉時較靠形象與口碑。較之下，高雄則不但依域分派，同時也存在政家族勢力，因此要勝選人脈很重要。（王紹中

3 老台北市議會所印製的明信片,1971.

台北市議員候選人 第一選區 ⑪ 林挺生 鞠躬

大同 Tatung

打電話服務就來！

大同服務站隨時歡迎駕臨選樣，日夜竭誠服務！

台北區	714322	復興北路12號
總　站	519211	中山北路三段22號
寧夏站	550048	寧夏路117號
重慶站	516065	重慶北路三段37號
三重站	974959	重新路二段28號
延平站	552204	延平北路二段81號
圓環站	541900	南京西路286號之2
博愛站	363563	博愛路76號
西園站	23175	西園路一段175號
信義站	339065	信義路二段153之16號
松山站	719396	中正路62號
復興站	714327	復興北路12號
南京站	770724	南京東路五段271號
松江站	551948	南京東路二段109號
永和站	923392	永和路一段147號之1
板橋站	965475	四川路90號之7
士林站	883570	大馬路77之1號
北投站	893841	中央南路1段8號
淡水站	3　5	中正路90號

如有服務不週請賜電話：519211轉272～274

歡迎駕臨各大同之店選購。

台北營業區　敬啓

4 林挺生以企業宣傳口號移作競選傳單標語,1970前後.(莊永明提供)

5 軍系候選人透過國民黨配票、村鐵票而當選,圖為1970年代傳單.

2 1964年高玉樹競選台北市長時在街頭發表政見,以後,他在蔣中正總統提攜下,擔任「不必選舉」的直轄市長.此戰成了彼時的民選市長最後一戰.

遠流資料室

選舉紙飛機

在物資匱乏的年代，報紙可以用來包油條，甚至保存起來，做為裝潢壁紙。在一紙難求的情況下，選舉期間的宣傳單，成了孩童們需索的對象，他們追著宣傳車跑，撿拾選舉傳單，回家摺紙飛機。

(紙飛機由莊永明製作/提供)

二屆台北市長候選人馬英九的造勢晚會,1998,陳輝明攝.

二屆高雄市長候選人吳敦義的競選海報,1998,許伯鑫攝.

【選舉嘉年華】 從1994年開始，每四年一次，北、高市民就會陷入市長選舉的集體狂熱中。各黨派爲搶占地方權力要津，無不推出一時之選，因此戰況格外激烈。在候選人的大型造勢晚會中，台上聲嘶力竭，台下搖旗吶喊。而「選誰？」則成爲選舉期間最容易讓友誼出現裂痕的話題。圖爲1998年陳水扁競選台北市長時的造勢晚會。(陳輝明攝)

世紀末的南北戰爭

北、高市長選舉

在民主化浪潮的衝擊下，長期爲中央所禁止的直轄市長選舉終於開放。1994年7月，直轄市自治法公布施行。年底，第一屆民選直轄市長在南北同時登場。台北市選情呈現國、民、新黨三足鼎立之勢，戰況膠著。選戰中，民進黨陳水扁一改過去對抗式的競選訴求，打出「快樂希望」的口號，最後以少數優勢獲選。高雄市則是國、民兩黨對決，最後由地方基礎穩固的前任官派市長吳敦義續任。

1998年底，辦理第二屆北、高市長選舉。南北戰局同爲國、民兩黨之爭，經過激烈交戰，最終都以現任者連任失敗收場。對此，一般分析認爲，爭取連任的台北市長陳水扁，無法在四年施政後，擴大原本即屬相對少數的支持格局，而在兩造對決的局勢中，不敵成功整合剩餘選票的馬英九。原高雄市長吳敦義落選原因，則傳出與基本票源鬆動有關，謝長廷得以些微票數領先獲勝。（王紹中）

台北228紀念館提供

1 國民參政會「台灣省參政員聯誼會」成立紀念，前排右二起為林獻堂、杜聰明，1947.1.5.

永遠的第一屆

1945年台灣納入國府統轄範圍，開始配合大陸中央的政治運作。1946年除了選出制憲國民大會代表之外，8月選出7位國民參政員，準備赴首都南京與會。1947年12月25日「行憲」開始，隔年1月辦理第一屆立法委員選舉，在全國選出的760個席次中台灣占有8席。

1949年國府遷台，三個中央民意機關一併遷徙。1951年，第一屆立委任期屆滿，需要進行改選，但國府以總統諮請立院議決的方式，辦理延任。1954年六年一任的國代、監委也面臨改選，於是，國府再透過大法官會議釋憲，認定因為國家遭逢重大變故，無法辦理定期改選，因此繼續由第一屆中央民代行使職權。為後世所詬病的「萬年國會」就此確立。不過，此後要求中央民代定期改選的聲浪，也從未停止過。

隨著時間拉長，「無法改選」的第一屆民代，逐漸出現人數不足的問題。1969年，國府辦理第一屆中央民代的增補選，藉此來補救「法統」的日益凋零。國代、立委、監委三項，共有28人搭上萬年國會列車。（王紹中）

歷年中央民意機關選舉大事記

1946.05 台灣省參議會議員，投票選舉參與中華民國
法制定的制憲國民大會代表。
1946.08 台灣省參議會議員選舉國民參政員。
1947.11 為配合本年12月25日憲政開始施行，本月起
隔年初，台灣陸續舉行第一屆中央民代選舉
分別選出台灣省第一屆國代、監委、立委。
1969.12 舉行第一屆中央民代「增補選」，目的基本上
在於補足第一屆民意代表因故空缺的名額，
選者同樣屬於「萬年代表」。
1972.12 本年起，第一屆中央民代「增額選舉」開始
理。其中，增額立委每三年改選一次，增額
代、監委六年改選一次。部份立、監委由總
遴選產生。往後，增額民代之名額逐年增加。
1975.12 增額立委選舉共選出52名，15名由遴選產生
1978.12 因台美斷交，本年原定舉辦的三種中央民代
額選舉，延期舉行。
1980.12 舉行因故延期的三種中央民代增額選舉。
1983.12 增額立委選舉共選出71名，27名由遴選產生
1986.12 三種中央民代增額選舉。因本年九月民進黨
立，台灣選舉首度出現政黨競爭局面。
1989.12 增額立委選舉共選出130名，27名為遴選。
1991.12 第一屆中央民代全部退職，違反憲政常軌
「萬年國會」結束。舉行第二屆國大選舉。
1992.12 第二屆立委選舉。
1992.05 國大通過憲法增修條文，將監察院由民意機
改為治權機關，監察委員改由總統提名、國
同意任命。
1995.12 第三屆立委選舉。
1996.03 第三屆國代選舉，第一屆民選總統同時舉行。
1998.12 第四屆立委選舉。
2000.04 國大通過憲法增修條文，將國大「非常設化」
未來國大只依任務需要由政黨比例產生，任
結束即辭職。原有多項職權改由立院行使。

敬請全省同胞 惠賜寶貴一票

介紹 立法委員 臺灣省區域 候選人 謝娥 女士

謝娥女士，臺北市人，年三十歲，畢業日本東京女子醫專，現任國民大會代表，國民參政員，臺北市參議會參議員，省新生活運動促進會常務幹事，臺灣省婦女會理事長，臺灣省憲政協進會常務理事等職，曾先後入京出席各種大會，關於國家民族，及本省建設，莫不詳陳所見，多方建白，在京中數蒙蔣主席伉儷召見，至為器重，公餘不斷努力研究政治，留心觀察內外情勢，尤注意與中央各部會首長，學界名流：社會賢達，通都大埠實業界之領袖等保持聯絡，蓋本省婦女之參政中樞，貢獻於政治經濟教育醫學文化等，聲譽卉溢者，當以女士為最又女士為爭取婦女界地位，傾注全力，切實為本省婦女界效勞，尤其對職業婦女，勞工婦女，絕為關切，當臺灣在日本統治時期，女士本於愛國愛民之熱忱，從事秘密工作與敵人不斷奮鬪終被捕入獄，慘遭非刑幾死者再，直至臺灣光復，光復後更絲毫無私，繼續為本省人民服務，謀大衆之福利，明大義識大體，不辭勞瘁，為社會所讚許，吾人深知女士之生平正義，政治經驗豐富，今當女士，參加競選，特為介紹希我全省各界同胞，為女士惠投寶貴一票，至為企盼。

國民大會臺灣省代表聯誼會
臺灣省參政員聯誼會
臺北市參議會
臺灣省憲政協進會
臺灣省醫學會
臺灣省醫師公會
台灣省藥劑師公會
台灣省齒科醫師公會
臺灣省齒科學振興會
臺灣省婦女會
臺北第三高女同學會
臺北市助產士公會
推薦

敬希一致擁護!!

略歷 日本東京早稻田大學法學部畢業
在國內拾餘年曾任軍政及實業要職

現任 高雄市合作社聯合社理事主席
高雄縣竹田合作農場理事主席
中央企業股份有限公司總經理
中興股份有限公司董事長

立法委員候選人 林權敏 先生

懇請惠投一票!!

推薦者
本省各縣市有志
臺灣旅平同鄉會
天津臺灣同鄉會
臺灣革新同志會
臺灣旅平青年團
海外歸臺同胞有志
同啓

遠流資料室

2 第一屆立委參選人在報紙上刊登的競選廣告，《商工經濟日報》1948.1.17.

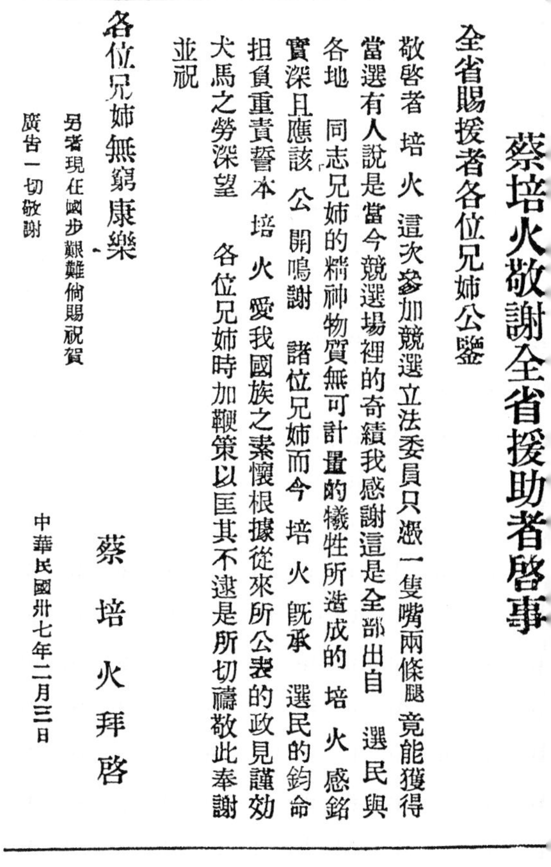
蔡培火敬謝全省援助者啓事

全省賜援者各位兄姊公鑒

敬啓者 培 火 這次參加競選立法委員只憑一隻嘴兩條腿 竟能獲得當選有人說是當今競選場裡的奇績我感謝這是全部出自 選民與各地 同志兄姊的精神物質無可計量的犧牲所造成的 培 火 感銘實深且應該 公 開鳴謝 諸位兄姊而今 培 火 既承 選民的鈞命担負重責誓本 培 火 愛我國族之素懷根據從來所公表的政見謹効犬馬之勞深望 各位兄姊時加鞭策以匡其不逮是所切禱敬此奉謝並祝

各位兄姊無窮康樂

蔡 培 火 拜啓

另者現任國步艱難倘賜祝賀
廣告一切敬謝

中華民國卅七年二月三日

3 第一屆立委當選人蔡培火所刊登的敬謝啓事，《商工經濟日報》1948

到了41年的第二屆

970年代，隨著戰後新代出場，國會改選聲浪度上揚。1972年蔣經國任行政院長，年底開放民代增額選舉，但改選的民代名額占有多數。
5年《台灣政創刊號上，寧祥批評民意將多數民意門外。1978辦理增額選黨外人士以團形式結合，首度提共同政見。投票前夕卻逢台美斷交，選舉因而辦。隔年底又發生美麗島事件，內外動盪的1970年代也告終了。

1980年代開始，美麗島事件的受難家屬與辯護律師紛紛參選，成爲黨外新生力軍。1986年民進黨成立，年底增額選舉首度出現兩黨對決局面。本次選舉，民進黨贏得立委12席。更多的席次、成功組黨的氣勢，再加上當時求變的社會大環境，都促使這批立委爲立院帶來了前所未有的劇變。接下來的幾年國會也進入肢體衝突最嚴重的時期。

1990年李登輝甫就任總統，便開始積極推動憲改。隔年底，第一屆中央民代退職，「萬年國會」終於散會。1992年底，在延遲了41年後，第二屆立委選舉終於舉行。

（王紹中）

4 1978年黨外助選團所標舉的人權標誌，被保守派人士指為黑拳幫.

遠流資料室

5 1978年底台美斷交，增額選舉延辦，黨外參選人士特出版《講沒完的政見》一書，繼續「講下去」！

蔡明德攝

【康寧祥的政治路】 康寧祥崛起於1969年台北市議員選舉，1972年他當選首屆增額立委，隨後獲選多次。在議會路線上，他是1970年代新生代第一人。1975年他創辦《台灣政論》，掀起黨外雜誌風潮。不過，隨著黨外新人輩出，老康的溫和議會路線也備受激進青年質疑。圖爲1986年增額立委競選會場上，他高高舉起才剛創立的民進黨黨旗。

6 擔任「1225國會全面改選運動」遊行副指揮的朱高正，李文吉攝，1987.

肢體問政的朱高正

朱高正崛起於1986年底的增額立委選舉。隔年二月，立法院新會期甫一開議，他立刻成為會場上的風雲人物。當時，行政院長俞國華正準備上台做施政報告，民進黨立委根據憲法精神傾向內閣制，而認為行政院長任期，應與立委同為三年，因此對閣揆資格提出質疑，朱高正更走向俞揆，直指種種不適法處。過程中，國民黨立委衝向台前，與朱高正發生拉扯，隨即扭打成一團。國會「肢體問政」時代就此登場。此後，立法院裡打群架、罵三字經、拔麥克風、摔茶杯等事，都成了民主殿堂中常見戲碼，也一時成為國外媒體的消遣對象。對於朱高正及民進黨立委而言，使用「肢體語言」是少數抗拒國民黨「多數暴力」的手段，也凸顯萬年國會的荒謬違理。隨著1992年第一屆立委全面改選，國會全武行的場面也不再常見。

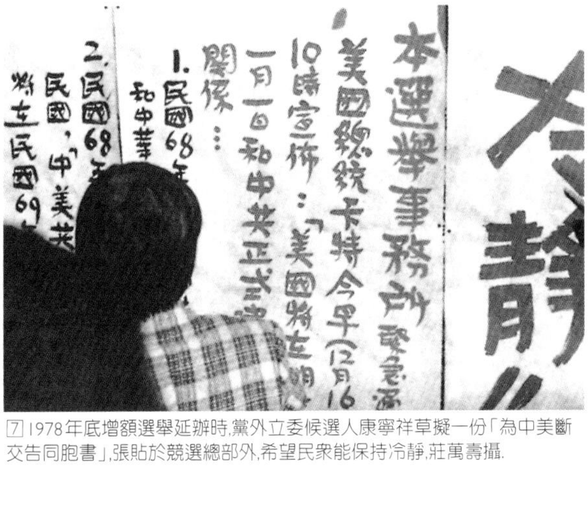

7 1978年底增額選舉延辦時，黨外立委候選人康寧祥草擬一份「為中美斷交告同胞書」，張貼於競選總部外，希望民眾能保持冷靜，莊萬壽攝.

民主憲政手術房

從臨時條款到憲法增修條文

1947年1月1日，憲法於當時首都南京頒訂。為了推行憲政，同年底，台灣選出11名國大代表，準備參加隔年3月在南京召開的第一屆國民大會第一次會議。這次集會除了選出蔣中正、李宗仁擔任第一任正、副總統之外，為了因應國共之間愈演愈烈的內戰局勢，也通過了憲法增訂案「動員戡亂時期臨時條款」。因此，憲政甫施行，「國家根本大法」就進了手術房，改頭換面。

1949年底國府遷台，憲政施行範圍僅剩台灣一地。但國府為了宣稱自己是中國唯一合法政府，便以大陸淪陷、不能依法改選為由，讓第一屆中央民代長期延任。所謂「法統」說是為維護憲政，其實卻是對憲法的最大破壞。

1960年蔣中正兩任總統期限即將屆滿。按規定，總統只得連任一次。此時，修改臨時條款的跡象早已浮現，並出現「修改臨時條款並不是修改憲法本身」的合理化說辭。

《自由中國》雜誌發表言論反駁，視之為毀憲。1960年3月，國民大會通過臨時條款修正案，總統連任不受憲法規定限制。幾天之後，蔣中正當選第三任總統，並在1966年、1972年繼續「當選」第四任、第五任。

1972年國民大會再次修訂臨時條款，使國府得以在第一屆中央民代不改選的情況下，在所謂的自由地區定期辦理增額中央民代選舉，以彌補第一屆中央民意機關代表性與現行民意間的巨大落差。

此後，隨著改革聲浪高漲，支撐國會不改選的「法統神話」，也不斷遭到猛烈抨擊。

1988年蔣經國在第七任總統任期中病逝，剩下的任期，由副總統李登輝繼任。1990年李登輝尋求續任第八任總統，在陽明山中山樓開會的第一屆老國代，藉機提出擴權案，「山中傳奇」荒唐上演。主張解散國大、廢止臨時條款的「三月學運」隨之爆發，李登輝得以借助民氣、順勢坐上總統大位。

甫上任的李登輝，立即展現改革憲政的旺盛企圖。透過「憲法增修條文」的方式，1991年在第一屆國代手中廢除「臨時條款」；年底，第一屆國代退職，改選第二屆國代；1992年確立省市長直選；1994年確立總統直選；1997年完成「凍省案」；2000年完成國大非常設化，朝向單一國會邁進。短短幾年間一共進行了五次修憲，在解決不合理憲政體制的同時，增修後的憲法也遺留下許多憲政爭議猶待解決。（王紹中）

社論

臺胞急起準備參政

由於蔣主席之英明領導、各方面之推誠相與、政治協商會議已於對各種重大問題獲得協議後宣告閉幕。國民大會問題、原為爭執焦點之一、終亦獲致為各方所樂於接受之決定。

國大問題之圓滿解決、自為舉國所歡迎、但使臺胞最感興奮者即協商會議已正式規定「臺灣東北等新增各該區域及職業代表共一百五十名。」在此一百五十名中、臺灣代表究佔若干席、雖尚未見明文、但相信必能就地域人口作合理之分配。此為臺胞政治活動之劃時代階段。自今而後、臺胞不特應該負起重任、為建省而努力、且應挺起胸當為建國而奮鬪。

臺胞能參加中華民國之實際政治活動、自堪歡欣鼓舞、但同時亦須警惕、將來臺灣人民選舉出席國民大會代表時、亟應多方考慮、慎審從事、務期所選代表、俱係德高望重、熟悉國情、并明瞭國際大勢、庶能在國民大會中發揮相當之作用、為臺灣爭光。此乃臺胞參加民主政治之第一次試驗、希望這次試驗必告成功。

台北228紀念館提供

1 戰後初期的報紙社論中,反映出台灣剛走出日本殖民統治、亟欲參與新中國政治事務的熱切心情,1946.

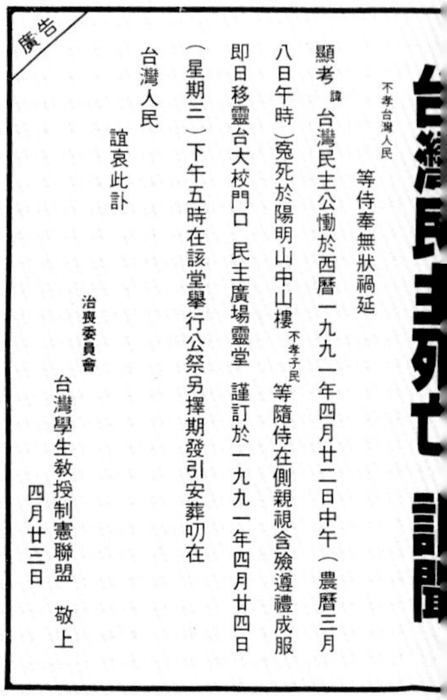

廣告

台灣民主死亡訃聞

不孝台灣人民 等侍奉無狀禍延

顯考諱台灣民主公慟於西曆一九九一年四月廿二日中午（農曆三月八日午時）寃死於陽明山中山樓不孝子民等隨侍在側親視含殮遵禮成服即日移靈台大校門口 民主廣場靈堂 謹訂於一九九一年四月廿四日（星期三）下午五時在該堂舉行公祭另擇期發引安葬叨在

台灣人民

誼哀此訃

治喪委員會

台灣學生教授制憲聯盟 敬上

四月廿三日

台北228紀念館提供

2 1991年4月22日第一屆國大臨時會三讀通法增修條文,反對人士製作民主訃聞加以抗議

【喀嚓！走進歷史】1991年底，第一屆中央民意機關的「萬年國代」終於退職。屈指算來，他們的實際任期，遠比憲法規定的，多了將近37個年頭。這一任實在太長，有許多同僚等不及任滿，就撒手歸西。這一段等待也實在太久，許多要求國會改選、落實民主的人，早已作古徒留遺憾。在任期將要告終之際，第一屆國民大會的老國代們，一起在中山樓前，留下休業紀念照。

（謝三泰攝）

1225國會全面改選運動」中,參與示威的遊行群眾占據西門町平交道,導致火車停駛,黃子明攝,1987.

蔡沂均攝

4 黃布條曾是1990年代台灣街頭最時髦的裝扮配件,隨著一波波運動接續上場,台灣的政治也逐步推移.「總統直接民選」布條出現在1992年民進黨發起的「419總統直選」遊行中,同年5月24日,台灣教授協會發起「廢國大,反獨裁」遊行,抗議第二屆國民大會的修憲亂象.

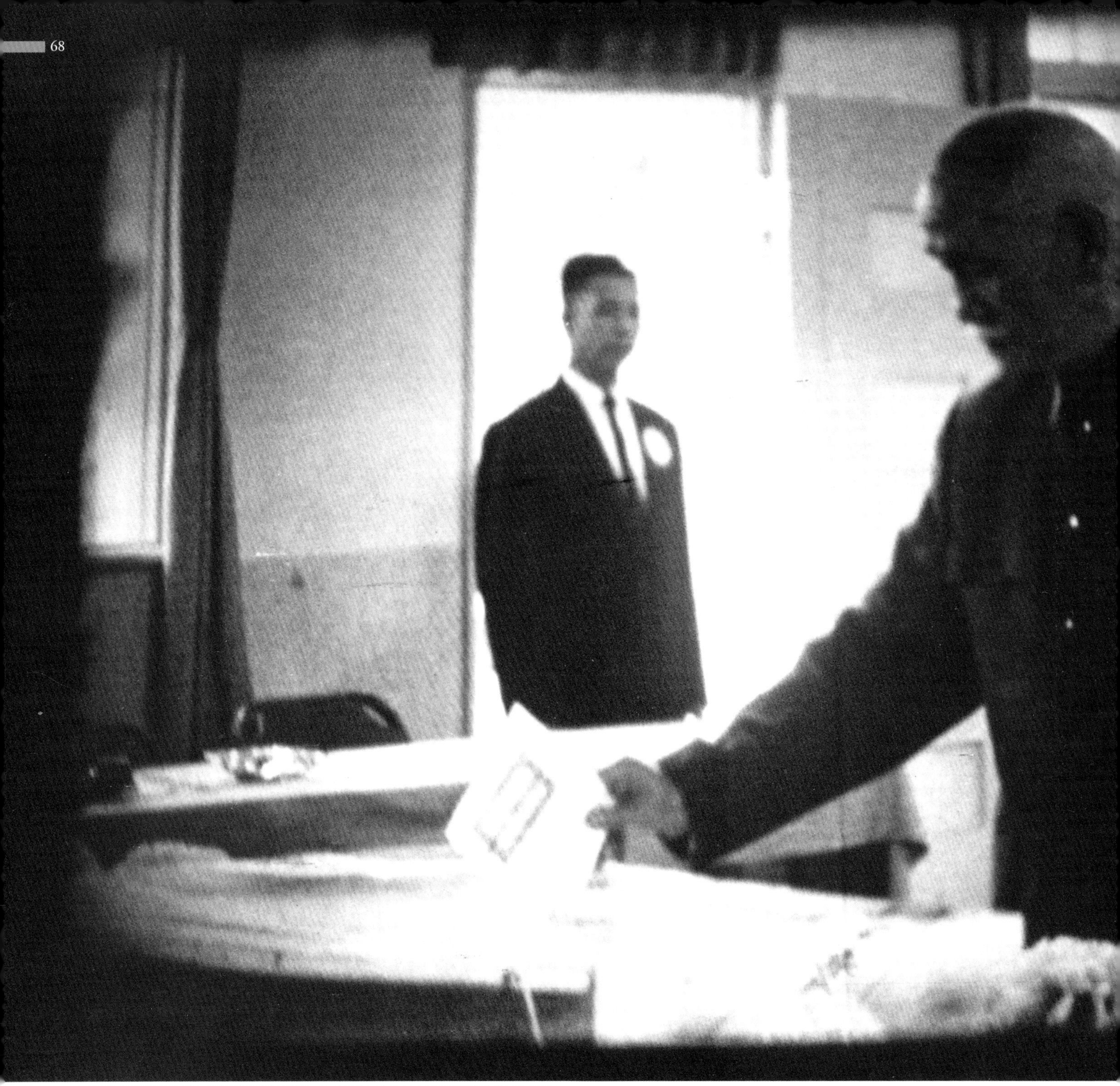

1 蔣中正投票選台北市升格為直轄市後第一屆市議員,1969.11月,陳永魁轉拍自電視畫面.

唯一當選蔣總統

大陸下野、台灣復職的蔣中正，經過國共內戰的慘敗教訓，以「民族救星」自居，在台實施以黨治國之堅定政策。

1948年當選行憲第一任總統的蔣中正，一度迫於形勢而引退：1950年3月1日在台宣布復行視事，而後以法權超越憲法的「臨時條款」，在動員戡亂時期不受任期限制而得以連任，因此常被喊「萬歲」的蔣總統成了「永遠的」最高領袖，一直到1975年4月5日逝世爲止。

最初在選舉總統時，蔣中正還會找民社黨人士「陪選」，之後數任在「台灣無敵手」下成了唯一候選人，因此民間以時人「于右任」（余又任）、「趙麗蓮」（照例連）、「吳三連」（吾三連），來比喻他「死而後已」的一意孤行作爲。（莊永明）

2 總統復行視事紀念郵票,1952-61.（莊永明提供）

3 第二任總統就職紀念郵票,1955-61.（莊永明提供）

4 第三任總統就職紀念郵票,1961.（莊永明提供）

5 第四任總統就職 新聞攝影記者臂章,（羅超群提供）

順利接棒蔣總統

蔣中正培養蔣經國接班，說穿了即是「父傳子」的世襲封建思維，而且頗費一番「苦心」。

蔣經國掌管情治系統、領導青年救國團、主管退除役官兵輔導會，所謂的「太子幫」在「一黨專政」下成為政治的當權派。蔣經國曾經擔任的職務還有國防部總政治部主任、國防部副部長、部長、行政院副院長、院長，接棒的態勢，逐日升高。

蔣中正去世，依憲法由副總統嚴家淦繼任，國民黨的總裁此後改稱主席，由蔣經國擔任，國家首長和政黨黨魁因而分任。任期屆滿，嚴家淦不僅不願競選連任，且推舉蔣經國參選。1978年，蔣經國和謝東閔如願當選第六任正、副總統。（莊永明）

9 蔣經國總統宣誓就職，由第一位台籍司法院長戴炎輝監誓，1984.（行政院新聞局提供）

台灣人總統，翻修國民黨百年老店

晚年的蔣經國，推行部分民主化來改變外界一黨專制的批評。1988年1月13日，糖尿病纏身的蔣經國去世，長年來的強人統治終於結束。副總統李登輝繼任，台灣人總統產生。李登輝原本面臨以法統自居的黨內挑戰，然半年後（7月7日）的第13次黨員代表大會，以鼓掌通過他擔任黨主席，免除了此後黨政分權的治國困難。曾說「國民黨是外來政權」的李登輝，也說過：「國民黨有如一家百年老店，現在內部翻新，售貨員也有全新陣容，服務品質佳，還有信譽保證。」但國民黨反李人士卻自立門戶，前有新黨，後有親民黨。

10 第八任正、副總統候選人李登輝、李元簇到內湖國會山莊向老國代拜票，1990.3.21，黃子明攝.

中央社提供

8 國民黨秘書長郭澄張貼第五任總統候選人公告，王介生攝，1972.3.18.（中央日報社提供）

6 蔣中正連任第五任總統明信片，1972.3.21.（莊永明提供）

7 台灣檔案室裝置展演「慶祝第八任蔣總統就職大典」展覽請帖，1990.5.12.（侯俊明提供）

人民選頭家

1988年1月13日蔣經國去世，李登輝接任總統。「眞除」期滿，李登輝與李元簇於1990年競選第八任正、副總統，造成國民黨主流派與非主流派的對立，原有林洋港與蔣緯國搭檔正、副總統的說法最後破局，李登輝仍得到「萬年國代」的多數票。

1992年以來，民進黨主導推動的總統直選，終於1996年3月23日在「台灣地區」舉行。對於這次選舉的意義，李總統說「期待今年能讓國民當國家的主人，由人民親自選出國家的領導者，將主權在民具體實現，確實實踐民主制度，每個國民都可以享有尊嚴，發揮活力。」首次總統直選，也是第九任正、副總統選舉，共有四組參選。各陣營選舉口號爲：（一）國民黨的李登輝、連戰「尊嚴，活力，大建設」；（二）無黨籍的林洋港、郝柏村「新指導，新秩序，新希望」；（三）民進黨的彭明敏、謝長廷「台灣獨立，反對統一，愛護台灣，終止外來政權」；（四）無黨籍的陳履安、王清峰「服務性的國家，服務性的政府」。

中共發動文攻武嚇，企圖擾亂這次選舉，選前還在台灣近海導彈射擊。但台灣仍然順利完成投票，李連以5,813,699票、54%得票率當選人民的頭家。（莊永明）

1 1996年總統大選候選人李登輝在宣傳車上沿街拜票,朱家彥攝.

2 1996年總統大選候選人陳履安在台北的造勢晚會,陳輝明攝.

3 1996年總統大選,民進黨舉辦黨內總統候選人電視辯論會,潘小俠攝.

【小小頭家選頭家】 1992年民進黨策動「419總統直選」大遊行，總指揮林義雄特別強調「愛與非暴力」，爲1980年代以來充滿火爆場面的台灣反對運動帶來清新的面貌，也促成了總統直接民選的修憲。從此台灣人自己選頭家，威權時代成爲歷史名詞，全民政治時代正式來臨。（劉振祥攝）

4 第一屆總統大選投票通知單,1996.（陳輝明提供）

莊永明提供

5 1996年總統大選李連配競選傳單.

莊永明提供

6 1996年總統大選彭謝配競選傳單.

莊永明提供

7 1996年總統大選陳王配宣傳布旗.

8 1996年總統大選林郝配競選傳單.

000年總統大選候選人陳水扁在台北的造勢晚會，陳輝明攝.

當選！當選！改朝換代」

西元2000年，是中華國第十任總統開始執政年份，也是「台灣地區」行第二次總統直選。這場選舉，被視爲「世紀戰」，台灣經過「寧靜命」後，被西方媒體稱「民主先生」，被國民內「非主流同志」視成裁、專斷的李登輝，終要移交政權，也因此誰「繼承人」成爲衆方矚目的焦點。

這次的「頭家選舉」，共有五組人馬參加，分別爲(一)國民黨：連戰、蕭萬長；(二)民進黨：陳水扁、呂秀蓮；(三)無黨籍(落選後組織親民黨)：宋楚瑜、張昭雄：(四)新黨：李敖、馮滬祥；(五)無黨籍：許信良、朱惠良。

競選台北市長連任失敗的陳水扁，突破黨內原來不得參選的規定，在這一場台灣選舉史上罕見的激情選戰中，爲在野的民進黨贏得了執政權，以497萬7,697票，不到40％的得票率，打破了國民黨長期執政的局面。因人心思變而勝選的民進黨，強調「綠色執政，品質保證」，但是否能實現其選戰所強調的「全民政府」諾言，尚待考驗。（莊永明）

11 2000年總統大選候選人連戰在台北的造勢晚會，陳輝明攝.

蓋個章40萬!
全民選總統，您掌握政府4年總預算
(四年總預算) NT:6兆元
(合格選民) 1500萬人
=40萬元
珍惜您神聖的選票，爲2200萬人建立更美好的明天！
台北市選舉委員會 敬啟

遠流資料室

2000年總統大選選委會廣告.

12 2000年總統大選候選人宋楚瑜在台北的造勢晚會，陳輝明攝.

拾穗，在世紀選戰的風雲過後

回味世紀選戰更迭的田園
在一畦一畦的收成後
總還有些值得你我拾穗
……

新辭彙‧舊時語

【婦女選票】1935年台灣總督府舉辦第一次地方選舉時，女性完全沒有投票權，選舉人資格是「獨立生計，年滿25歲以上，並年納五圓以上稅額的男子」。直到戰後，女性才擁有投票權。

【代夫出征】解嚴前，黨外人士常因政治迫害入獄，為延續民主香火，黨外團體推出政治受迫害者妻子如周清玉、許榮淑、方素敏等人投入選戰。周清玉在政見發表會上「望你早歸」的哀淒音樂中，控訴國民黨政權，台上台下共哭的場景，成為選舉「代夫出征」的典範。

【黨外黨】1970年代後期，禁止組黨的年代裡，參選的無黨無派人士，為了要力敵組織力強大的國民黨，便結合在野力量，成立「黨外選團」，以不具黨名的「外黨」，打組織性的選戰

【抬轎】指在選戰中為候人助選的行為。由於台灣選舉方式以「佈樁」為主一個想參與選舉的人，大

…人抬轎，藉此建立與地…政治人物的關係，在累積…的人脈與聲望後，從而…「坐轎」參選的角色。

…腳】候選人在選區內建…來、藉以動員選票或進…選的社會網絡據點。候選人在投票前夕，透過各樁腳分送「走路工」（買票錢）來賄賂選民。在這種佈樁買票的選舉模式下，候選人之間，等於是在進行一場人脈和財力的較量，這也是台灣選舉風氣敗壞的主要原因。

掃街・拜票・流水席——選情萬花筒

【圖片說明】 1 反賄選傳單,1990年代.（莊永明提供） 2 3 由歌仔戲小生楊麗花全力展開「護夫」行動的北市立委候選人洪文棟競選傳單正反兩面,1980年代.（莊永明提供） 4 方素敏國大競選傳單,1983.（莊永明提供） 5 選舉季節,1996,台北縣,許伯鑫攝. 6 選舉流水席,1993,台北,黃子明攝. 7 大甲人朱江淮、李雅正在擔任建設廳長及當選省議員後,特別放映電影以感謝鄉親的支持,在三輪車上貼看板沿街宣告,1951.（卓清木提供） 8「選舉支票」之一：1992年民進黨地方公職競選人聯合簽署「老人年金」政策方案.（莊永明提供） 9 由傑出運動人士轉戰國會議場的紀政在街頭拜票情景,1980年代.（紀政提供） 10 1996年第一次總統大選時,有意參選的高玉樹在第一階段的公民連署廣告,這位政壇老將後來並沒有通過連署.（遠流資料室） 11 2000年第二次總統大選,國民黨敗選後不滿的群衆到國民黨中央黨部抗議.（陳輝明轉拍自電視畫面） 12 1990年代以前的政見發表會,還沒有演變成講究華麗聲光效果的造勢晚會,圖為立委候選人張俊雄的支持者簇擁著宣傳車前進的情景,1986,高雄市,劉振祥攝.

1

4

2

5

3

拾穗，在世紀選戰的風雲過後

回味世紀選戰更迭的田園
在一畦一畦的收成之後
總還有些值得你我拾穗
……

新辭彙．舊時語

【搓圓仔湯】選舉登記截止前，有意參選者之間為使選舉單純化或鞏固票源的退選妥協過程，往往涉及利益分贓，俗稱「搓圓仔湯」。

【幽靈人口】候選人或政黨將其所能動員的支持者戶籍，於選前六個月遷入某特定選區，以提高該候選人或政黨提名候選人的得票數。

【斬雞頭．脫衣秀】選戰期間，參選者相互進行人身攻擊，被抹黑的一方常斬雞頭發誓來證明清白。另外，為了拉抬人氣，一些候選人在政見發表會場上推出脫衣秀；也有女性候選人以「上空」出場，打響知名度。

【造勢】候選人利用事件製造議題，以聚集群眾焦點，目的是推銷自己爭取選票。

【文宣公司】除了仰賴
在大街小巷的宣傳車外
宣的訴求與手法也是選戰
點。剛開始，候選人找
操刀、進行包裝，隨著
發展，一些專業的文宣公
遂出現，活躍在選戰期間

款餐會．流水席】「欠的候選人，通常舉辦募款會，以義賣餐券或在餐會行拍賣會的方式，來募集費；「選舉流水席」則是金候選人的賄賂手法，每選前設宴「回饋鄉親」。

【文攻武嚇】 1996年台灣舉行首度總統直接民選，中共向台灣近海發射飛彈，引來外國媒體關注，台灣成為世界焦點，民眾開始囤米換美金以防萬一。後來大選在美國艦隊護衛下順利完成。

聲光．噱頭．選舉秀——造勢大車拚

【圖片說明】 1 關河禧宣傳直昇機,1992,郭日曉、程啓峰攝.（中央社提供） 2 選舉脫衣秀,蔡明德攝,1989. 3 2000年總統大選連戰造勢晚會,陳輝明攝. 4 立院前露胸抗議的許曉丹,1991,潘小俠攝. 5 2000年總統大選陳水扁造勢晚會,陳輝明攝. 6 1996第一次總統大選時,中共文攻武嚇揚言要進軍台灣,台灣民間團體刊登廣告予以強烈回應.（遠流資料室） 7 1998北高市長選舉,台北市長候選人陳水扁的「蒙娜麗莎微笑篇」大型戶外廣告看板,陳輝明攝.

產業演義

樟腦、茶、糖是農業時代的「台灣三寶」，也是早期FORMOSA在國際市場上的「三大名產」。

1901年，台灣第一家新式糖廠創設後，帶動了產業的近代化。蔗糖大量外銷，台灣水果也未蹭蹬於後，成簍的香蕉、製罐的鳳梨，都有不少海外市場。

戰後，從手工業到加工品，都換取了可觀的外匯。產業升級後，台灣成為「亞洲小龍」；而後資訊工業的高度成長，更讓台灣晉身「科技王國」。

百年產業新演義

瞿宛文 中央研究院人文社會科學所研究員兼副所長

這一百年來，台灣經濟從世紀初生產米糖的農業社會，
轉變爲今日以電子資訊業爲主軸的新經濟，
經濟活動的面貌變化不能說不大，
而且，直到今天，變遷還在繼續以越來越快的速度進行當中。

踏入現代之前

在19世紀末，由漢人移民在台灣所建立的傳統農業經濟，生產方式雖尚未現代化，但因人口密度尚低，故除了自給自足之外，還有少數剩餘的農產品可供出口。其中米、糖原爲主體，以供應大陸爲主，同時也銷日本。不過在台灣開放通商港口之後，茶葉（主要爲烏龍茶）在外商的推動之下成爲出口的主力，主要輸往美國及西方。此外樟腦也一向在台灣出口中占一席之地。不過，因其他條件難配合，這些外銷商機並未能帶動生產方式的進步，因此也無法帶來持續性的成長。

清政府在長期忽視台灣之後，雖想在19世紀末期開始進行建設，但爲時已晚。劉銘傳雖勵精圖治，但他所規劃的諸多基本建設計畫只開了頭，後來反而是由日本殖民政府成功完成。

日本帝國主義下的現代化

日本殖民政府是一個強勢的現代國家，它的目標是要使台灣這個殖民地成爲供應日本糖與米的農業基地，終極目的是穩定日本國內的工資水準，而它確實達到了這個目標。

爲了達成這個目的，日本殖民政府要在台灣建立現代化的農業，爲此它進行了各種制度的改革並興建基本建設，如丈量土地確立財產權，興建運輸體系以利於產品的輸送與外銷，在農村設立農業推廣體系以及現代金融單位，並持續擴建灌溉系統等等。

這一切都是爲了要台灣能生產日本需要的米與糖。在當時台灣農村，制度的革新與基礎建設，使得生產方式與技術變革成爲可能，而出口市場是既定安排好的，這固定的商機也提供了誘因。當然資源是主要掌握在殖民政府及與其合作的日本資本家手中，他們也是主要的獲利者，同時利潤剩餘也主要匯回日本。不過，台灣的農村確實在這過程中發生了根本的變革，開始採用現代化的生產方式與技術，因此，農業部門在1920年之後，生產力持續上升，產量的年平均成長率達到3.8％。到了1930年代，台灣所生產的糖有九成，而稻米則幾近一半，外銷到日本去。這除了顯示生產力高與剩餘多之外，也表示這時的台灣農村早已經不是自給自足的傳統經濟，而已經成爲非常市場化的經濟體了。

在日本殖民體系的設計中，台灣應以農業爲主，在工業上應依賴進口的日本工業產品。直到1930年代因爲戰爭關係，此一體系設計才稍有改變，殖民政府開始在台灣設立生產日本軍工產業原料的工業。在此之前，新建立的現代工業部門主要是食品加工業，其中又以製糖業爲主體，其它非食品業也多是與農業有關的肥料等化學產業，還有些許礦業。當日本市場達到飽和使得台灣糖業發展遲緩之後，以此爲主體的台灣現代產業部門，其成長速度也隨之減緩了。

這個現代產業部門也是日本人主導的部門，日本資本占了製造業的九成，占全體產業近八成。同時，殖民政府爲了維持控制而盡量減少外溢效果，因此這些企業中的管理與技術人員多半由日本人來擔任。本地的資本則主要在現代部門之外的傳統手工業中活動，而且，本地的人員在現代部門的參與層級低也很有限，本地人在技術人員以及政府雇員中所占比例不到三成。

這樣的模式當然充分顯示了殖民地「不平衡發展」的色彩。日本殖民統治在台灣確實是奠立了現代化的基礎，但是發展的方
日本利益爲依歸，發展動力也主要控制在
民政府手中。因此，當戰後30多萬日本
撤離台灣之後，現代資本、關鍵技術以及
展動力也隨著離去。

走向世界第一步：國際加工基地的形成

1949年後國民政府退守台灣，最初幾
經濟上當然只能盡力做穩定與復原的工作
但過去靠出口農產品到受保障的日本市場
殖民模式必須全面更新，需要有新的發展
略。冷戰初期，美國經濟與軍事上的援助
幫助國民政府穩定了政局；日本留下來的
本建設與制度，提供了發展的基礎；由大
來台的資本與技術官僚，也部分填補了日
撤離所留下來的缺口。更重要的是，國民
府的強烈危機意識，迫使它在台灣採取
實的經濟發展策略，一切以成長爲依歸，
爲鞏固政權的保障。

就發展策略而言，因台灣當時還是農業
會，鞏固農業是發展的基礎，而以此基礎
展工業化則是清楚的目標。一則農產品出
市場不再，工業化才有成長的空間；同時
與民族主義富國強兵的意識型態相符。而
如何工業化的實際政策，其實是以解決當
問題來訂定，不過目標方向則是既定的，
概以維持經濟穩定並推動經濟成長爲依歸

在1950年代復原之後，鞏固農業並不
困難，以全面恢復日治時代農村的各種
推、水利、金融等制度爲主，土地改革以
如肥料換穀制度等，使國民政府能成功的
得農村剩餘，轉爲工業發展的基礎。另一
面，對日貿易重新開啓之後，出口農產
（占出口兩成多）以及農產加工品（六成

蕉、鳳梨罐頭等，仍在這轉型階段扮演
的角色。
口替代工業化策略，剛開始以紡織業為
在百廢待舉之際，扶植政策從政府提供
原料的代紡代織方式做起。不過，一些
織、自行車等較容易進行的產業，國內
很快就達到飽和。在尋求進一步發展機
壓力之下，政府於1960年進行政策變
推動出口導向的成長，其後並設立加工
區，吸引跨國企業將勞力密集的生產移
灣。
此同時國際市場上也發生變化，日本因
上漲被迫釋出勞力密集的出口訂單，而
則正需要輕工業產品的加工地，台灣因
歷史條件的配合，加上政府與民間的積
取，遂成為世界勞力密集產業的加工
於是，工業活動很快的遍及全島，並且
府「客廳即工廠」的鼓吹下，生產行為
入家庭。1965年台灣的出口就幾近半
工業產品，到了1972年則超過八成。
960年代，國民所得以每年一成的速度
，其中工業生產幾近兩成，市場經濟的
機制已經成功啓動。
有人說「任何可以加工出口的可能產
台灣都嘗試做過了」，當然其中有些並
功。當時從聖誕燈泡、家具、小計算
小五金、遊艇到紡織品，進行加工出口
蓋範圍確實很廣泛，充分顯示了社會的
性。但是，成長要能持續，生產活動必
不斷帶動更多的當地產業，產業的層級
須不斷升級。而除了民間的努力之外，
的產業政策也非常重要，一些關鍵性的
工業的建立，都有賴於產業政策的推

後來，台灣的紡織與成衣業上下游發展得相當完整，它在台灣產業的領導地位，直到1980年代才被新興的電子業所取代，台灣的集團企業的起家多數也與紡織業有點關係。塑膠製品也有相當比重，台塑的PVC王國從1957年開始，到了1960年代末期，已經發展成台灣最大的集團企業。石化工業是紡織業與塑膠製品業的上游工業，政府在1960年代就開始推動石化業，中油的一輕於1968年開始生產。

1970年代則是中鋼建成國內第一個一貫作業鋼鐵廠的時候，鋼鐵業當然是諸多產業的原料供應者，也是落後國家現代化的標的。

走向世界第二步：高科技重新打造MIT

在這些計畫定案後，更具發展潛能的高科技產業也開始進入籌畫階段，1970年代後期新成立的工研院電子所的前身，就開始移轉半導體技術的計畫，1980年成立的聯華電子與1987年成立的台積電，就是電子所的衍生公司。至此，推動關鍵產業的產業政策，在方式上也有很大的改變，過去是直接由公營企業擔綱，現在則是透過補貼研發，以衍生公司的方式來進行。

台灣本土培養的眾多優秀工程師，加上由美國歸來的先進技術人才，以新竹科學工業園區以及工研院為中心，在政策提供的優惠之下，於1980年代迅速發展出資訊產業，以個人電腦及相關零組件為主要產品，其成功的發展，使得台灣資訊產業產值能名列世界第三。半導體的發展也與此發展相輔相成，台積電的成功，在1990年代帶動了台灣晶圓代工產業進一步的發展。

與此同時，在1986年之後，台灣經濟進入全面轉型期，自由化與全球化並行，勞力密集的出口產業全面衰退，先是出走至東南亞，在1992年之後則是主要移往中國大陸。至此，電子與資訊業成為台灣產業的主體。在此全球化的時代，產業變遷的速度是如此的快速，到了今天，台灣資訊業已經成為成熟產業，廠商紛紛開始往通訊及網路等領域尋求其它成長機會。在短短幾年之內，將生產基地移至中國大陸，目前比例已近三成，並且還在不斷增加中。台灣以製造能力取勝，未來台灣雖仍會是歐美高科技產品的代工地，但必須將利基放在代工產品的設計開發以及生產過程的測試，生產基地則移往大陸。曾有人感嘆「我們花了20年學會如何製造，但失去它只需5年」。

確實，在中國大陸經濟開始快速成長之後，1990年代的明顯變化就是兩岸經濟關係的快速發展，大陸做為台灣產業出口市場的重要性已接近美國市場，而近年來台灣對外投資約有六成是到中國大陸。因此，只要大陸經濟能持續發展，台灣經濟的前景就必然與其密切關連，台灣產業的前途就會繫於是否能維持與大陸在垂直分工上的技術優勢，是否能使此關係相輔相成，以及是否能參與大陸市場的成長而定了。

台灣的發展一向受到地緣政治的影響，這是其來有自的。雖然日本殖民政府為了取得米與糖，在台灣建立了現代化農業，並奠立了全面現代化的基礎，但是它並沒有要台灣工業化，並未開啓本地工業化的機制。國民政府接收了這基礎，在強烈的政治危機感驅使下，以全力發展經濟為目標，在有利的國際條件配合下，成功的啓動本地工業化的發展機制。如今台灣經濟是否能更上一層樓，則有賴於兩岸關係能否圓滿解決。

駛過平原的甘甜

台灣產業現代化的起點

台灣的「工業革命」很甜，它是從製糖開始的。而且，不早不晚，就是從20世紀的第一年，1901年發端的。

19世紀末葉，日本曾在北海道推廣甜菜種植，也在石垣島試種甘蔗，但都告失敗，於是將希望轉寄託在台灣。1901年10月14日，台灣第一座現代化糖廠──橋仔頭糖廠竣工，次年開始生產。十年間，重要的糖廠與株式會社相繼成立，帶動了台灣的「工業革命」，也造就出後來和基隆南北抗禮的大港──高雄。

「血汗澆灌的收穫最甘甜」，這話用在台灣糖業上最貼切。全世界的甘蔗都是一大片一大片耕種的，台灣的甘蔗無論戰前戰後，卻是一小塊一小塊像插花一樣種植。人家的甘蔗一次種完，我們的甘蔗卻一年四季都在下種。人家長甘蔗的地方永遠都只長甘蔗，我們的甘蔗往往和水稻、蕃藷、大豆甚至菸草共存同榮。甘蔗本是再粗放不過的作物，我們卻搭棚剝葉、重肥灌溉、精耕細作。這一場革命，走得很辛苦，餘味，卻也夠甜……。（鄭林鐘）

五分仔：台糖小火車載過多少兒時的甜夢！

五分仔車是台灣最甜的火車了。

比台鐵火車小半號，五分仔載著甘蔗、載著糖蜜，在慢條斯理的嘟嘟聲中，把運糖鐵道上的空氣漫得甜甜的。

它們不僅運糖，也載客；全盛時期，全台3,000多公里的糖鐵軌道中，有675公里載著我們回家、上學、買菜……在1960年代，搭一趟台鐵火車就像現在要坐飛機出國去，那是一種遠行、一件大事；但五分仔，卻是蔗田兒女們日常生活的一部分。甚至，快到家門時還可以請司機伯伯放慢速度，輕鬆跳車到家哩！

1982年8月17日，五分仔走完最後的一班，但兒時的記憶，卻三不五時還會來和我們甜蜜相會。

1 底圖 運甘蔗的火車,約1910年代.
2 左中 甘蔗的栽培,「台灣所見」風景明信片,約1930年代.
3 右下 高雄橋仔頭糖廠,約1930年代.
1 2 3 均為 莊永明提供.

【糖鐵火車】 從1910年代開始，製糖會社鋪設的運甘蔗火車就在嘉南平原上交錯縱橫地辛勤駛著。滿載島國南地十餘年來新栽種的甘蔗，駛向各地冒著現代工業濃煙的高大糖廠，製成砂糖，再運往更遙遠的日本島國。這駛過平原的芳香一路飄來，已是九十年前……。

南國產業・台灣風土
從糖業報國說起

台灣20世紀經濟史是用「糖米經濟」打開的。日治時期，全台灣最熱門的產業是製糖業，在那個年代，台灣總督府的稅收有一半來自糖產業。1935那一年，出口總額中，蔗糖就佔了43.2%。

莊永明提供
1 1900年成立、戰前規模排名第一的台灣製糖株式會社標誌.

戰後初期，百業凋敝，糖是最偉大的救星，自給有餘，還能賺取外匯。全盛時期，糖的外銷收入曾經高達全台外匯總收入的74%。說糖和米聯手保住了台灣經濟的薪火，一點也不誇張。

台糖的增產，靠的是精耕與研究，研究的成果，除了報國，還能援外，20世紀後半期，非洲、中東、中南美等地，都曾經受過台糖公司農耕隊的協助。

但是，光榮的背後，也難掩一些辛酸。日治時期，台灣蔗農不能越區出售甘蔗、不能自由選購肥料，還常常被不實的會社磅秤偷斤減兩。當時流傳的說法，第一憨是「替人選舉做運動」，第二憨就是「種甘蔗乎（給）會社磅」。

當時還有一則傳聞，有一回，一車甘蔗送到某製糖會社的工廠過磅，紀錄上的重量與蔗農概估數差了一大截；在場三位保正不信邪，踏上原車，重新過磅，卻只增加80台斤，從此「三個保正80斤」這個笑中含淚的故事就傳遍全台灣。

1954年到1967年間，台灣蔗農也曾因分糖制度的不合理、「斤糖斤米」收購價格的不公平等因素而面臨一段收益惡化期。

這一世紀「增產報國」的熱情裡，飽含著蔗農無盡的血、汗、淚。我們回味之餘，也該有一些肅敬。（鄭林鐘）

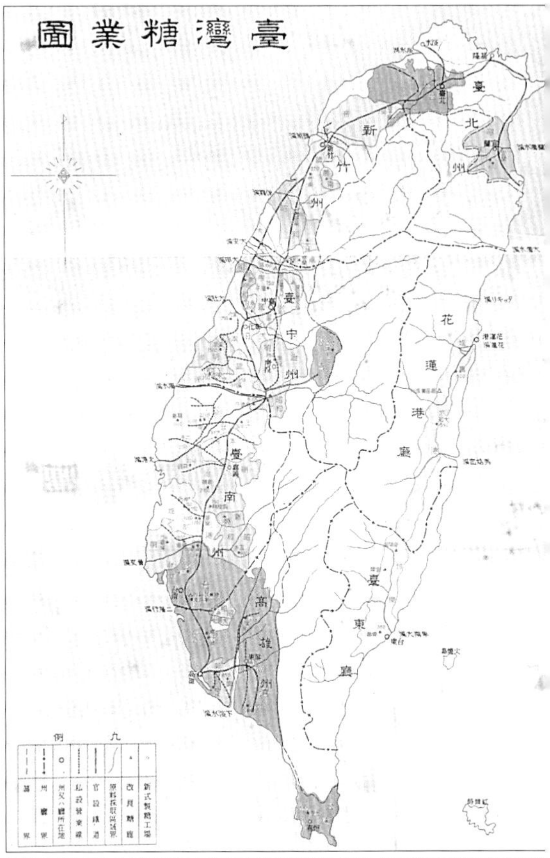

3 以顏色標出各製糖會社的原料採收範圍,取自《台灣製糖株式會社史

莊永明提供

【糖業帝國火車頭】 高雄橋仔頭糖廠是台灣第一座現代化糖廠，1901年完工，之後一座座的現代糖廠、一條條的鐵路支線在各地建造起來。就這樣，日本殖民政府建設了所謂南方大躍進的台灣，近代工業化的台灣……。

莊永明提供
2 國際蔗糖技術學會第30屆大會信封圖案,1968.3.11.

4 虎尾糖廠由大日本製糖會社創立於1908年,戰後由台糖經營,右圖是1956年糖廠內部景象,1956.2.6.秦炳炎攝.（中央社提供）

收穫作業　簡易軌條の引込
收穫作業　甘蔗の貨車積
收穫作業　水牛により園場内より本線まで引出す

莊永明提供

治時期蔗田採收過程圖,取自《台灣製糖株式會社史》,1939.

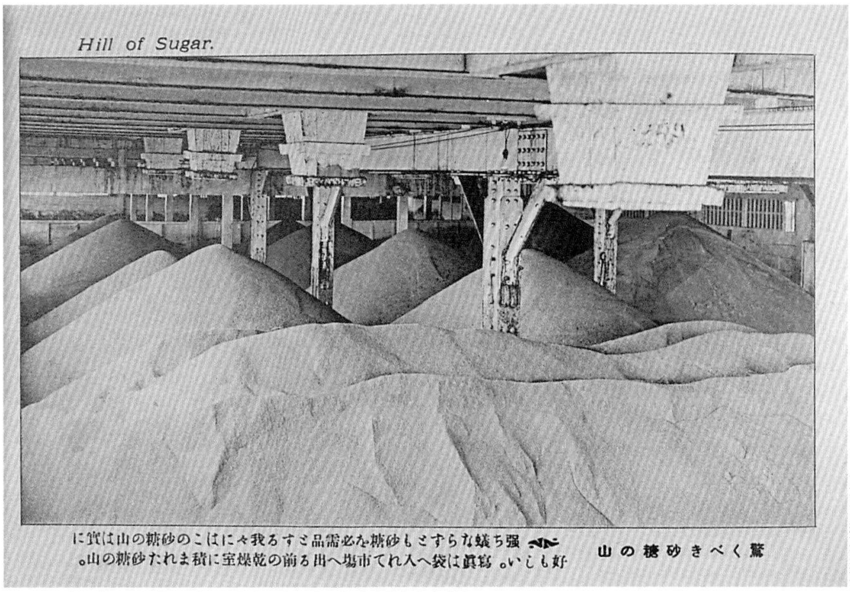

台北228紀念館提供

6 日治時期糖廠內部,取自山崎均一郎《台灣全名勝寫真帖》,1939.

莊永明提供

7 角砂糖包,取自《台灣製糖株式會社史》,1939.

蓬萊米「台中65號」的光榮史

日治之初，台灣原本的秈稻米（在來米）不具黏稠性，在台日本人不愛吃，他們還是喜歡日本米。於是，在占領台灣後的第五年，總督府開始在台灣培育日本稻種。

一次又一次試驗、一年又一年改良，結果是一回又一回不滿意，直到1922年，「台中65號」終於讓研育人員驚艷。

1926年5月5日，日本米穀會議第19次大會在台北鐵路旅館召開，這種既好吃又適合在台灣水土上大量生產的稻種大放異彩，當時總督伊澤多喜男從日籍稻作專家磯永吉所建議的「蓬萊米」「新臺米」及「新高米」等三個命名之中，選定「蓬萊米」做爲這個優質好米的名字。從此之後，凡是在台灣栽培或育成的日本種稻，都稱爲「蓬萊米」。

由於蓬萊米頗能迎合日本人口味，出口到日本較易銷售。1930年代起，它不但颳起另一波產植旋風，產量常占台灣稻米總產量的三分之一以上，也成功扮演了「糖米經濟」的主力先鋒。1938年台灣稻米的產量，甚至是1900年的457%。（鄭林鐘）

【在鐵牛與農藥尚未現蹤的年代】 農人在大地上的影，曾經是稻田裡動人的勞動形象。但後來，機械時代來臨，牛取代了耕牛，機械和農藥取代了人力，化肥取代了水肥，不春耕還是打穀，都已成爲遙遠的過去。圖爲1930年代農村收穫節農人打穀的情景。(莊永明提供)

洪聰益提供

2 石門水庫是台灣現代水利工程史上重要里程碑之一,圖為1964年水庫完工後的宣導海報.

5 水是農業的命脈,踩水車的歲月隨著現代化水利完成而走入歷史,圖為1930年代在裡踩水車的情景.

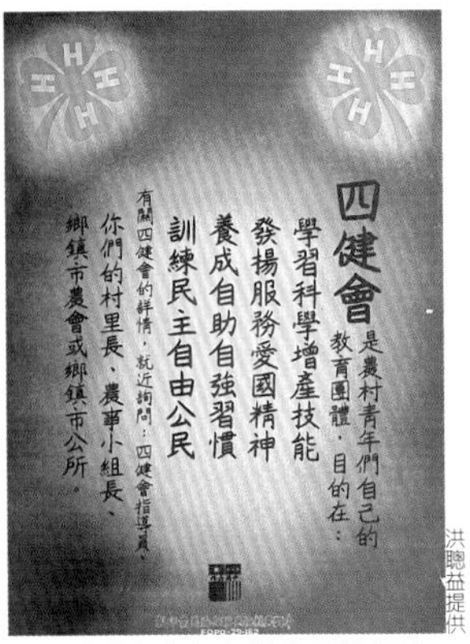

洪聰益提供

1 由於農復會極力推廣,四健會遂深植各鄉間,對改良農作,增加生產改善生活、培養團隊精神,貢獻不小.圖為四健會宣導海報,約1950年代.

3 中華民國四健會十週年紀念首日封上的圖案,1962.12.7.（莊永明提供）

4 中華民國四健會十週年紀念郵票首日封, 1962.12.7.（莊永明提供）

四健會在農村

中國農村復興聯合委員會是1948年依美國「援華法案」而成立的機構。1952年農復會引進美國4-H Club，開始推行四健會活動，這項強調鍛鍊「手、腦、身、心」健康的教育性青年團體，旨在訓練農村男女青年，運用科學方法與民主方式，發揮團隊力量。

鐵牛車與好年冬

興農鐵牛牌

Iron Buffalo Tiller 耕耘機

⑥興農鐵牛牌標誌,1959.(陳輝明提供)

是那個宣揚「農家樂」的年代吧！孩子的課本裡總是要標榜四健會如何輔導農民科學耕作、然後大大賺錢的事蹟；鄰長里長和農會裡的什麼長，三不五時也都會到家裡來宣導「現代化」的好處。1970年代的台灣農家，不多奢求家裡買得起電冰箱電視機，卻真的盼望有一部耕耘機。不求自己有什麼山珍海味大快朵頤，卻真的盼望田裡的稻米有好的農藥可以「吃」，讓它們能夠長得快又壯。「鐵牛仔」和「好年冬」，共同譜出了一段科學豐收夢。

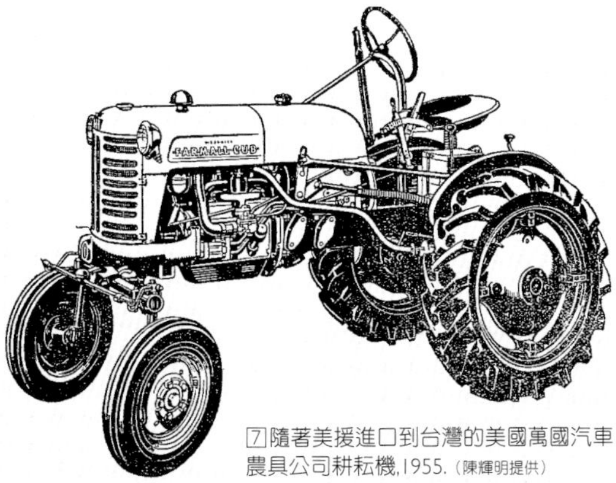

⑦隨著美援進口到台灣的美國萬國汽車農具公司耕耘機,1955.(陳輝明提供)

失落的稻穗

台灣的農業奇蹟，是依賴一年兩熟的天然條件創造出來的。走過20世紀，我們看到三七五減租、公地放領、耕者有其田的腳印，看到嘉南大圳、石門水庫的腳印，也看到農民胼手胝足、汗滴禾土的腳印。努力增產也許眞是爲了報國，也許只爲了更加溫飽；無論是什麼樣的動機、投入什麼樣的努力，我們的稻作竟然從「不夠吃」增產到「生產過剩」（1976年，糙米產量達271萬公噸，創台灣有史以來最高峰，從此進入稻米生產過剩期）。

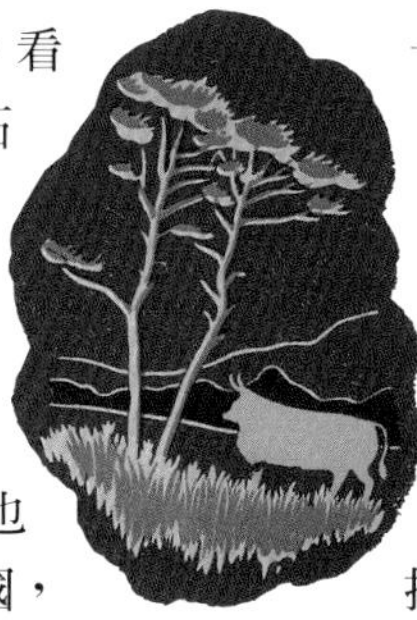

種稻辛苦，改種花、種水果。種稻辛苦，到城市去上班。種稻辛苦，乾脆把地給賣了，當個突然暴發的「多金田僑仔」。於是，田地換了新妝，一片一片金黃的稻穗換上一行一行繽紛的花架或一畦一畦嬌嫩的草莓。時代在變，稻田也在換妝，也許這才是大地生生不息的道理吧，失落的稻穗，我們總會在別的地方找回來。（鄭林鐘）

⑨農藥真神奇,1962.(莊永明提供)
⑩農復會十週年紀念首日封圖象,1958.10.1.(莊永明提供)
⑪不種稻,改種花,1996,田尾,岳國介攝.

去春來,雖然田水冷冷,彎下腰來犁田插秧,春耕的心中是充滿希望的,1970年代初期,徐仁修攝.

⑫

(國圖台灣

飄過三百年的芬芳

台灣有茶，早在1645年荷蘭人的文獻中就已記載。不過，台茶的「原汁」究竟什麼滋味，無人知曉。今天我們所喝的茶的老祖宗，是在19世紀初清朝嘉慶年間，被人從福建飄洋過海帶來的。

台灣茶在國際市場發燒發燙，是19世紀後半到20世紀前半的歷史，可是，寫下台茶光榮史的福爾摩沙茶究竟什麼滋味，恐怕也沒幾個人知道。當時的台灣人若非嘗不到、喝不起，就是捨不得。

台灣的「世紀末茶藝復興」，是由「開始喝茶」配上「開始懷舊」的特效處方促成的。茶，做成包裝飲料上市，和汽水果汁一起喝；茶香，做成一種情趣，被茶藝館、觀光茶園與泡沫紅茶店伴隨著懷舊的鄉愁一起推銷。於是，我們看到開喜婆婆在電視上活蹦亂跳，看到喝著泡沫紅茶的新新人類在「湳茶院」裡品談昔日大稻埕亭仔腳的揀茶風情，300年的時空，在茶香嬝繞之中沒有錯亂，放肆回味。（鄭林鐘）

【茶山風光】 丘陵上一心二葉的茶菁探出新綠，茶樹們發出召集令，採茶阿姐上了山。頭頸蒙上面巾、腰後繫著竹簍，巧指迅速撥摘，山歌傳唱飄揚，飛過一行又一行、一山又一山；而在更遠的紐約、倫敦、巴黎市的茶品交易市場裡，搶購聲嘈雜鼎沸，眾多商賈競標爭逐著來自福爾摩沙島的濃郁芳香。

3 揀茶,約1930年

(洪聰益提供)

莊永明提供

1 福爾摩沙茶的標誌,1930年代.

紅茶三種，包種茶裡加入黃枝、茉莉、秀英等有香味的花片。（圖文節譯）

2 大稻埕揀茶,立石鉄臣繪,1940年代.(立石壽美提供)

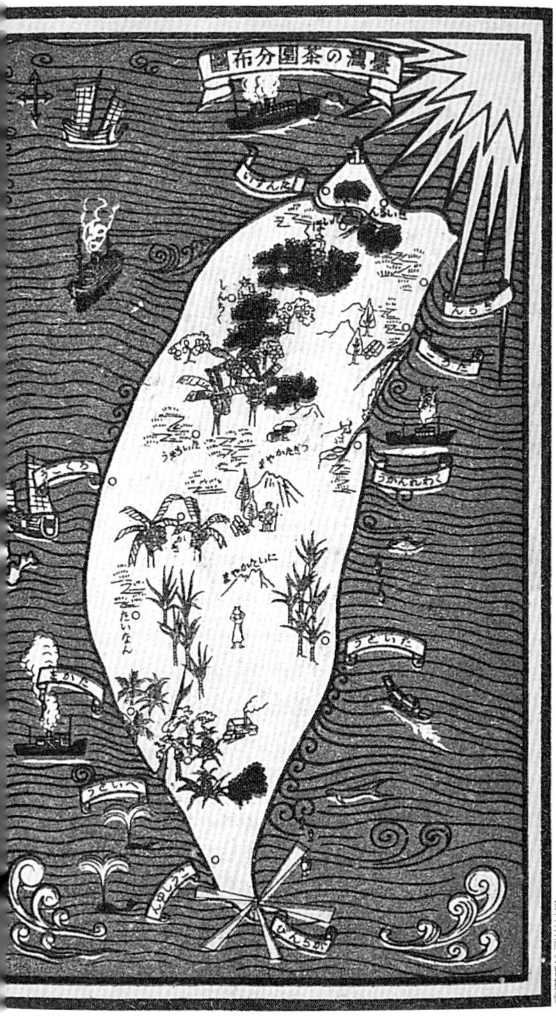

台北茶商公會提供

20年代左右的台灣茶園分布圖.

5 6 福爾摩沙烏龍茶海報,頗有20世紀初期上海月份牌廣告畫的風味,約1920年代.(台北茶商公會提供)

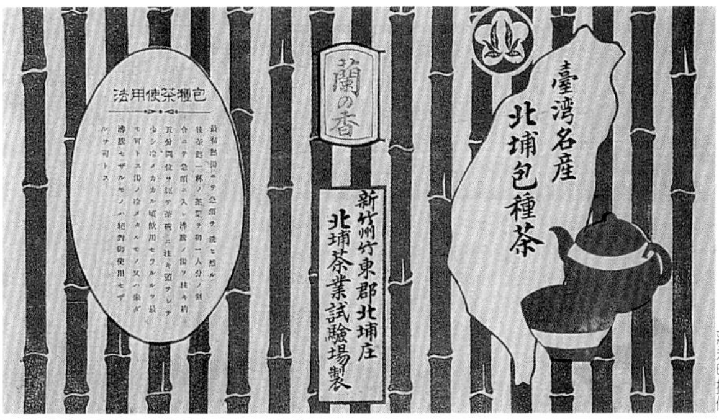

莊永明提供

7 北埔包種茶商標,約1930年代.

8 福爾摩沙包種茶包裝,約1920年代.

台北茶商公會提供

茶山情歌不再

糖、茶、樟腦是晚清的「台灣三寶」,「糖米經濟」是日治到戰後初年的台灣產業寫照,它們各領風騷幾十年,如今糖米沒落,樟腦又被化學製品取代,唯獨茶葉,依然在產業舞台上飄著芬芳。

早在19世紀後半(1869),英商約翰杜德(John Dodd)將120餘萬公斤的台灣烏龍茶運銷美國,引起國際轟動,「福爾摩沙茶」就香聞全球。

日本領台後,除了繼續北部茶區烏龍茶、包種茶的栽培、育種以及製造技術的研發之外,還成功地將中部(魚池鄉)開拓為紅茶生產中心。烏龍、包種與紅茶,就此成為20世紀初期台茶縱橫天下的三劍客,不但在市場上搶手,在賽場也獲獎頻頻。

莊永明提供

9 横山包種茶商標,約1930年代.

1990年代,台茶外銷風光不再,卻成了島內消費的新主流。過去我們自己喝茶梗,把最好的茶葉拿出去換大錢,民生富裕之後,有能力把好茶拿來自己享用,比賽的冠軍茶、高山頂級茶等都成了島內市場的搶手貨;觀光茶園、茶藝館繁盛起來;包裝飲料的市場上,茶也不輸汽水、果汁,但此時的茶產業卻因工資高昂、不敷成本而沒落,茶園廢耕,轉而大量進口便宜的茶葉加工、加味,以供市場所需。

如何「繼續喝茶五千年」,恐怕要倚賴進口了。

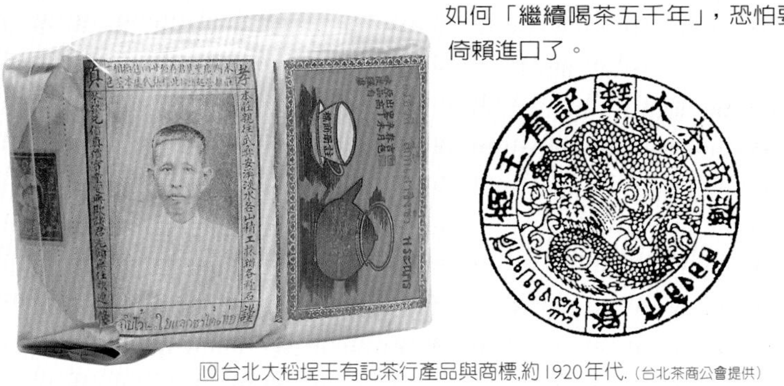

10 台北大稻埕王有記茶行產品與商標,約1920年代.(台北茶商公會提供)

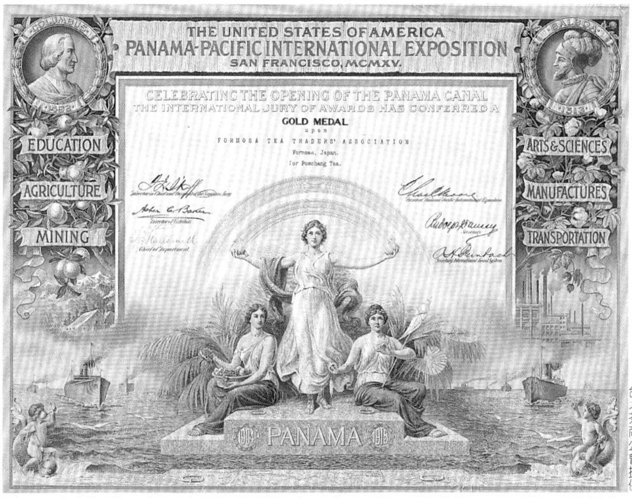

台北茶商公會提供

11 1915年美國為慶祝巴拿馬運河開通,在舊金山舉行「巴拿馬—太平洋」國際博覽會,台灣包種茶以「日本福爾摩沙茶」為名,贏得金牌獎.

台北茶商公會提供

12 1911年台茶在義大利舉辦的「工業與勞動」國際博覽會中贏得第一大獎.

No. 168 (台中) バナナの積出 Packing of Banana, Formosa.
年産三億二百五十萬斤 價格六百二十萬圓

香蕉天堂
黃金果物滄桑史

很多人都把台灣島的外形比喻做蕃藷，其實，論造型，台灣更像香蕉。而台灣也真的出現過一個「香蕉天堂」。

台灣原本不產香蕉，二百多年前才從福建引進。日治之後，因爲日本人愛吃香蕉，偏偏他們自家又種不出好香蕉，日本人便開始在台灣各地試種，結果在中部與南部找到解答，然後迫不及待地在1907年就讓第一批爲數490公噸的台灣香蕉上了船運銷日本。

戰後，1960年代更是台灣香蕉從業人員的黃金歲月。截至目前爲止，台蕉外銷的最高紀錄是1967年的38萬2千公噸，在當年日本進口香蕉的總值裡，占有率高達82.1%。在那個年代，賣出一長串香蕉的收入，勝過公務人員一個月的薪水，可以跑三家茶室還有剩。穿著沾有蕉汁汗衫的蕉農，比西裝畢挺的紳士還受茶嬪酒女的歡迎。這就難怪走過南部地區的旗山，中部地區從水裡、國姓、名間到集集一帶，沿途被纍纍的香蕉和婆娑的蕉葉給染綠了。

不過，好景不常，1969年爆發了震動全台的「剝蕉案」，推動台蕉輸日極有成效的青果合作社理事長吳振瑞被判刑下獄，台蕉的命運至此開始走疲，加上菲律賓香蕉成功進占日本市場，生產過多又滯銷的台蕉，還曾經集體拋海，以免物賤傷農。

「蕉風椰影」曾經是台灣寶島的美麗寫照，我們期待這黃金果物的天堂早日再現！（鄭林鐘）

立石壽美提供

1 仲夏水果攤,龍山寺旁邊的廣場羅列著西瓜、鳳梨、甜瓜、蓮霧等,其他還有飲料攤,夜晚更熱鬧(圖文節譯),約1940年代,立石鉄臣繪.

【香蕉外銷】 1921到1936年，台灣香蕉平均每年五、六百萬日圓產值。在殖民體制下，每年都有大台蕉對日出口。1930年代後期，台蕉產量創新高，圖上所言，每年外銷金額也高達620萬日圓。戰後，日貿易曾一度中斷，等到恢復後，港邊才又見一簍台蕉堆疊齊的景況。（莊永明提供）

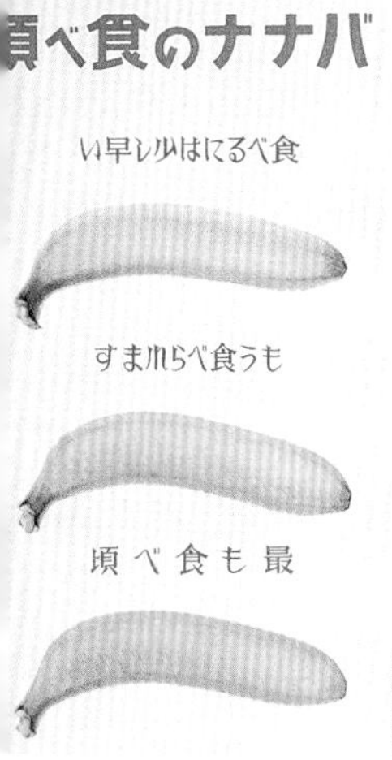

莊永明提供

吃香蕉的最好時機」海報,1930年代.

常民文化學會提供

香蕉為主題的1996年度高雄縣季海報.

青果王國天壽甜

瀏覽20世紀，台灣的許多風物都堪玩味，走過許多國家，台灣的水果最是令人垂涎。

問一位到過台灣的東南亞朋友，對台灣水果的印象是什麼，他說：「甜！就是甜！」

台灣的水果何止是甜，簡直就是「天壽」地甜（右圖那位攤販老兄甜昏了頭，把「天壽」寫錯了）！何止甜到夭壽，種類之多，更讓人歎為觀止。

岳國介提供

4 誇張的水果攤,1998.

熱帶性的香蕉、鳳梨、椰子、荔枝不必說，即使是溫帶水果如蘋果、水梨、石榴、櫻桃，也都有Made In Taiwan的產品上市。甚至光是一個果系，就有多到數不清的品種──你知道土檨、愛文、金凰、海頓、肯特是什麼嗎？告訴你，它們都是芒果。還有一些水果很不願意跨出老家，要不是親臨它們在台灣落腳的故鄉，就吃不到──你，吃過「查某李仔」嗎？

莊永明提供

5 鳳梨罐頭是台灣重要的食品加工業,圖為1930年代的罐頭包裝紙.

11 台鳳高雄製罐廠的罐頭生產線,1951,秦凱攝.(中央社提供)

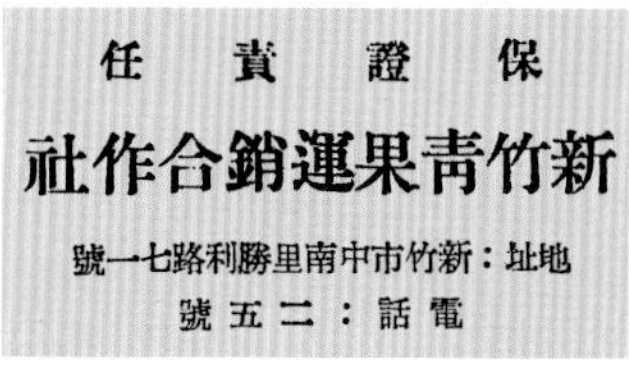
保證責任
新竹青果運銷合作社
地址：新竹市南里勝利路七一號
電話：二五號

6 青果社廣告,1952.(吳興文提供)

7 日人眼中的南國美味,約1920年代.(莊永明提供)

莊永明提供

8 台灣風物明信片封套,約1930年代.

洪聰益提供

12 日治期間柑橘以台灣中、北部為主要產區.圖為採收景象,約1930年代.

■基隆バナヽ積込■
内地其他へ輸移出する
バナヽは特殊な籠に荷造し港
まで汽車で運んで汽船に積込む。
一人々々の口に入れゝば一片の果肉
に過ぎぬバナヽも地元の港で大量的
に積込む光景は御覧の通り素晴しく
仰山なものである。

10 成簍的香蕉,堆放在基隆港邊等待裝船,準備銷往日本,約1930年代.(莊永明提供)

簡義雄提供

9 台灣果物明信片封套,約1930年代.

洪聰益提供

13 橘子採收後,先依大小分類,再運銷到各地,約1930年代.

莊永明提供

1 太平山林場為二戰前台灣三大林場中最晚開發者，1915年開始砍伐，以出產檜木為主，上圖大約攝於1920年代末期。

森林故鄉的伐木之歌

如果要給台灣的大自然上一個顏色，非綠莫屬。台灣大自然之綠，來自濃濃的、蓊鬱的森林。

沒有任何人看不到它，當然也沒有任何政權看不到它。而台灣森林的命運，就隨著政策「有時起，有時落」。

日治時期這大片綠蔭多歸國有。不過統治初期，基礎條件不足，林業開展有限。1912年官營阿里山林場開始砍伐，三年後，八仙山、太平山也陸續開採，日治下的三大林場於焉形成。此時正值第一次世界大戰期間，日本工業乘勢發展，在台灣大量取汲所需木料，台灣森林碰上第一次濫伐厄運。1922年起，每年開採面積約為一萬三千公頃上下，期間雖有造林考量，不過伐多於植。

3 工人鋸出斜口，讓樹幹順此方向倒下，約1930年代。（莊永明提供）

1941年太平洋戰事起，伐又興，砍伐面積倍增日治時期台灣森林所受損，達到巔峰。

戰後初期，國府雖立「五年不伐木」的宣示但各方亟待復原，鐵路復需用枕木，又找上森當犧牲。當時光是台灣生產機構如林糖鹽礦等用鐵道，總長就超四千公里，更要說連大陸來求援。1946年底1958年中阿里山、仙山、太山、竹東、大山、太魯閣及木瓜山等七林場陸續成立森林故鄉的伐之歌迴盪山谷，直唱到們變成都會人士熱愛的林遊樂區、國家公園或然保護區。

未來，森林之歌主調是哪個？啦啦啦？還是伐伐？（鄭林鐘）

莊永明提供

2 阿里山林場從1912年開始砍伐，是二戰前三大林場開發最早的，伐材先集中於此，再由鐵路運下山，約攝於1930年代。

4 索道運載著檜木，當年的美景，今日的感傷，約1930年代。

5 阿里山運材火車，當年伐木，今日觀光，約1930年代。

楊仁杰收藏/陳板提供

1910年代開始發展林業的新竹「內灣線」上端的油羅山,圖為伐工剪圓材,約1934.

莊永明提供

義製材所內,不知匯集了多少來自阿里山的良材！約1930年代.

台北228紀念館提供

里山林場工人正藉著集材機之助,將木材吊放在台車上,約1930年代.

莊永明提供

9 林場工人,約1940年代.

莊永明提供

10 苗圃工作,約1940年代.

Hinoki不是紅檜

Hinoki常常被介紹成「優質的檜木」，聞檜木的清香、檜木桶泡溫泉、巡禮檜木造的日式老屋……好幾年好個不小心累積下來，Hinoki變成了檜木，然後又想當爾地被認為是「紅檜」。其實，Hinoki和紅檜是兩個不的樹種；Hinoki是扁柏，紅檜是Meliki。
下回有人跟你打賭這個，賭吧！包你贏他一塊錢！

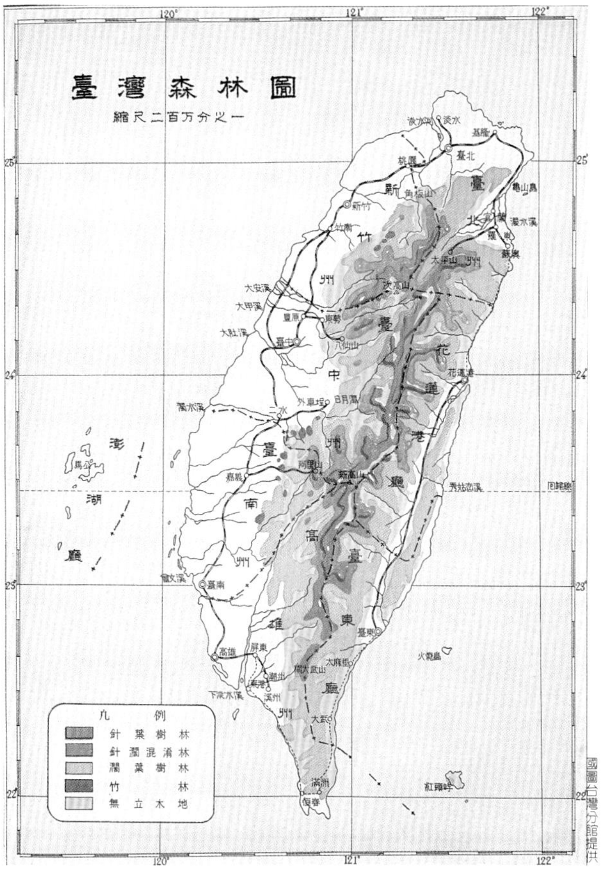

國圖台灣分館提供

11 根據總督府統計資料,1934年的台灣森林面積占全島總面積53%.

另一種榮光與芳香——台灣樟腦

台灣森林雖廣，木材卻進口多於出口。不過，樟腦就是有辦法幫台灣賺到出超的外匯。

洪聰益提供

12 1930年代的台灣樟腦包裝.

二次大戰之前，樟腦是台灣引以為傲的「世界第一」，全球的樟腦與腦油產量，台灣擁有高達70%的占有率。這就難怪日治初期的1900年代，樟樹會成為官方造林樹種的最愛；數量之多，超過全台造林總面積的一半以上（50.85%）。

洪聰益提供

13 1930年代的台灣樟腦包裝盒.

雖然1930年代人造樟腦問世、二次大戰期間台腦被國際封鎖，以及日人為軍事需要大舉伐木等原因，使得樟腦原料與市場兩失，台灣樟腦事業因此衰頹，但是從事隔五、六十年之後台灣仍有一些地名依然叫做「樟腦寮」來看，當年的盛況，也很可以想像了。

國圖台灣分館提供

14 熬製樟腦的腦寮,約1930年代.

洪聰益提供

①與②為台灣帽子進軍國際時的廣告海報,約1940年代.

【大甲帽蓆，天下聞名】

寶島台灣處處寶，幾乎各地都有知名特產，大甲帽蓆是其中的佼佼者。編織技術優越、質感精細、外銷海外成績亮眼，讓它成爲日本大東亞共榮圈下的殖民地「產業模範生」，到了戰後1960年代、70年代，大甲帽蓆依然享有歷久不衰的頂上風光。

洪聰益提供

③大甲帽,當年的展示品,未來的典藏品,約1940年代.

小菜勝大餐

回味小型的農村特色手工業

大企業集團爲台灣產業史寫下輝煌的好幾頁，農村小手工可也沒有缺席。他們曾經撐起無數農村家庭的生計，也曾扮演外匯吸鈔機的角色。輕輕盪過小型農村手工業的時光隧道，那分親切與質樸，比大企業還堪回味。

直到今天，走在台中縣大甲鎮，還可以從年逾90的老阿嬤手中買到她巧手編織的大甲帽蓆；除了具傳統功能的帽子、草蓆外，工商社會用品如名片夾之類也有得挑。爲了留住往昔榮光，當年鬧熱輝煌的大甲帽蓆會社第一工場，仍然挺立在今日順天路與黃婦產科附近。

「金色中港」不是1970年代十項建設的台中港，而是全台灣最負盛名的金紙冥紙製造地——竹
的中港里。一疊疊一
貼著金箔銀箔的天
票，在亮燦燦的陽光
下，金光依舊閃閃。

養蠶，不但幫台灣
作繭自「福」，也曾
銷寵兒之一。清末雲
區生產的絲綢有「雲
的美稱，光緒皇帝大
衣褥用品就都是「雲
品」。二次世界大戰
台灣蠶卵曾有年繁殖
25萬張的紀錄。197
設置蠶業生產專業區
種、蠶繭外銷的表現
搶眼。好一陣子，連
孩子都著魔在一片養
寶的旋風裡。

至於菸草，那更是
農村回憶中不可缺少
片拼圖：除了北部，
不種菸？（鄭林鐘）

④帽蓆產業以女性為主要勞動力,約1920年代.(洪聰益提供)

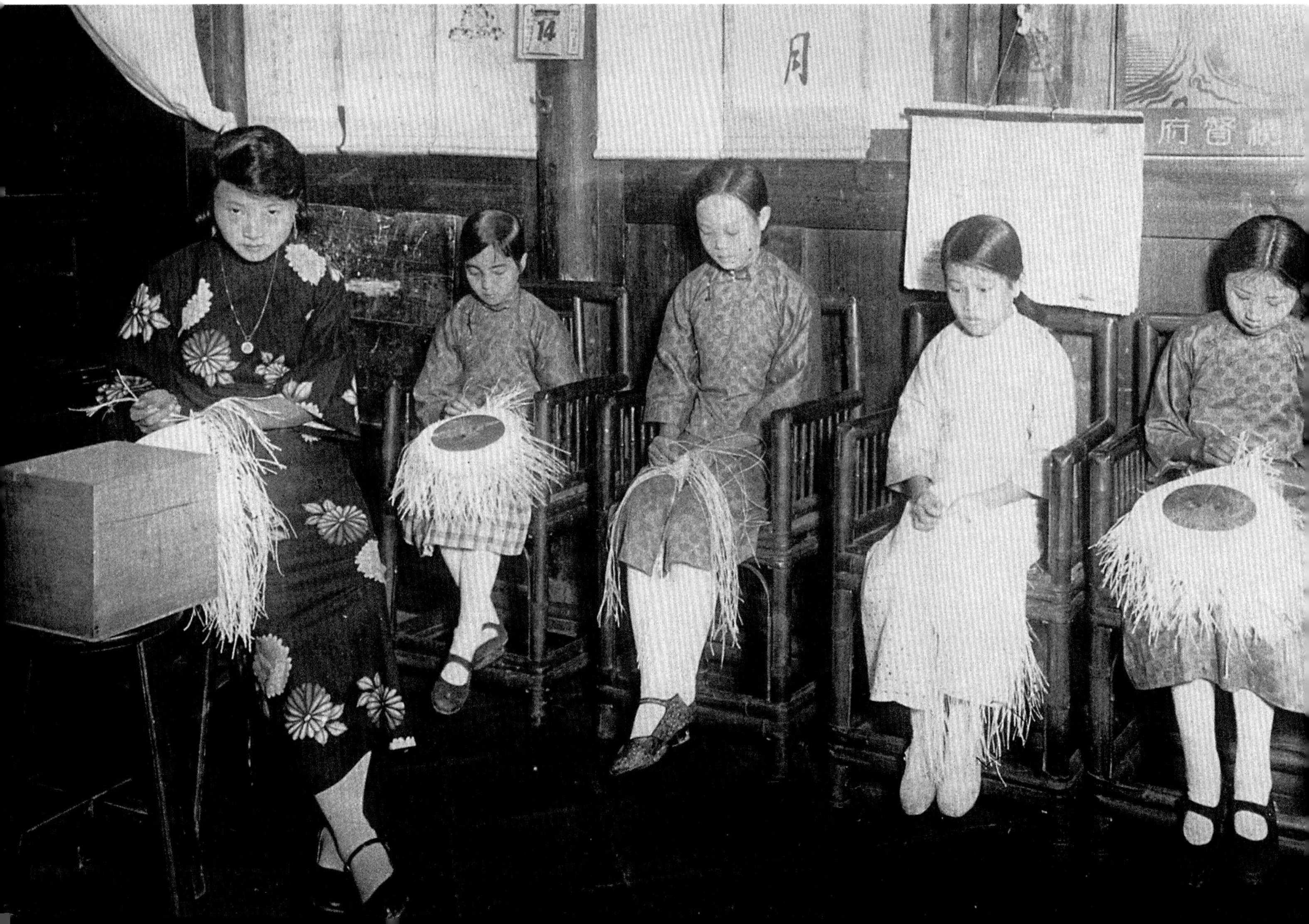

洪聰益提供

草製造業的上半場：晒菸葉,約1930年代.

洪聰益提供

工製造金紙冥紙,約1930年代.

洪聰益提供

綢之路一：種桑、養蠶,約1930年代.

洪聰益提供

綢之路二：採繭、分級,約1930年代.

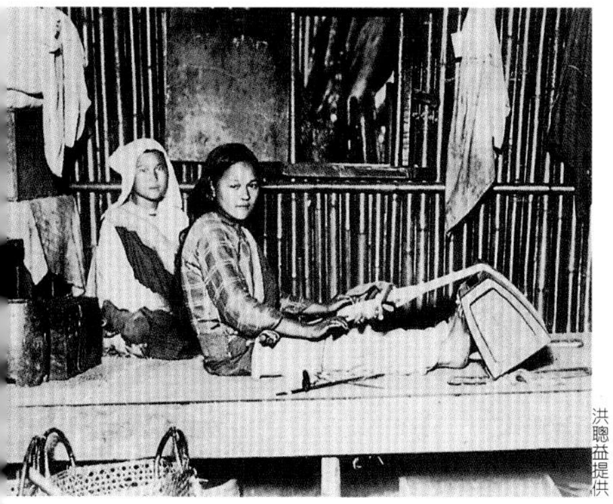
洪聰益提供

綢之路三：抽絲、織布,約1930年代.

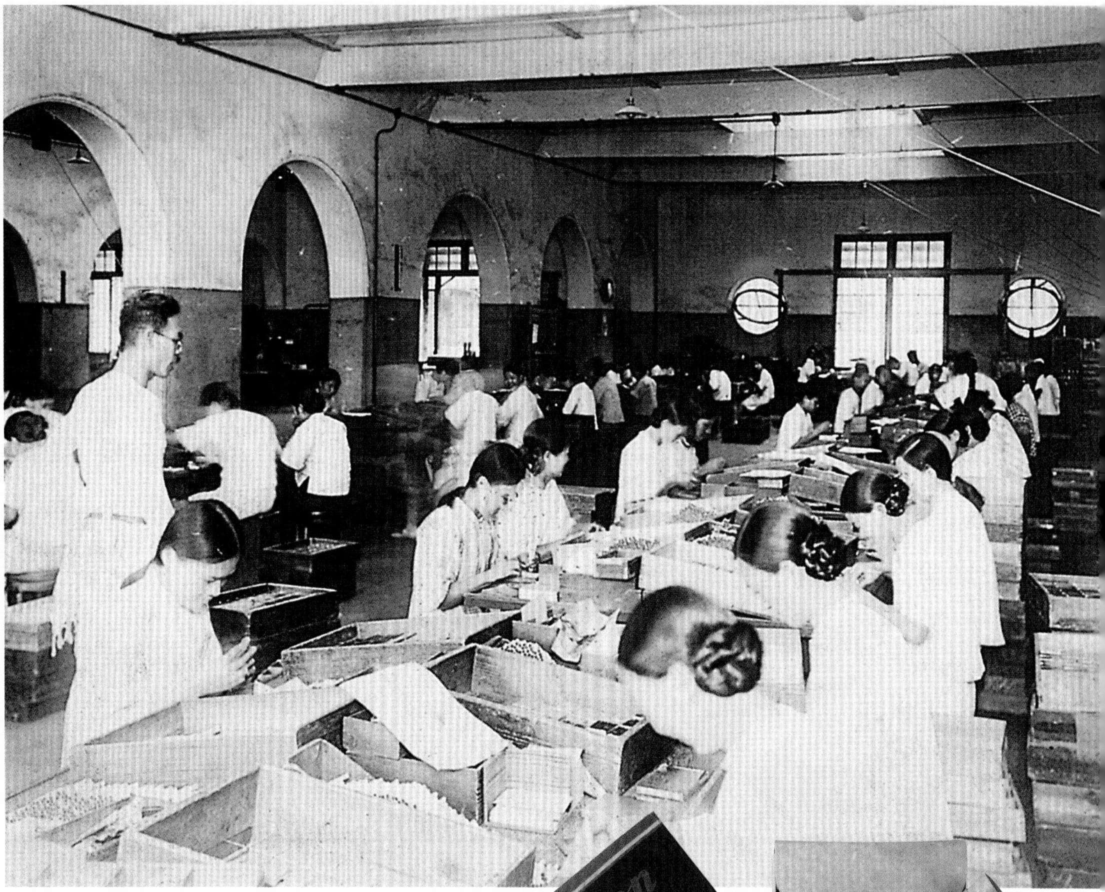
⑩菸草製造業的下半場：人工捲菸,約1930年代.（洪聰益提供）

簡義雄提供

⑪萬華的成衣製造業女紅廠,1930年代.

洪聰益提供

⑫肥皂製造業的上半場：石鹼拌溶其他添加物,約1930年代.

洪聰益提供

⑬肥皂製造業的下半場：小塊包裝再裝箱,約1930年代.

莊永明提供

⑭台灣總督府專賣局出品的亞倫牌香煙,約1930年代.

⑮台灣總督府專賣局出品的糯米酒商標,約1940年代.（莊永明提供）

洪聰益提供

⑯酒精製造,約1930年代.

造就台灣好所在

1930、40年代的台灣，是一片富庶、豐饒的大地。日本殖民政府已經當家了三、四十年，國土調查與人口普查早已作好、交通網路業經完工、水庫灌溉溝渠修建完竣、各種農業推廣體系以及現代金融單位也都OK，爲了要將台灣建設成爲「日本農業生產基地」的種種基礎工程粲然大備；而領台前期台、日之間爆發的武裝衝突，也距離有些遠了。於是，老天爺賜給台灣的各種天生麗質，統統都繁華了起來。

地上長的，南部是甘蔗香蕉鳳梨稻米和蕃藷的資優生；中部不但有超優的蓬萊米，甘蔗香蕉和菸草也是欣欣向榮；北部一片錦繡的是甜美多汁的柑橘和經常勇奪世界冠軍的「福爾摩沙茶」；即使偏遠如後山的花蓮港廳與台東廳，也有綠油油的菸草和稻田。對了，千萬別忘了森林裡頭，樟腦爲台灣拿下世界第一，紅檜、扁柏的威武與清香，又不知哈死多少日本本土大人物與小百姓！

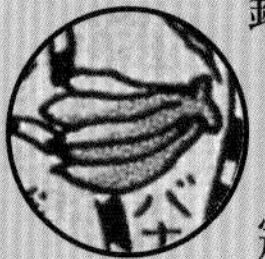

地下藏的，煤礦與金礦讓深山也亮出霓虹燈閃；溫泉地熱蒸騰出草山（陽明山）、北投、關子嶺與四重溪等「四大溫泉浴場」。當然，四面環海的寶島，少不了水裡游的魚貝蝦蟹。

哎！只可惜這些富庶與豐饒都掌握在殖民政府和與他們合作的日本資本家手中，如果它們能落實到台灣百姓身上，那該多美麗呀！（鄭林鐘）

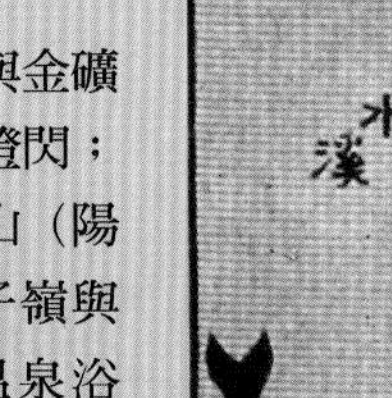

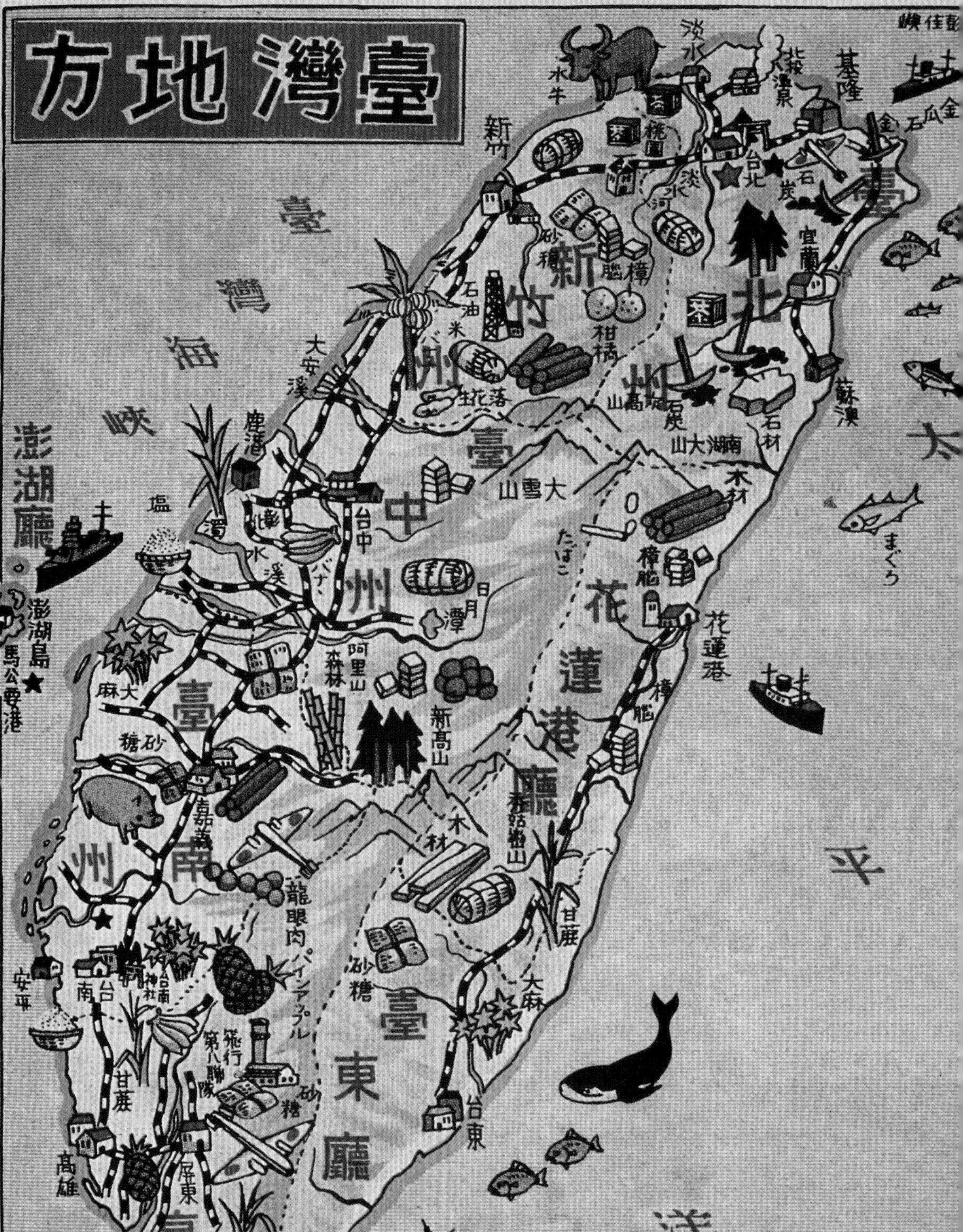

【到那個豐饒的年代去】 如果來一趟「台灣物產之旅」，在1930、40年代，要怎麼安排行程？到哪裡看什麼、吃什麼、買什麼？當然，在那個旅遊條件尚不充足、旅行風氣也不普遍的年裡，製作這張地圖的目的，多半只在呈現殖民統治下寶島各地的風俗物產景況，而不是要給旅人的，只是在事隔六、七十年後重看此圖，突然有一種垂涎的想望，想要——到每一個特產所在、那個聽來豐饒的年代……（取自《兒童年鑑》,1938,莊永明提供）

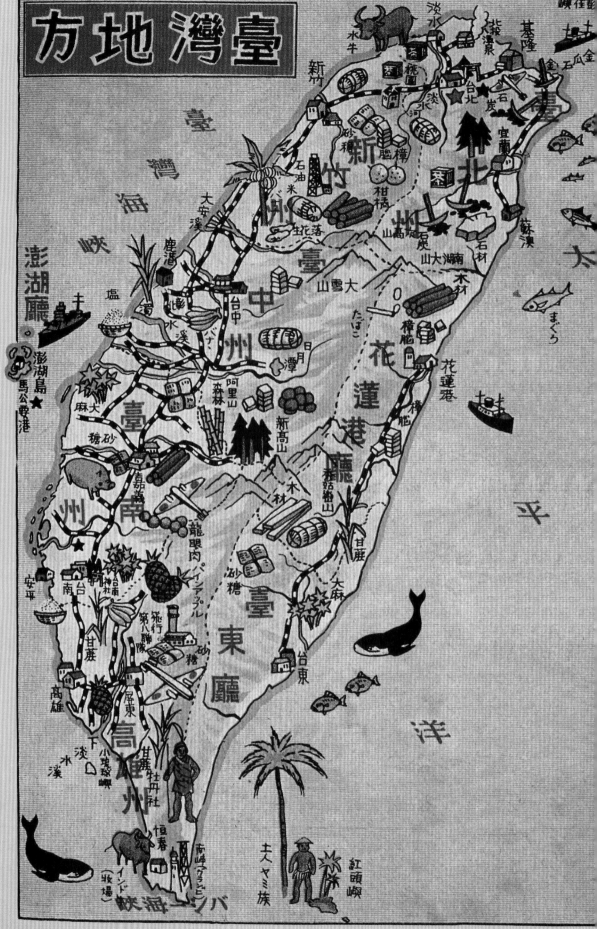

8為1946年台灣省行政長官公署根據日治時期資料所彙編的《台灣統計地圖》,從下列各表可看出1943年台灣幾項主要農產的生產概況. 10則是當時各項輕工業的生產指數.(莊永明提供)

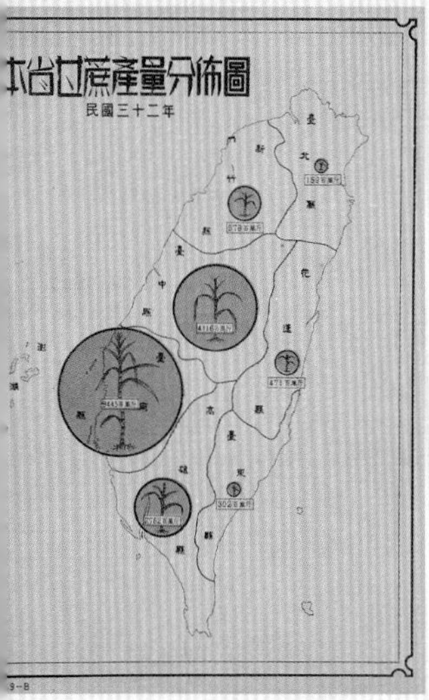

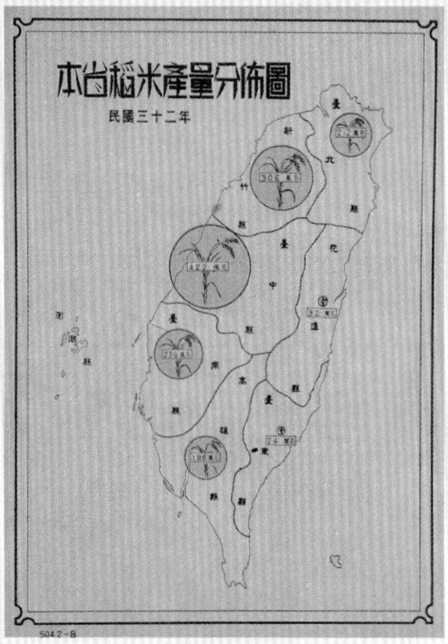

2

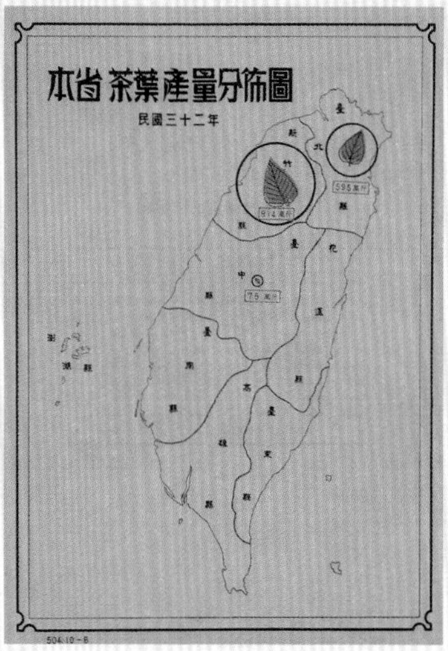

3

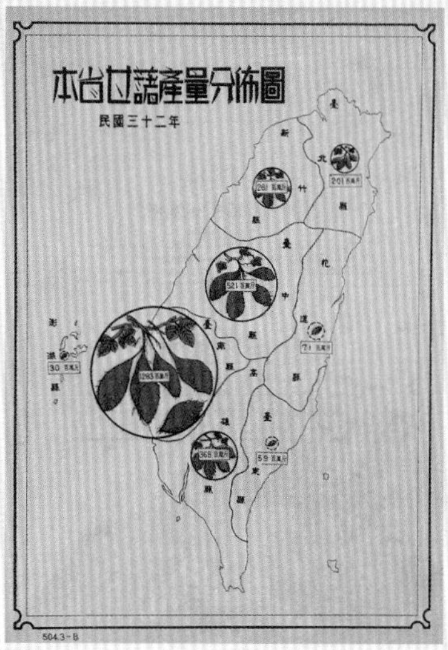

4

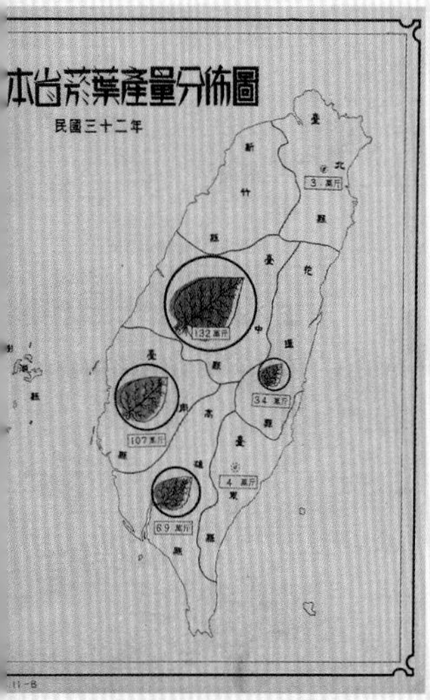

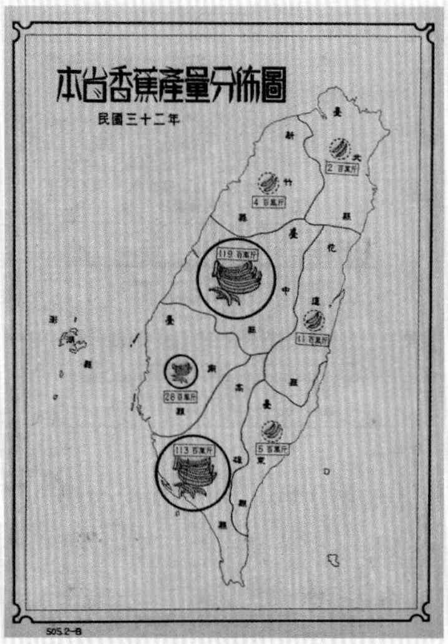

6

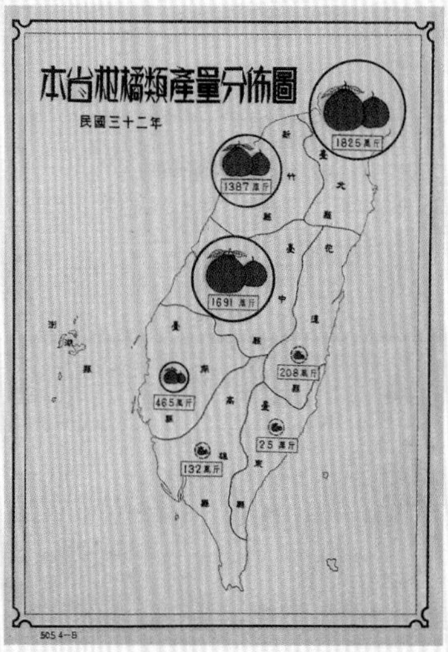

7

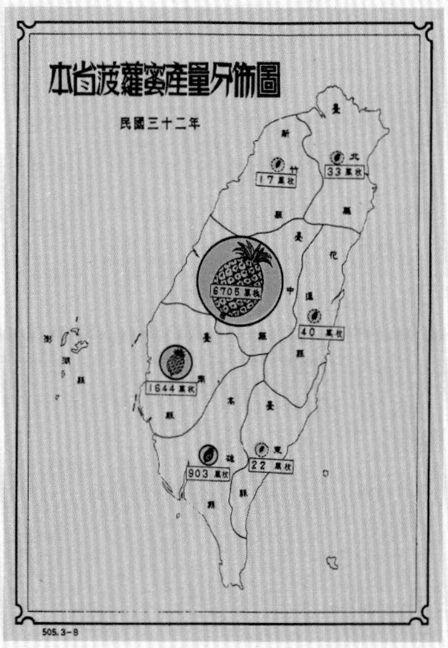

8

國島水馬繪製的漫畫裡,台灣產物不止滿滿一船,船外還有魚群相隨哩,1940.(謝里法提供)

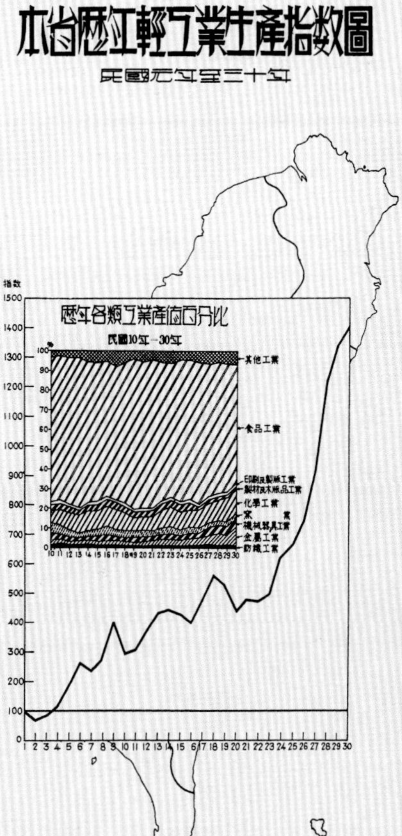

10

敢於挑戰的海洋之歌

「天這麼黑，風那麼大，爸爸捕魚去，為什麼還不回家？聽海濤狂嘯，眞叫人心裡害怕。」1960年代小學課本對漁郎的勇敢，寫下如此的謳歌。

但討海兄弟（與漁業老闆）似乎無懼於海上種種風波險惡，他們無法放著台灣沿海兩百多種經濟魚類不去捕撈。更何況只要有船有器械有勇氣，全世界三大洋何處不能展現身手？1940年寫下的漁貨紀錄──12萬噸，在戰爭過後的短短七年就被追上。接下來的50年間，我們的漁船航遍七大洲三大洋，設立了多達60餘個的海外漁業基地，「海功號」還遠征過南極呢！

孩子，別怕！我們已燒過王船、迓過媽祖啦！大海，依舊在新的世紀等著我們去挑戰吧！（鄭林鐘）

【南方澳風光】 1950、60年代的南方澳是台灣東部漁場一顆耀眼的明珠，每逢漁船滿載回航，灣澳裡擁擠嘈雜，卸貨的卸貨、喊價的喊價，空氣裡盡是生鮮的魚味，和感謝平安歸來而燃放的鞭炮味，此時，不遠處的南方澳大戲院也應準備好要熱鬧演出一場了。（1956,楊基炘攝）

1 恆春香蕉灣的捕鯨港,約1930年代.（莊永明提供）

2 屏東東港鮪魚豐收,討海人的腳步似乎也輕快了起來,1995,吳忠維攝.

色金山

南七股有一座「南台山」，海拔不高，卻年「積雪」，太陽再它也不會融化。這不麼夢幻遊樂場的噱這是台鹽公司七股鹽鹽山。

灣東岸多岩少鹽，西中南部地區的優質鹽是一片接著一片。從到日治，官方招攬民賈承辦鹽務，不少人致富，鹿港辜家和高家因此奠定名列「台大家族」的基礎：一的白色鹽山，可說是發財與發跡的金山。

今機械與化學取代傳陽光靠海水的製鹽方但是大海給鹽國子民育卻沒停止。台鹽公一方面研究海水化學和生物科技，二方面研康低鈉鹽、沐浴鹽等玩意兒，三方面將鹽製鹽過程解說等景觀活動，闢成觀光賣點。大地依舊雪白，金銀依舊不斷，一波波的人潮卻雜沓來到，嘴著新奇的核桃蛋黃鹹，猛一抬頭，福利社的看板上面寫著：有逢，台鹽祝您鹽夢成……。（鄭林鐘）

3 1930年代的安平鹽田,一簍一簍的鹽堆積成一座白色的小山,養活了無數「鹽田兒女」.（莊永明提供/下方底圖：岳國介攝）

(臺南) 安平の鹽田
A View of the Anpin Salt-field, Formosa.

莊永明提供

4 傳統收鹽的方式未死,只是逐漸凋零.圖為1930年代的景況.

南七股鹽場晒鹽,潟湖種蚵,來自大海的哺育,生生不絕,1999,岳國介攝.

吳郭魚——最平民的世紀美味

吳郭魚不怎麼高貴，但沒有人敢說牠不美味。放眼整個台灣整個20世紀，要找一種最最物超所值的魚，牠，絕對令人回味。

吳郭魚的名字，是為了紀念將牠們引進台灣的吳振輝與郭啓彰而取的。二次世界大戰結束後，1946年4月，吳郭二人從被拉伕的新加坡帶著16條魚苗回台灣，船行期間缺乏淡水，吳郭兩人節省自己的用水幫小魚換水，細心呵護的結果，活下了13條。這批先鋒部隊被放在郭啓彰高雄自宅的魚池，不到三個月就繁衍成1,526尾，繁殖速度之快、適應台灣水土之順，令人稱奇。

1948年高雄縣長毛振寰將此魚命名「吳郭魚」，1949年農林廳正式以「吳郭魚」之名登錄，並於1951年開始大力推廣。1990年代的年產量已達五萬公噸，還可外銷賺外匯呢！

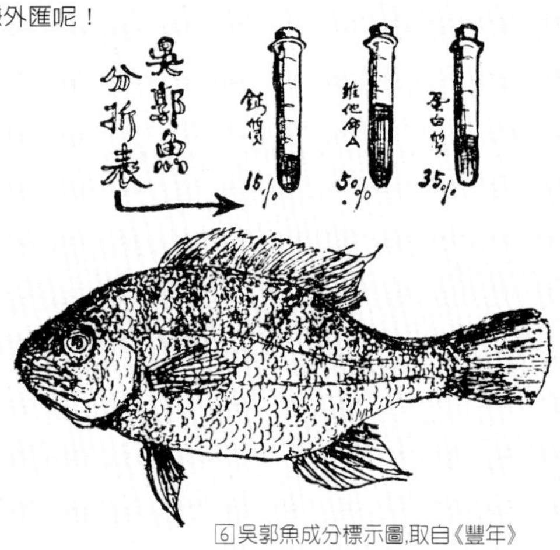

6 吳郭魚成分標示圖,取自《豐年》2卷1期,1952.（莊永明提供）

遠流資料室

1 金瓜石山瑞芳一坑,約1930年代.

【金瓜石礦場】 金礦與煤礦，造就了東北角荒
之地——金瓜石與瑞芳九份一帶的榮華富貴。一
脈枯竭，起自荒煙蔓草中的金瓜石復歸荒煙蔓草，
剩廢墟與陰陽海奇觀兩相映照。幸運的是，曾經
數十年的九份，也因這異地景觀，在觀光業中找
山再起的生機。(莊永明提供)

2 金瓜石礦山,約1920年代.

金砂銅土——從礦業到觀光業

台灣礦藏量不算多，但種類卻很驚人。而且只要哪裡發現礦脈，立刻就有一則「地底傳奇」出現。苗栗發現石油，開油者群聚，揩油者也來。花蓮發現玉礦，豐田小村比花蓮港還輝煌。澎湖採文石，飄洋過海者不以爲苦。

傳奇雖多，九份和金瓜石是最膾炙人口的一則。

九份有寶，但日本人卻不會經營，顏雲年接手之後，一招類似「包產到戶」的革新做法抓住人心，締造了1932到1943年間的「大著金」傳奇。一句「上品送九份，次品送台北」就可以想像當時的九份有多「驍擺」。

戰爭荒廢它，和平復甦它，但第二度的好景維持不到30年，1971年，九份的礦山沒人理「採」。

但是一部電影「悲情城市」卻又讓它在世紀末的懷舊裡找到觀光的生機。

1987年，衛星探測發現這裡金礦依舊很多，續集還有得演……（鄭林鐘）

顏雲年的黃金傳奇

3 台陽礦業株式會社會旗,約1920年代.

瑞芳金礦的採礦權本歸日人
田組所有，顏雲年在1898年
1914年之間，逐步將它們全部
接過來，並在1918年成立「台
礦業株式會社」。

顏雲年接手後，打破藤田組
斷礦權的作法，將礦山分成許
小區域，分租給其他承包人。
包人可以自行採金，也可雇工開採。結果，這樣的包
制切中人心，基隆地區的金礦業奇蹟似地由虧轉盈，
產金量高達5.5萬公兩，締造了九份第一次的黃金時期。

遠流資料室

6 嘉新五洲牌水泥廣告,1966.

環保掛帥 水泥業不保

水泥業曾經是台灣礦業的寵兒，一個台泥，可以讓五大家族的辜家成爲炙手可熱的紅頂商人。但隨著環保意識的提高，水泥業要「根留台灣」的機會卻愈來愈小。

製造一公噸的水泥，要用掉132.7公斤的煤、112.9度的電和0.42公升的重油，非常消耗能源。製造一公噸的水泥，要用掉1.4公噸的石灰石、300公斤的黏土和60公斤的矽砂，開山挖地，環境也難免遭到破壞。偏偏在84個會造成污染的行業中，水泥業的污染指數都是「屬一屬二」的。

這麼多的不利因素，使得環保人士對水泥業的質疑與抗爭聲浪甚囂塵上，各家水泥廠幾乎都有外移大陸或南進的計畫，而台灣未來所需，勢必得仰賴進口。（鄭林鐘）

國圖台灣分館提供

灣水泥公司高雄廠的前身為1914年創立的「淺野水泥株式會社」,淺野從1917年開始生產,是台灣第一家水泥廠.

運石灰石、玻璃砂等工業原料,是新竹「內灣線」小火車的主要功能之一,1977,徐仁修攝.

臺灣水泥公司

7 台灣水泥公司廣告,1965.（遠流資料室）

洋房水泥

增設運輸機構・提供直接服務

新型車輛
運輸量大
無分遠近
如期送達

8 洋房牌水泥廣告,1971.（遠流資料室）

洲水泥公司玉山石礦場纜車運載碎石的景象,1998,新竹,小川攝.

美援年代

台灣的20世紀後半，是敗也戰爭、成也戰爭。國共內戰讓國府丟了大陸，也丟了美國的支持，使得台灣陷入一片黯淡；而韓戰帶來美援的恢復，卻又讓台灣浴火重生。

1950年韓戰爆發，美國擔心萬一台灣也被赤化，西太平洋局勢便難以控制，因此恢復對台的軍經援助，直到1965年。

這是台灣經濟從農業向工業起飛的關鍵。

每年價值一億美金的美援，無疑是台灣經濟發展的及時雨。我們靠它進行土改，用農林、工礦、台泥、台紙四大公司的股權來跟地主換土地，完成從三七五減租到耕者有其田的每一個重大計畫。不但振興了農村，同時也將地主的資本往工業移轉，台灣的工業於是發展。

我們用它完成兩個「四年經建計畫」，奠定了台灣輕工業發展的基礎；用它安置退除役官兵，開闢中部橫貫公路；還用它辦理公費留學，造就人才。台塑、台視和裕隆在這段期間創立，石門水庫在這段期間竣工……美援，帶給台灣的，絕對不只是麵粉袋大內褲！（鄭林鐘）

【美援來了！】這是1951年美援物資抵基隆港的景象。在那個民生凋敝的年裡，美援確實發揮了正面效益。不過，隨援助物資到來，美國也積極介入國府運作其中功過得失的故事還長著呢！（鄧秀璧攝

莊永明提供

2 食品加工是1950年代工業化的重點項目,圖為牛奶加工廠,圖像取自1965年空飄傳單.

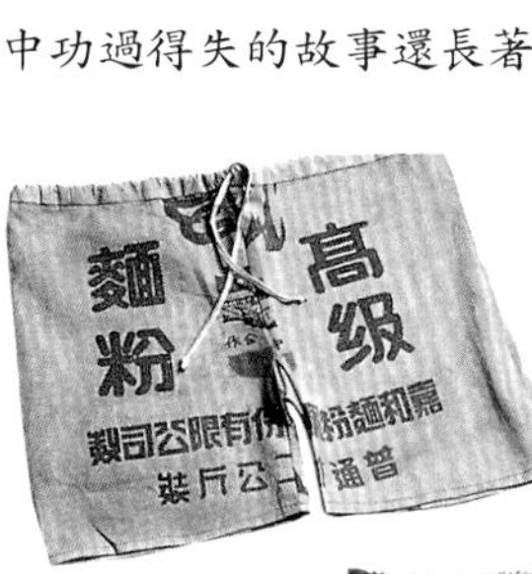

5 美援麵粉袋做成內褲,約1960年代.
(簡義雄提供)

莊永明提供

1 從戰前到戰後,鳳梨加工廠的生產線依舊忙碌,圖像取自1965年空飄傳單.

遠流資料室

3 泡麵的老祖宗約1960年代.

遠流資料室

4 味全是國產奶粉第一家,1965年廣告.

遠流資料室

6 我們的工廠是「美援認定」的喔,1954.

7 美援麵粉袋,約1960年代.

高級衫與原子褲

美援帶動了台灣紡織業的發展。早年，我們穿麵粉袋大內褲，後來，我們漸漸有了三槍牌洋房牌天鵝牌的內衣，還有否司脫和史谷脫的襯衫。

「人造絲」新鮮問世的時候，洗幾下就縮成七分褲的棉織品，只能拿來響應克難運動，孩子們夢寐以求的是太子龍學生服，而且還要「強力」的。原子襪不吸汗、生腳氣，誰會在意？就像現在掛上e字就賣錢一樣，那時節，有「龍」有「原子」，才能吸引消費者！（鄭林鐘）

中央社提供

松山機場,手持各廠牌小旗子的商展小姐們等著飛機起飛,準備前往金門勞軍,象徵著台灣的民生產業也已起飛,1959,陳永魁攝.

遠流資料室

67年台南紡織的太子龍問世.

莊永明提供

⑫紡織工業是創造台灣經濟奇蹟的主力,圖像取自1965年空飄傳單.

小川提供

⑬天鵝牌曾經在1970年代大受歡迎,圖為1971年商標.

遠流資料室

⑭三槍牌商標,約1950年代.

⑰天鵝小姐推銷天鵝牌服裝,1956,羅超群攝.

遠流資料室

60年代的司麥脫襯衫廣告.

莊永明提供

人擁戴的否司脫先生,約1960年告.

遠流資料室

⑮遠東紡織廠廣告,1951.

⑯台化的台麗朗人造絲反映出紡織工業的進程,1968.
（工業設計雜誌社提供）

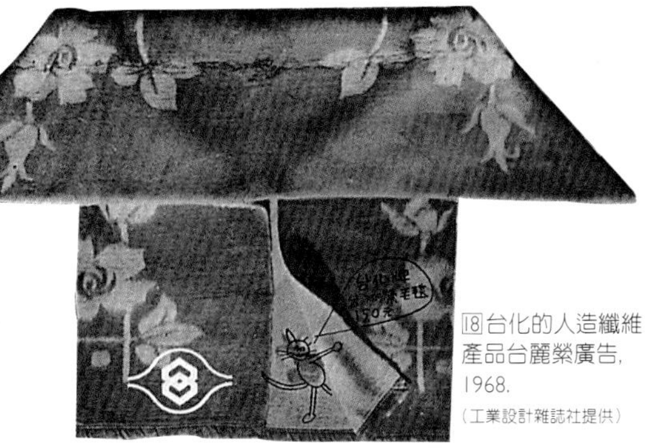

⑱台化的人造纖維產品台麗榮廣告,1968.
（工業設計雜誌社提供）

家電家電 國貨好

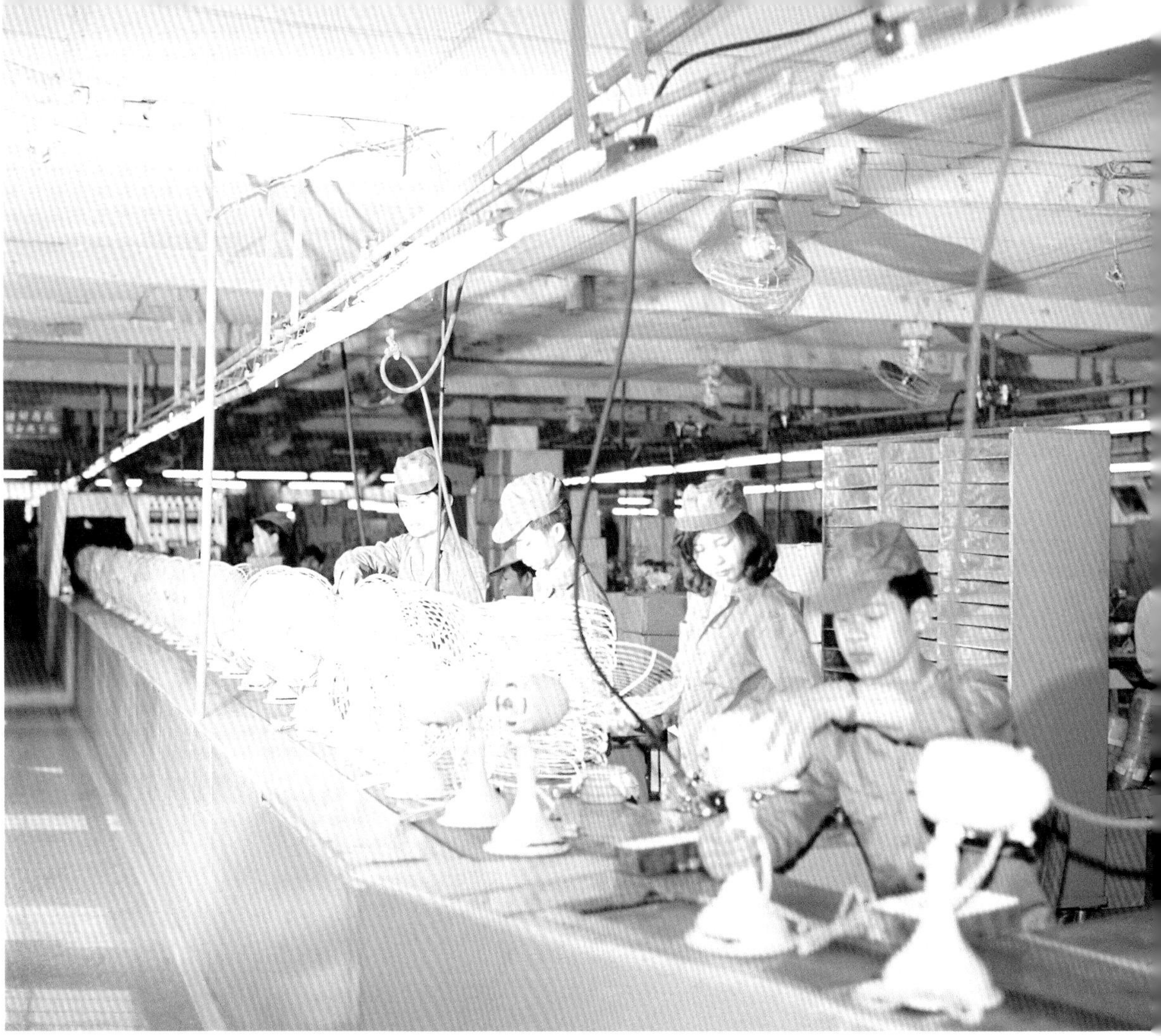

雖然我們總甩不開追求「日本製」、「美國原裝」的崇洋媚外情結，但是不可諱言，有一些東西，我們還是可以信任國貨的。譬如家電產品。

1949是一個突破性的年份，這一年大同公司終於突破技術瓶頸，成功製造出第一部國產馬達。隨後大同便從生產電扇開始，陸續生產電鍋和電視，家電時代到來。

第一代的大同電扇，一台要賣黃金一兩。可是才五年光景，它就已經外銷菲律賓，寫下台灣家電製品外銷的第一筆紀錄。

1960年大同電鍋誕生，按刻度給水，再按下煮飯鈕，香噴噴的飯就自動煮好，連小男生都會煮；暢銷的程度不只家家一台，更是留學生出國時必備的「吃飯傢伙」。

1962年台視開播，大同的黑白電視也推出問市，每台定價9,800元，幾乎是當時中學教員月薪的十倍，但照樣供不應求。

在政策推動「出口擴張」的1960年代，我們既擁有製造能力又擁有競爭優勢的家電製品，著實發燒發燙了好一陣子。

於是，不論是國人獨立開發，抑或是中外技術合作，國貨家電風行草偃。小學生最愛比誰家的「電○○」最多，新娘子最時髦的嫁妝是家電：聲寶、國際、三洋、歌林和大同不但是內銷熱門品牌，也時常成為「外銷績優廠商」。安內攘外，家電家電國貨好！（鄭林鐘）

【大同電扇裝配線】 1949年大同製造了台灣第一台電扇，它全身漆上草色，扇座扇葉都是鐵製的。50多年來，除了扇葉改爲塑膠製以外，外型始終如一這不變的形象，就這樣陪伴著我們渡過台灣的炎炎夏日，更成爲台灣跨世紀的家長青樹。圖爲1960年代大同電扇裝配線工作情景。（大同公司提供）

2 早期的大同機電廣告,1961.

1 大同寶寶,1987.（莊永明提供）

大同寶寶

大同寶寶可以做客廳擺飾、可以當小孩玩具，也可以當撲滿拿來存銅板。

他的頭大表示重視思考。頭上的錢孔代表創辦人林尚志先生的訓勉：一元之節儉，乃為創業之原動力。手持橄欖球象徵爭取服務國計民生的機會以及送球入門的精神。雙腿壯壯一是要加強基礎建設，二要努力向前邁進，三則告訴你步行有益健康。最有市場價值的，則是胸前的數字，它顯示的是當時大同公司的創業年份。所以，如果你家的大同寶寶是51號，那就是第一代（大同公司創立於1918年，1969年大同寶寶誕生時，正是51周年）。不過，最值錢的是73號，因為聽說印錯位置，所以只流出2000個，物以稀為貴，趕快看看你是不是抓到至尊寶！

張素娥提供
3 1949年問世以來歷久不衰的大同電扇.

大同公司提供
4 同樣歷久不衰的大同電鍋,1965.

5 天線收音機,1970.

莊永明提供

期電視龕在裝飾十足的木框裡,靠四足站著,看完要把木門拉上,約1970年代廣告.

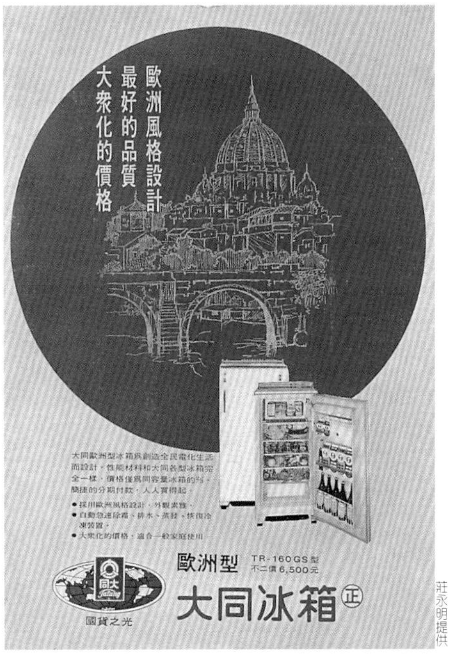

莊永明提供

7 冰箱走入家庭後,食物更耐久藏,夏季裡我們也才有消暑良方,圖為大同冰箱廣告,約1970-80年代.

電火・電球・日光燈

「電火球仔」的照明度很低，但是它存在我們記憶深處的模樣卻很清晰。

小小的、昏黃的燈泡，燈座上頭有一個小拴，扭一下燈亮，扭回來燈熄；如果一燈高懸，那就有一條細繩垂掛下來，拉一下燈亮，再拉一下燈熄。然後大人緊張兮兮地告訴我們：「不要一直拉，會壞去！」

日光燈的出現，掀起一陣更白更亮更省電的風潮，老人家還記得，1956年旭光牌日光燈問市的時候，買一支「旭光」的價錢可以買30個燈泡，會花掉一般人四分之一個月的薪水，簡直就是「高科技產品」。

本欄圖像均屬遠流資料室

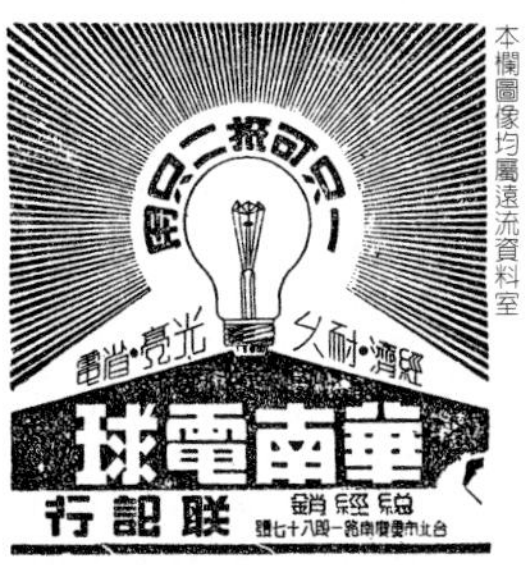

15 燈泡早年稱「電球」,1949.

16 自電牌燈泡,1963.

17 台電牌燈泡廣告,1953.

18 旭光牌日光燈廣告,1963.

19 新亞牌日光燈廣告,1962.

品質優越・機種特多・歡迎選購!
國際牌電化製品
最時髦的嫁粧!

8 當年最時髦的嫁妝是這些家電製品,約1970年代.(遠流資料室)

9 不叫「新力」叫「蘇妮」的SONY收音機,1962.
(莊永明提供)

10 國際牌手提錄音機廣告,1974.(王紹中提供)

20 東亞牌日光燈廣告,1964.

聲寶牌

聲寶商標的字形設計像是通上電,充分表現出電器時代的特色.
(遠流資料室)

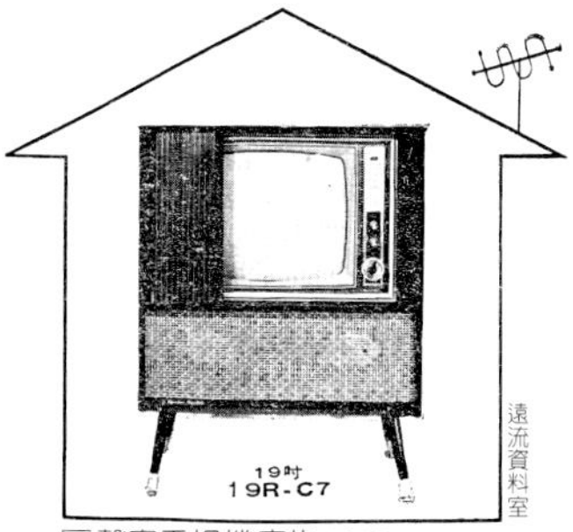

遠流資料室

13 聲寶電視機廣告,1965.

12 大同紅外線遙控器廣告,1978.(王紹中提供)

莊永明提供

14 大同彩電廣告,約1970年代.

21 新竹日光燈管製造廠,1956,李壽康攝.
(中央社提供)

1 副總統嚴家淦參觀商展,摩托車小姐金光閃閃,1969.3.11,陳漢中攝.（中央社提供）

兩輪世界

日治時代談車，我們有牛車腳踏車人力車輕便車以及糖廠小火車，但是談到「台灣製造」的「車輛產業」，彷彿搔禿了腦袋瓜子也談不出個所以然。沒有機車廠、汽車廠，台灣至少也有單車廠吧，那當然！不過，一來本土品牌尚未建立，二來只要一碰到比較精密的技術，我們就必須仰賴外援，光是一個小小的磨電燈（一種藉由腳踩輪子→輪子摩轉磁棒發電而使車燈亮起的小裝置，要用時按下去貼緊車輪受摩擦，不用時再扳回），國產車就造不出來。

一直要到1954年，三陽汽車前身，三陽電機廠才終於研製磨電燈成功。那一天，年輕的三陽老闆張國安興奮地亮著車燈一直騎到深夜三、四點。

也就是在這一年，台灣腳踏車業才陸續出現大東、台灣、台機和伍順等四大品牌。

1962年，三陽機車上市，隨後又有光陽、山葉……就像大同電鍋，「野狼125」變成另一個時代的經典，時髦的「歐多拜」也成了最拉風的嫁妝。

兩輪世界，滾動著我們不少回味。（鄭林鐘）

【文車武車，有美人相配的才是香車】

不知是什麼時候傳下來的「定律」，只要是新車發表，不論是機車汽車、文車武車，都是美人相配的香車。第一部國產汽車問世的1950年代有名歌星代言，百齊放的1990年代少不了辣妹。

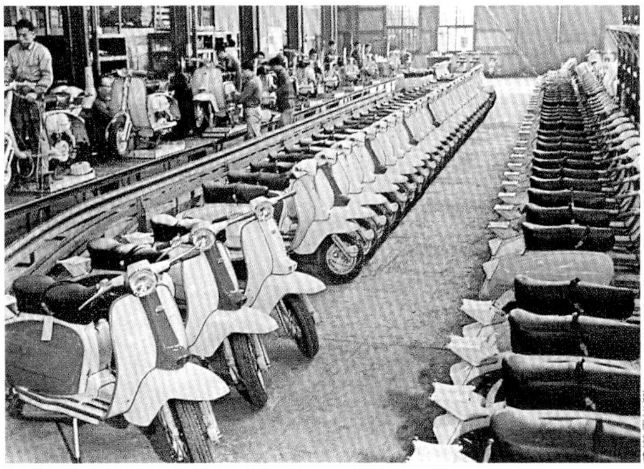

2 機車生產線的最後成果,圖像取自1965年空飄傳單.

3 行走台灣的機車,來自德國的並不多見,1965.

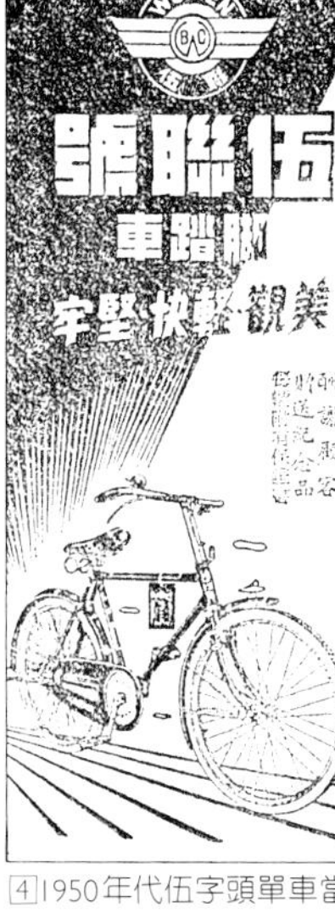

4 1950年代伍字頭單車當道.

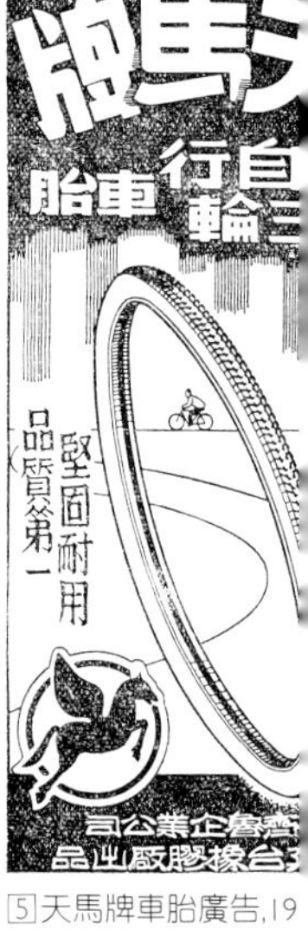

5 天馬牌車胎廣告,19

6《台灣新生報》光復暨創刊16年的特刊廣告上,腳踏車、機車、汽車,什麼車都有,1961.

中央社提供

露50年代風情的裕隆車展小姐,1957.4.26. 滕乃強攝.

莊永明提供

60年裕隆首度裝配製造小汽車,圖攝於1965.

莊永明提供

9 裕隆汽車創辦於1953年,早期出產的汽車種類琳瑯滿目,1961.

裕隆開路

買一部車要30年不吃不穿，誰來買？沒人買，你還做?!但偏偏就有一個叫做嚴慶齡的人決定不計一切要「把中國人的汽車裝上輪子」。

1950年代美援恢復，台灣的工業找到了紮根的基礎，經濟部長尹仲容四處鼓勵企業家們往工業的路上走。他雖鼓舞王永慶辦台塑，卻勸阻嚴慶齡辦汽車廠，因爲通常國民所得超過500美元的國家，人民才有能力買車，而當時台灣的國民所得才只有86美元，以這種條件搞車廠，實在太冒險！

不過，嚴慶齡也並非貿莽撞。民間確實沒市場，但軍方與公務機關卻必須用車，如果國人能自製，政府沒有不用的道理；所以，裕隆選定吉普車，鎖定軍方與政府市場。

1953年「裕隆機械製造股份有限公司」的招牌在台北市信陽街16號正式掛上。1957年10月，台灣第一批國產車從台北開向高雄，是裕隆的車、是吉普車，它們帶著名歌星紫薇甜美的笑靨，還帶著一路圍觀的興奮民眾。

1960年代開始，政府輔導三輪車伕轉業開計程車，裕隆再度抓住時機，瞄準計程車市場，推出「青鳥」轎車，成爲引領一代風騷的車種。當凌波和樂蒂飾演的梁祝在戲院內賺人熱淚的時候，戲院外也佇候著計程青鳥。

1986年光復節，是裕隆另一個驕傲的日子。第一輛國人自行設計開發的新車——飛羚101上市。後來「飛羚102」甚至還曾外銷荷蘭，成爲第一部登陸歐洲的國產車。裕隆上路，台灣的汽車工業也開步。（鄭林鐘）

車展示,愈展愈辣,鄒宗翰攝,
台北世貿.

1 1933-35年間的出礦坑油井.(簡義雄提供)

7 1920年代的台灣電力株式會社標誌.(遠流資料室)

2 氫重油煉油廠廣告,1977.(遠流資料室)

3 中油標誌遍佈全台.(遠流資料室)

4 大台北瓦斯的廣告,1971.(遠流資料室)

莊永明提供

5 台灣瓦斯株式會社股票,1934.

全球最老的在役油田在台灣

如果沒有石油，台灣的車輛產業是怎麼樣也「輪轉」不起來的。

小小的台灣不是耀眼的產油國，但是陸上油井卻有70口之多。在中油公司還沒接收之前，日本人經營的石油會社和瓦斯會社，就已完成了大部分的探採、配送與管理工作。

1986年，新竹外海的長康油氣田開始生產，台灣海域油氣的開發，也成功寫下了第一章。

有趣的是，你可知道，我們的油氣開發，也保有一項「世界第一」？美國賓州的德瑞克（Drake）油井，鑽探於1859年，是全球第一口油井。而苗栗出礦坑油井只比它晚……年即於1861年開採，……產40公斤。

不過，德瑞克油井如……僅供參觀，已不生產，……出礦坑油氣田卻還在……探、開發、生產。

在今天，問哪裡是地……上最古老的在役油田，……家的眼光，可得一致向……灣的出礦坑照過來。

（鄭林鐘）

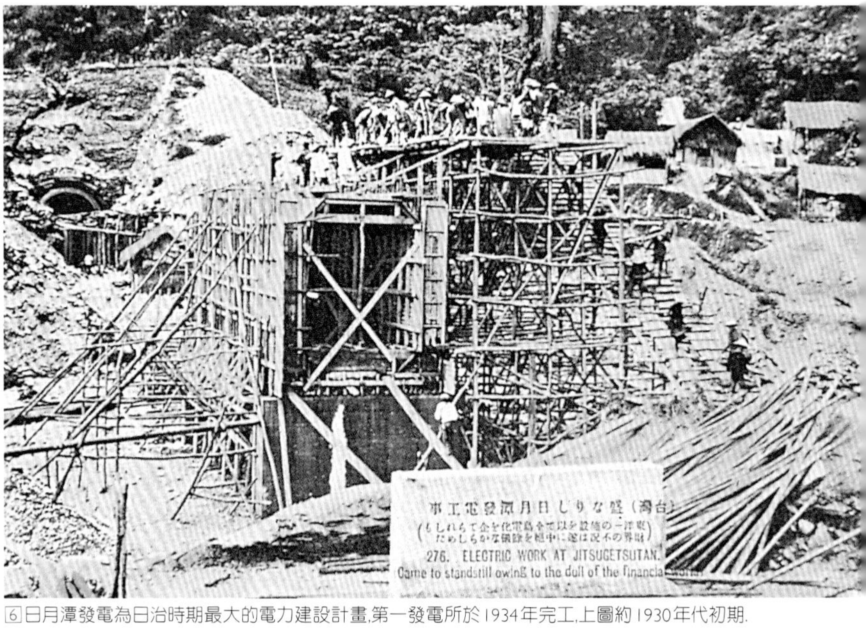

6 日月潭發電為日治時期最大的電力建設計畫,第一發電所於1934年完工,上圖約1930年代初期.

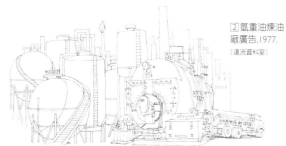

粗坑發電所】1905年8月，新店龜山水力發成立，是日人所設的第一個電廠。兩個月後台北始供電，從此，隨著各地電廠陸續設立，入夜後灣愈夜愈亮，工業的巨輪也推動起來。圖爲1909於龜山發電所附近的小粗坑發電所，至今依舊屹新店溪畔，繼續運轉。（莊永明提供）

8 1943年的全台耗電量統計圖.（莊永明提供）

灣電力株式會社原貌,原址現為國防部,當年提供power,現在盤據power.約攝於1919.（莊永明提供）

灣來電

力爲工業之母。

灣來電，始自劉銘傳，夜幕低垂下的台北開始有電火照明。

山水力發電所成立於年，是日人在台灣設第一個電廠，1909粗坑發電廠設立。較城市與偏遠地區則開營電氣會社供電。年8月成立台灣電力株式會社，進行斷斷續續長達15年、耗資6,400餘萬日圓的日月潭水力發電工程。第一發電所完成於1934年，發電量是當時全台發電量的兩倍。學者評價，說它「播下台灣工業化的種子」。1930年代中期以後，日人開始推動台灣工業化、南進基地化，日月潭發電所正可提供相關發展所需的電力。

太平洋戰爭期間，台灣的電力設施有部分受損。1946年，隨著日本戰敗，日籍電力技師被遣返，此時台灣電力只剩戰前的1/3，形勢非常險惡。

1951年，台電員工在烏來發電所自力設計安裝了第一部水輪發電機，令美國人刮目相看，之後美援借款源源不斷提供給台電，終於穩住了台灣的電力基盤，奠下日後工業化的基礎。（鄭林鐘）

10 基隆八斗子安裝火力發電機,1954.7.6,鄧秀璧攝.（中央社提供）

核能電廠──從走路有風，到滿城風雨

有好長一陣子，學校的教科書不斷告訴我們的孩子，原子彈摧殘生靈很可怕，但是如果把核子研究放在和平用途上，那可是造福人類的功德，譬如──核能發電。然後，清大核工系成了聯考的前頭志願，核工人走在時代尖端，走路都會起風。然後，從1978到1985年，小小台灣已經有了三座核能電廠，全民鼓掌。

可是，1986年4月底，前蘇聯車諾比爾核能電廠四號反應器發生水蒸氣及氫氣爆炸，放射性物質大量外洩，一棒打翻了台灣同胞們對核能的憧憬，核電廠海域的「秘雕魚」、白珊瑚都是問題。核四廠能不能建，大家開始懷疑，甚至反應爐沒狀況，政治風暴也已經鬧得不可開交、無以收拾。

11 核能發電紀念郵票及首日封圖像（下圖）,1978.4.26.（莊永明提供）

12 國立清華大學原子爐落成紀念郵票,1961.12.2.（莊永明提供）

70年代，重拳出擊
開發石化與鋼鐵

1970年代的台灣，飛龍有沒有在天，我們沒得查考，但是，地面上卻眞的到處都是龍：尼龍、特多龍、太子龍……無論大城小鄉，飛龍無處不在。我們沒有回到侏羅紀，我們只是碰上一個石化業最風行的年代。

人造纖維做的是最流行的原子衣、原子襪、摔不壞的塑膠碗筷、透明的塑膠皮帶、輕便耐穿的塑膠鞋和其他「普拉幾古」（塑膠plastic 的日式發音）製品，到處以「龍」爲名，到處風行。

雖然中纖在1954年、台塑在1957年、南亞在1958年、台化在1965年都已陸續創立，石化原料的需求仍因已經打開的紡織與塑膠加工製品外銷市場而日益殷切，大量仰賴進口。加上美、日等主要工業國家普遍因公害問題而停止石化廠的擴建，石化中間原料進口因而轉趨困難。爲了解決這個問題，便得建立自給自足的石化工業；石化因而成爲1970年代十大建設的主要項目之一。

從輕工業轉型重工業的年代，除了石化，另一齣重頭戲就是鋼鐵——煉鋼與造船。煉鋼和造船工業在戰前就已經展開，但台灣造船業引起國際重視，卻要到1962年般格斯台灣造船公司承製36,000噸級油輪以後。煉鋼則從拆船及電爐煉鋼起家，以1960年代外銷越南及泰國而成功奠基。1976年中船完成建廠、1977年中鋼加入生產，都成了台灣「產業升級」的指標。

今天，石化與重工形成高雄地區的景觀特色，但公害的問題也隨之嚴重，交棒的功課，正嚴重考驗著我們的智慧與魄力。（鄭林鐘）

1 台肥出品的農友牌農藥標誌,1968.(遠流資料室)

3 台肥公司成立於1946年,戰前為日資,戰後轉國營,圖為台肥新竹廠開工情景,1951.3.18,秦凱攝.

2 台灣鋁廠的工人正在推送鋁錠,台鋁前身為「日本鋁業株式會社」,戰後由經濟部接收改為國營,1951,高雄,秦凱攝. 中央社提供

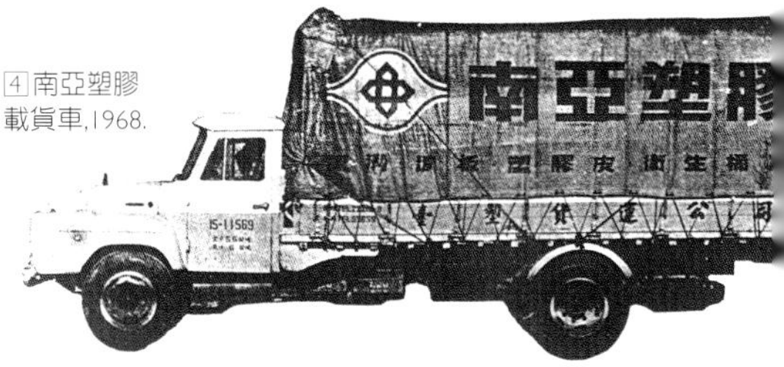

4 南亞塑膠載貨車,1968.

石油化學ABC

石油可以提高吃的品質？聽起來很不可思議，但這是石油化學變的魔術。石化業的「功課」，是把石油或天然氣變成如塑膠、纖維之類的材料，再將這些材料加工成為鞋子、衣服等日用品。它的上、中游稱為「石化本業」，包括了石化原料、化學肥料、人造纖維、合成樹脂及塑膠等行業。下游則稱「石化依賴業」，涵蓋的行業包括油漆、清潔用品、人造纖維、紡織、橡膠製品等。那為什麼會和吃有關呢？想一想，我們吃的米、菜、水果，哪一種沒用到化學肥料呢？

5 石化工業郵票,1976.(莊永明提供)

中央社資料照片,1988.（中央社提供）

船變鋼板】1988年，美國海軍航空母艦香格
號拖著巨大的殘影向高雄港前進，不是來協防巡
也不是來加油補給，它，是來作最後價值的貢獻
拆解：船身化作鋼板，裡裡外外的器具和擺設變
行各業「拾穗」的好材料。那個年代，航海界誰
道高雄是「拆船王國」！

莊永明提供

6 大煉鋼廠郵票,1976.

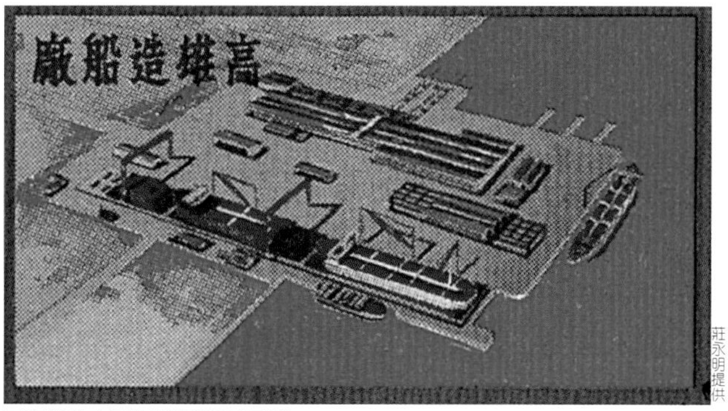

莊永明提供

7 高雄的中國造船廠郵票（局部）,1977.

船王國

65年開放廢船進口的
，高雄大仁宮沒有趕
一波拆船熱潮；甚至
968年台灣拆船規模
全球第一的時候，它
有完成熱身，但是憑
種優越的條件，後來
，竟成了全台灣最大
船解體場。

船解體是取得鋼材的
管道之一。爲了輔導
業，政府在1965年
廢船進口，同時還頒
獎勵進口舊船加工輔
法」，高雄港便以優
地理環境、行政資源
廉的人工成本等優勢
，吸引國外的舊船源
斷開到南台灣解體。
始是二次大戰末期的
沉船，後來本地的舊船也紛紛加入行列，規模愈做愈大，到1968年竟然躍居世界第一。

大仁宮拆船區創建於1975年，1979年至1981年間最爲風光，在這「黃金三年」，24座碼頭停泊的待拆廢船數量，幾乎都維持在40艘的飽和點，30餘家拆船公司從早到晚人聲鼎沸，機器操作的刺耳聲不絕於耳，一萬餘名工人揮灑著汗水，供應出平均每天一萬噸左右的鋼板給煉鋼廠當原料。

拆船的收穫還不止鋼板一項，解體船上堪用的物品可說應有盡有，前來選購的人潮也是絡繹不絕。如今拆船業已經風光不再，但是走在小港、旗津一帶，還是有寶可尋。（鄭林鐘）

莊永明提供

8 唐榮鐵工廠1940年成立於高雄,早年曾得「北大同、南唐榮」之名,1962年改為省營事業,圖為工地現場,1965.

台灣製造通四海

出國旅行，想買個「當地」的紀念品，沒想到回到台灣後卻發現那是一個MIT（Made in Taiwan）。

從1960年代開始，MIT就繞著地球跑跑跑。一個無限上綱的「出口擴張」政策，可以為了外銷，不惜將新台幣貶值，把對美元的匯率固定在40比1，讓MIT更便宜、好競爭。

大型的紡織、家電、合板工廠，有應接不暇的訂單；小小的家庭工廠，也在加工帶給美國小孩歡樂的聖誕燈。工廠的大門，一年365天掛著「誠徵作業員」的牌子。考大學塡志願，理工組拚電機，法商組渴求攀上台大國貿。外銷，讓我們無論走到哪兒，都可以遇到一個叫做MIT的故知。（鄭林鐘）

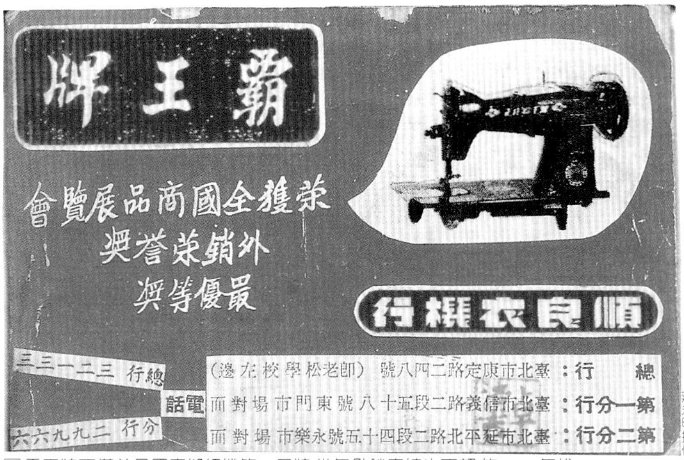

莊永明提供

1 霸王牌不僅曾是國產縫紉機第一品牌，當年外銷實績也不賴，約1960年代.

遠流資料室

2 旭光牌日光燈照亮國內，也照亮海外，1965.

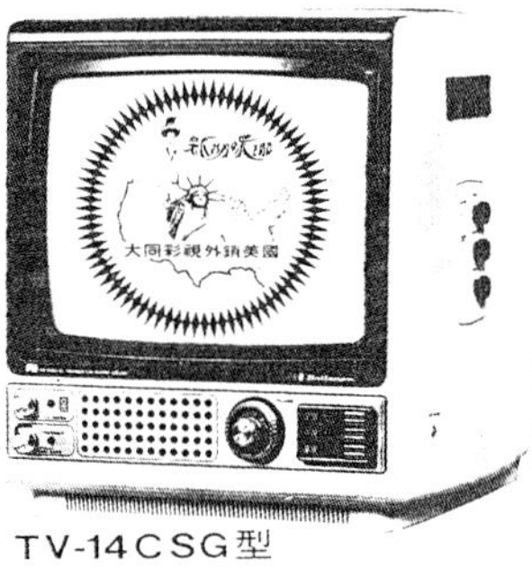

遠流資料室

3 大同彩色電視也標榜外銷美國，1976.

4 小型五金工廠以人力進行產品包裝，約1980年代.

【下班時刻的高雄加工出口區】 機車大軍，以傾巢而出的陣式
整條大街，他們不是廝殺、也不是抗爭，他們只是下班的高雄加工出口
業員。原料、零件、設備進口免關稅，出口不必辦退稅，種種優惠，讓
出口區成了投資設廠的大磁場，可以提供一萬多個就業機會，卻招徠三
人，怎一個旺字了得！（1980年代初期，李文吉攝）

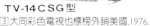

界第一非COPY!

灣拿世界第一，可不孩打棒球一項。

從外銷起飛，台灣的家們就不斷在創造世一。捷安特是自行車，肯尼士在網球拍的世界稱王，普騰音響那支Sorry Sony的廣告，眞的讓Sony很Worry……。

南亞是世界第一塑膠原料加工廠，奇美是世界第一ABS廠，台積電是世界第一晶圓代工廠，長榮是世界第一大貨櫃海運公司……。

洋菇、蘆筍的加工產量世界第一，製傘、製鞋占有率全球無敵；曾經，地球上每五個人之中，就有一人腳上穿著MIT的鞋。誰是創造台灣經濟奇蹟的幕後英雄？答案絕對不是「copy啦！」。因爲我們不但拿第一，而且用自己名號拿第一！（鄭林鐘）

外貿協會提供

…都是「台灣製造」的最佳產品,1992.

Made in Silicon Valley, Taiwan
PHILIPS

8 外貿協會廣告：矽谷電腦,台灣製造！1995.（外貿協會提供）

9 世界第一品牌捷安特自行車,1992.（外貿協會提供）

Excellence, Made in Taiwan

外貿協會提供

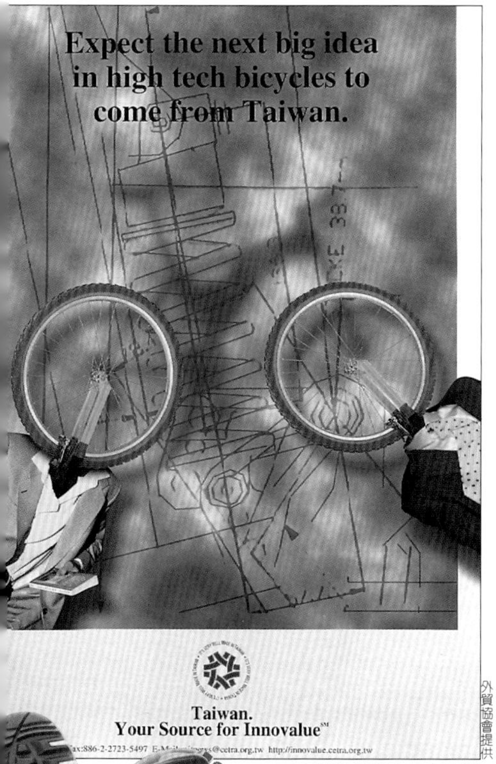
Expect the next big idea in high tech bicycles to come from Taiwan.
Taiwan.
Your Source for Innovalue℠
外貿協會提供

6 最好的腳踏車來自台灣 1992.

7 最好的登山鞋來自台灣 1992.（外貿協會提供）

Made in Wimbledon, Taiwan.
Made in Pikes Peak, Taiwan.
Made in Rome, Taiwan.
Made in Wall Street, Taiwan.
外貿協會提供

10 隨著工業化的推展,台灣開始要求品管.1969年經濟部開始推廣㊣字標記,往後,有越來越多的產品貼上這個標誌.1980年代台灣儘管被批評為「仿冒王國」,但產業轉型的努力也一直在繼續,朝台灣精品的路邁進,圖為1995外貿協會的台灣精品廣告.

台灣NO.1 ＝世界第一

20世紀的歲月裡，台灣有無數產業曾為我們贏得「世界第一」的頭銜。人稱「藥王」的樟腦，是台灣第一個「世界第一」。1960年代，隨著台灣工業起飛，鞋子、雨傘、毛衣、網球拍、合板、螺絲、縫紉機、自行車、電扇、聖誕燈泡、黑白電視機、計算機、拆船、廢五金等產業，都曾讓台灣登上「世界第一」寶座。到了1990年代，高科技產品如滑鼠、鍵盤、掃瞄器、監視器、主機板、網路卡、數據機等，都是繼續讓MIT名號傳遍全世界的產業新盟主。

科學園區 研發製造

1 新竹科學園區的資訊展示區影像牆,1999,陳炳勳攝.(數位時代

WHAT'S NEXT？

1970年代，當台灣商人行銷出世界第一的自行車、網球拍與塑膠鞋時，科技人員也由海外帶回半導體、PC產業的種籽。

1976年神通與宏碁電腦創立，1979年資策會掛牌，1980年新竹科學園區成立，同年王安電腦和聯電創立，1987年台積電創立……，一家一家日後在全球高科技市場金光閃閃的廠牌，在資策會與竹科等兩個極具效率的政策推促機構的相扶相持下，和美國矽谷巨人攜手，自信地將台灣產業帶入數位時代。台灣產製的數位產品接下紡織、家電、玩具、製鞋等傳統輕工業逐漸褪下的光環，躍升成為台灣1980、1990年代產業舞台上的主角。和它們的老大哥一樣，MIT的數位製品很快就在全球市場取得舉足輕重的地位。1998年台灣電子業供應了全球96%的掌上型掃描器、60%的電腦主機板、54%的顯示器、43%的筆記型電腦、37%的網路卡以及超過20項世界第一的科技產品。

人們還發現，當網際網路時代降臨，語言變成決定電子商務的成敗關鍵，擁有全世界最多使用人口的中文，立即竄升為第二大最有商業價值的語文，「21世紀是中國人的世紀」之說，過去也許是一種挑動民族自信的鼓舞，現在則是可預見的事實。

在21世紀，台灣的產業舞台還會再出現什麼新的主角？在過往的餘味中，我們期待新的芬芳。

（鄭林鐘）

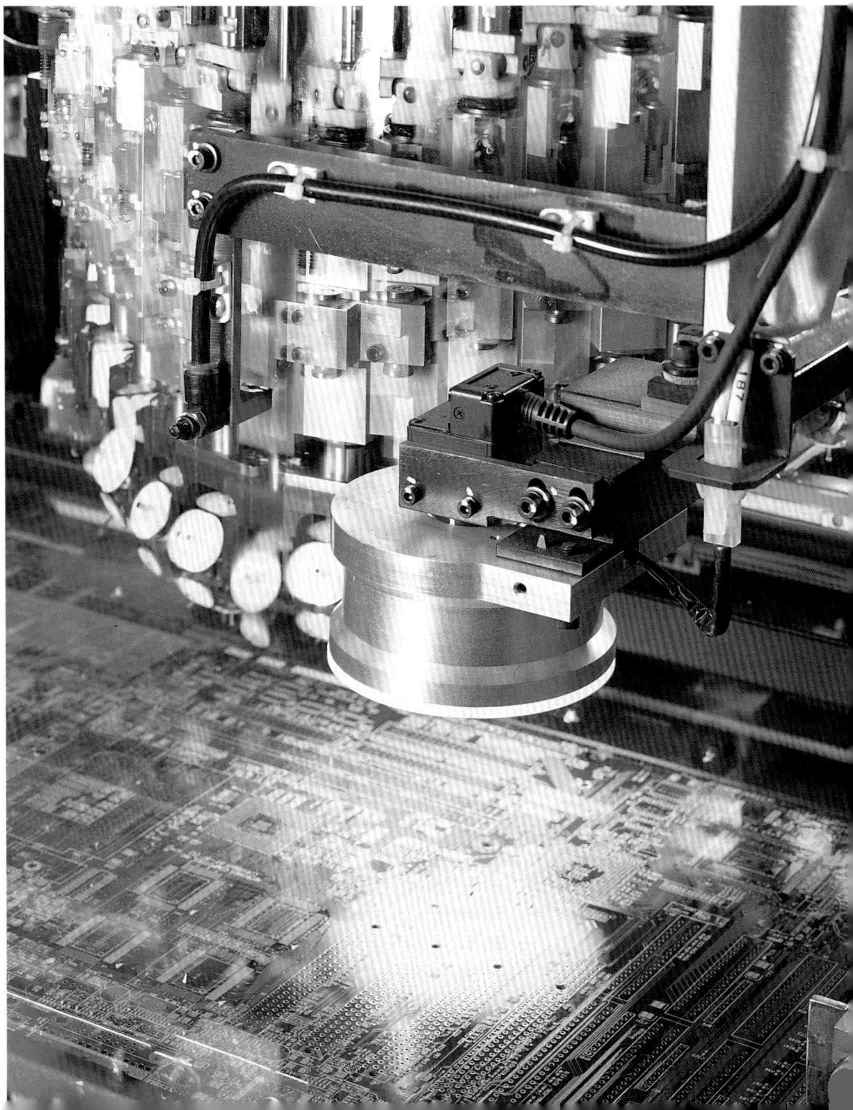

2 表面接著技術SMT處理情景,1997.
（華泰電子成品事業中心提供）

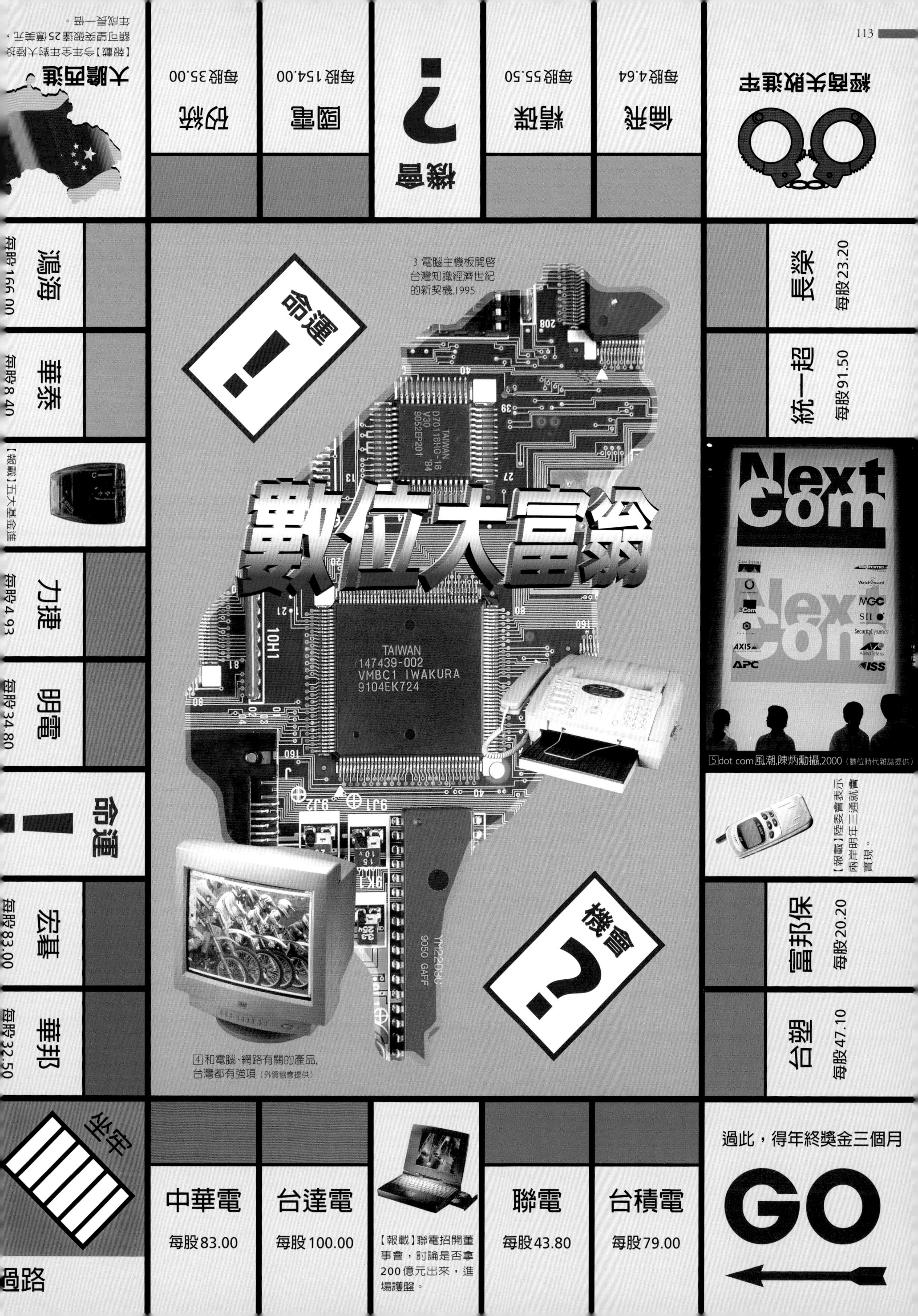

3 電腦主機板開啓台灣知識經濟世紀的新契機,1995

4 和電腦、網路有關的產品,台灣都有強項（外貿協會提供）

5 dot com風潮,陳炳勳攝,2000（數位時代雜誌提供）

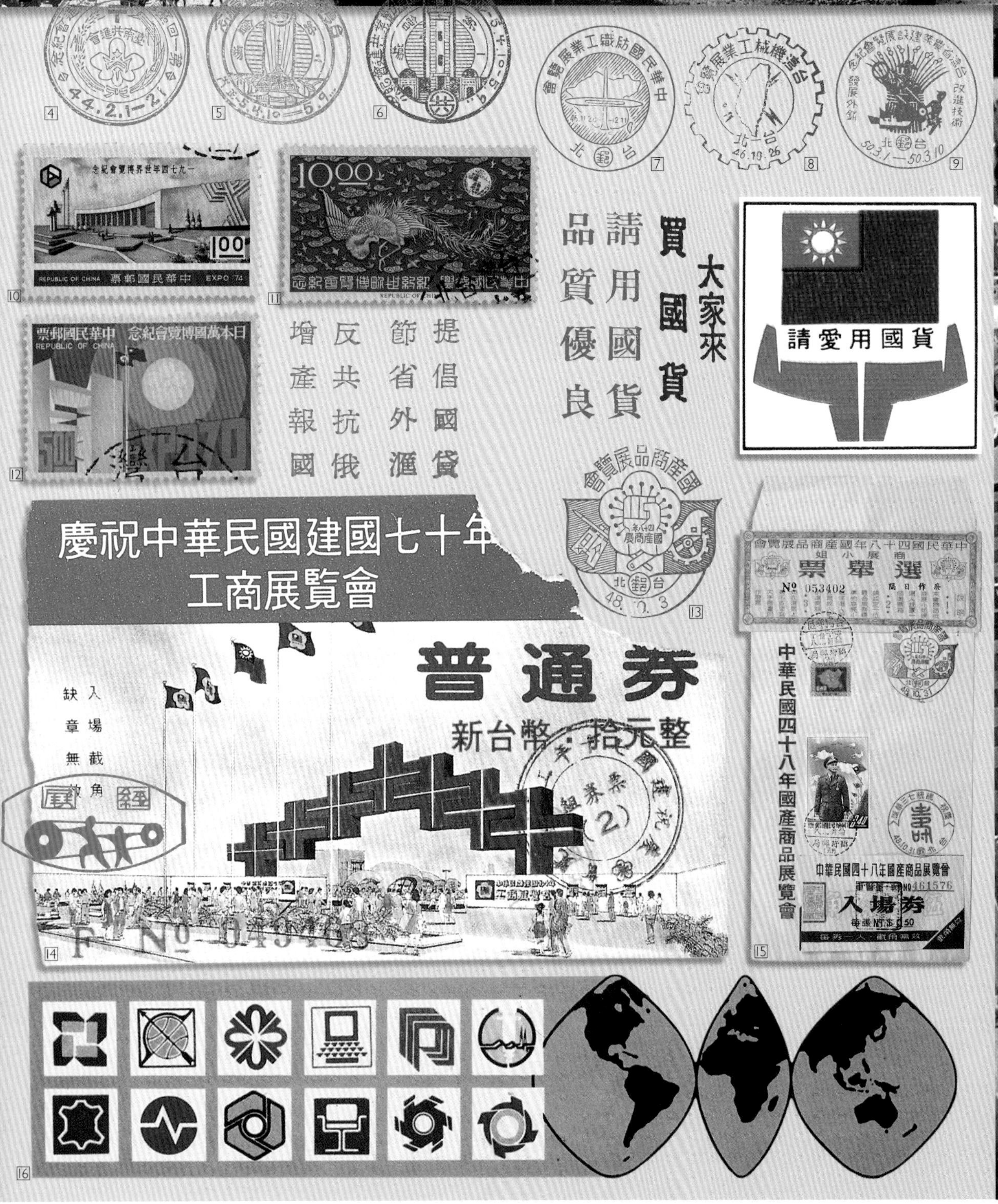

拾穗，在百年產業的風華過後

回味百年產業更迭的田園
在一畦一畦的收成後，
總還有些值得你我拾穗
……

新辭彙・舊時語

【糖業改良】台灣總督府糖業局長新渡戶稻造於1901年提出「糖業改良意見書」，在他所提出的蔗作、製程及市場等方面的相關規劃之下，製糖業迅速發展成日治時代台灣的最大產業。

【塑膠年代】1957年，台塑在高雄市舉行開工典禮，台灣邁入塑膠時代，台塑是東南亞首家塑膠生產商，生產聚氯乙烯PVC。從政府保護的新興企業起步，至今已成獨霸兩岸的台塑王國。

【請愛用國貨】在進口大於出口的年代，政府為撙節外匯而提出的口號，同時也倡導工、農產品自製，以提升台灣經濟的競爭力。

【MIT】台灣在工業化後，先憑藉著廉價勞力優勢，發展勞力密集產業，並讓產品開始行遍世界，勇項「世界第一」。隨著產業升級與高科技產起，MIT的面貌開始改逐漸擺脫仿冒王國形象

【新絲路】在中國的台

產品，因品質優良在中國與俄羅斯間的「以物易物」貿易往來上，成為高價商品。這些Made in China的台灣產品經「新絲路」的傳遞，連在東歐都很受歡迎。

【台灣矽谷】 資訊產業是台灣1990年代的標竿產業，台灣資訊業的產值，也始終在全球占有舉足輕重的分量，但如何走出目前基本上仍以代工及低價競爭為主的發展格局，才是新的世紀裡建構「台灣矽谷」的關鍵。

把最好的擺出來——萬商博覽會

【圖片說明】 1 2 3 20世紀台灣規模最大的展覽會：1935年「始政40周年紀念台灣博覽會」展覽館,分別為產業館、林業館、礦山館.（國圖台灣分館提供） 4 第一屆台灣南部物產共進會紀念戳,1911.（國圖台灣分館提供） 5 6 台灣勸業共進會第一、第二會場紀念戳,1916.（國圖台灣分館提供） 7 中華民國紡織工業展覽會紀念戳,1957.（莊永明提供） 8 台灣機械工業展覽會紀念戳,1957.（莊永明提供） 9 台灣省農業建設展覽會紀念戳,1961.（莊永明提供） 10 強調環保議題的1974年世界博覽會紀念郵票.（莊永明提供） 11 紐約世界博覽會紀念郵票,約1960年代.（莊永明提供） 12 以「促進人類和諧」為訴求的日本大阪萬國博覽會紀念郵票,1970.（莊永明提供） 13 國產商品展覽會紀念戳,1959.（莊永明提供） 14 工商展入場券,1981.（莊永明提供） 15 商展小姐往往是商展上最花俏的焦點,圖為入場卷上的商展小姐選票,由觀眾票選出年度最佳商展小姐,1959.（莊永明提供） 16 中華民國外銷產品展售會標誌,1985.（莊永明提供） 17 經濟建設成果展夜景,吳呈芳攝,1964.（今日郵政月刊社提供） 18 19 經建成果展會場,1971.（莊永明提供） 20 1990年代以來最重要的商展基地：世貿展覽中心,資訊展向來是人氣最旺的展覽,1999,陳炳勳攝.（《數位時代》雜誌提供）

1

6

7

2

3

4

8

5

9

拾穗，在百年產業的風華之後

回味百年產業更迭的田園
在一畦一畦的收成後
總還有些值得你我拾穗
……

新辭彙．舊時話

【糖業人士】每個時代都有特定的行業被稱為「金飯碗」，製糖業在日治時代是頂尖產業，製糖會社的工資比一般工人高，是貧窮農家子弟的最佳選擇，「糖業人士」因而成為特定階層。

【罷工糾察隊】1920年代，台灣的工、農運已形成氣候，開始向日方或本地資本家爭取三八制、工作權等待遇。在許多勞資糾紛當中，勞方組織「罷工糾察隊」來運作罷工活動。

【孤女的願望】陳芬蘭唱紅的歌曲，述說1960年代台灣經濟轉型期間，農村女孩在城市工作的心情、處境與出人頭地的願望，當時能在城市工作寄錢回鄉下老家就好像寄美金一樣的珍貴。

【客廳即工廠】1972
經國組閣，任命謝東閔
灣省主席。謝東閔上台
「客廳即工廠，屋頂即農
口號，家庭手工業一時
風氣，也在石油危機的
裡，讓台灣經濟繼續發

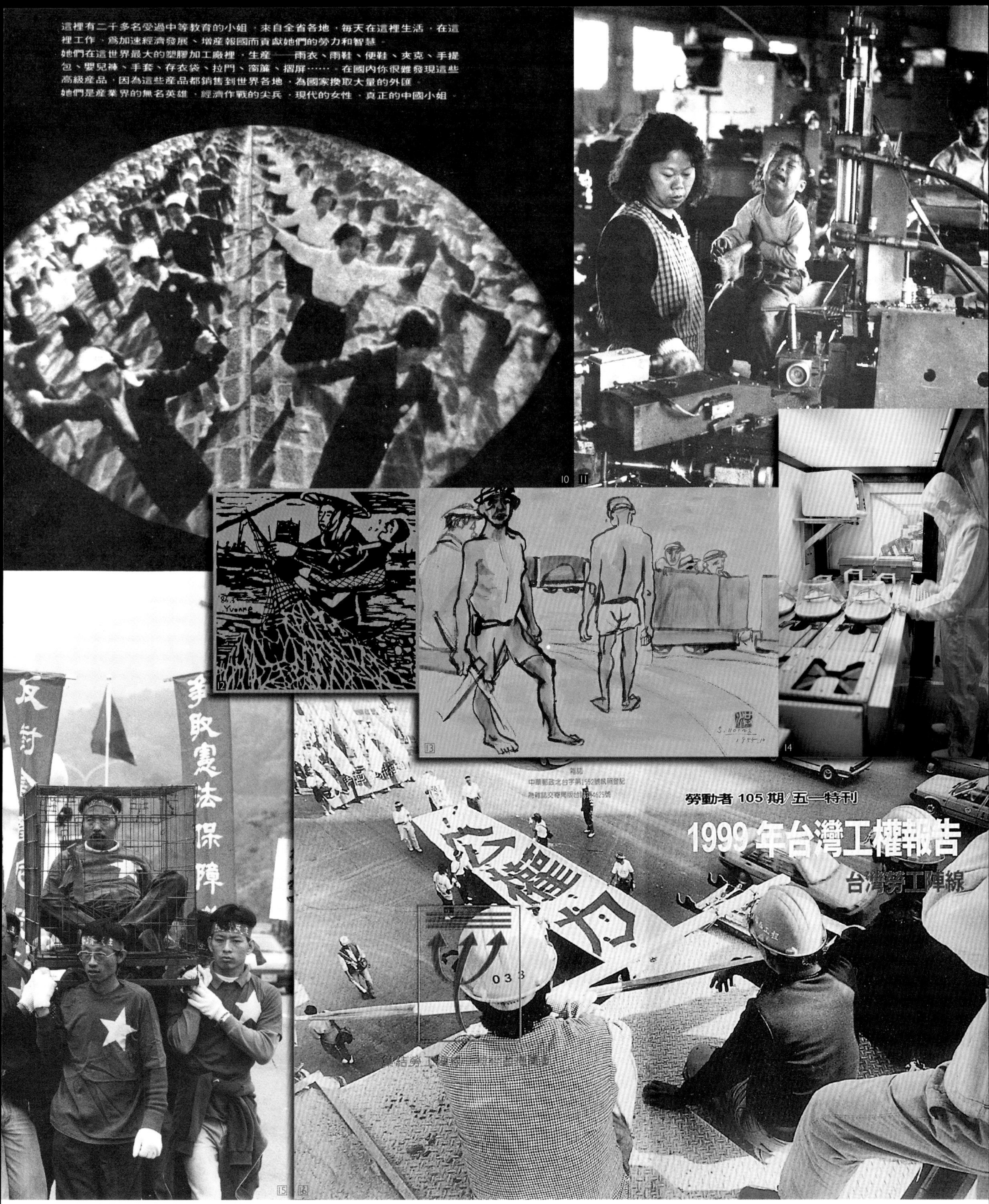
這裡有二千多名受過中等教育的小姐，來自全省各地，每天在這裡生活，在這裡工作，為加速經濟發展、增產報國而貢獻她們的勞力和智慧。
她們在這世界最大的塑膠加工廠裡，生產——雨衣、雨鞋、便鞋、夾克、手提包、嬰兒褲、手套、存衣袋、拉門、窗簾、摺屏……。在國內你很難發現這些高級產品，因為這些產品都銷售到世界各地，為國家換取大量的外匯。
她們是產業界的無名英雄，經濟作戰的尖兵，現代的女性，真正的中國小姐。
勞動者 105 期／五一特刊
1999 年台灣工權報告
台灣勞工陣線

20】5月20日是歷屆總統職日，不過1988年的520，千多位農民因抗議美國火、水果開放進口政策而至法院請願，結果發生警民重衝突事件，從此520也為抗爭的代名詞。

【高科技藍領】 雖然和電子資訊業的「科技新貴」一樣，同是頂著高科技產業光環，但這些在無塵室裡工作的藍領，所面對的其實是一個缺乏創意、超工時、壓力大與升遷不易的工作環境。

在辛勤中拾穗——台灣勞動者群像

【圖片說明】 1 農村風景,約 1960年代,羅超群攝. 2 踩水車,約 1920年代.（簡義雄提供） 3 鹽工,約 1920年代.（莊永明提供） 4 農婦：太平洋戰爭時期增產報國宣導照片,1940年代初期.（莊永明提供） 5 台北木工工友會同盟罷工得勝紀念,1928.（莊永明提供） 6 台中芭蕉市場,1930年代.（莊永明提供） 7 到田裡收割的路上,1966,林彰三攝. 8 溪中水牛和牧童,1977,埔里,姚孟嘉攝. 9 總統府前抗議的農民,1988,520農運,許伯鑫攝. 10 南亞塑膠廠女工,1968.（工業設計雜誌社提供） 11 女工和她的小女兒,1989.3.29,台北,宋隆泉攝. 12 捕魚網,林美瑢版畫作品,1986.（林美瑢提供） 13 礦工,洪瑞麟水墨作品,1957.（洪瑞麟家屬提供） 14 無塵工作室中的「高科技產業藍領」,1997,黃子明攝. 15 為爭取憲法保障,勞動黨黨員顏坤泉演出「鐵籠行動劇」,1989,潘小俠攝. 16 台灣勞工陣線以爭取工人合法工作權、生存權為目標,圖為1999年台灣工權報告封面封底圖像.（勞動者雜誌社提供）

金錢共和國

統治者的經濟政策，不論是「專賣」或「公賣」，都深深地影響到人民的生活，而金融措施更是無時無刻不和百姓生存條件緊密互動。

公營體制的獨霸市場，與私人企業的自由競爭，兩者之間的消長，未必完全牽制，但亦不無關係，從日治時期的「國防第一」到國府時代的「經濟掛帥」，台灣外匯存底的累積，與眾多傲世紀錄，可不是一天造成的！

「人二腳，錢四腳」，這句台語的意思是賺錢不易，然而「台灣錢淹腳目」能神速累積到今日的「台灣錢淹肚臍、淹頭殼」，絶非無因。

在金錢遊戲似乎成為全民運動的今日，從前的「儉腸捏肚」固然已不足取，然而，「向錢看」的終極視線又在何方？

己

金錢台灣

洪震宇 財經記者

1899年台灣銀行成立，同時發行台灣銀行券，
台灣人的金錢生活從此走上現代化。
統一的幣制與現代化金融機構陸續設立，逐漸扭轉了
台灣人傳統的金錢觀念，開始把私藏起來的錢存到銀行與郵局。

地下破瓦罐

數百年來，由於統治台灣的政權更替頻繁，而且台灣很早就成爲國際貿易路線上的要點，以致於在台灣流通的貨幣非常紊亂。在日本治台以前，除了清廷官方銀兩，還有大量民間私鑄貨幣，流通的外國銀元也多達39種，例如墨西哥銀元、西班牙銀元等。貨幣的紊亂，代表國際貿易的興盛，但也象徵了國家權力的薄弱。

日治以前，台灣的金融機構有媽振館（介於洋行與本地茶商之間，仲介外國資金與本地商品）、匯兌館（台灣與大陸兩岸匯兌往來），但它們的業務基本上是對外的，與本地金融並無太大關聯。與本地金融有關的是當鋪、搖會（類似現在的互助會），還有錢莊與鄉村地主的高利貸。不過，這些以人際網絡爲主的金融借貸活動，與現代金融機構相比，仍有很大的局限性。

台灣金融業務不發達，關鍵在於缺乏統一的貨幣制度，貨幣的功能仍以交易爲主，無法發揮創造信用的效果，況且銀兩有重量與體積的限制，攜帶不便。因此一百年前，金錢對台灣人來說，除了用來消費與做生意之外，最穩當安全的理財方式，就是埋在地底下。

地上新銀行

1895年日本開始殖民台灣，隨即著手打造殖民事業的基礎。在金融方面，這樣的基礎包括整頓錯綜複雜的幣制與鋪設現代金融網。四年之後，台灣銀行成立並開始發行貨幣，扮演著殖民地「中央銀行」的功能，逐步把過去銀兩時代的秤量制度，改爲黃金本位的信用制度。另外，在官方與日、台民間資本家的經營之下，一個一個金融業務據點，在各地設立起來。

1899年設立的台灣銀行，除了發揮中央銀行的功能，也在匯兌業務上，取代媽振館與匯兌館。在一般銀行業務方面，台灣銀行與其他新設立的銀行，主要服務對象以內地人（日本人）與商人爲主。與民衆較有關的是基層金融機構，尤其是郵便所（郵局）與信用組合。郵便所除了兼負郵政功能，還辦理儲金、匯兌等金融性業務。信用組合在市街鄉鎮俱存，但以分布在鄉鎮者居多，這類農業信用組合，除了配合推動官方的農業政策之外，還具有存放款的功能，因而逐漸取代原先農村高利貸的勢力。

1937年中日戰爭爆發，台灣逐步走入戰時體制。殖民政府爲了動員民間資金，在1938年展開由上而下的「愛國儲蓄運動」。另外，也強迫民間將黃金賣給政府，並要求人民將所換得現金再轉存回金融機構。這一系列掠奪資金的方式，也成爲日後國民政府從大陸撤退來台後所仿效的做法。1941年太平洋戰爭開打後，爲了彌補耗損的軍費，官方讓台灣銀行的貨幣發行量不斷大幅增加，又強制推行不受民間歡迎的政府公債，結果九成以上都是由銀行承購。

一文不値，重新開始

1945年日本宣布投降，國民政府組織
省行政長官公署取代台灣總督府。當時
的金融情勢並不穩定，行政長官公署便
日本人方式，在1946年由台灣銀行發
幣，來取代原有的台灣銀行券。但台幣
命只有短短三年，在內外不利的情勢下
發惡性通貨膨脹，當時物價飆漲驚人，
急貶，一台電扇竟要600萬元。台灣人
也沒想到，財富從藏於地底到轉存入金
構的過程中，竟會因爲惡性通貨膨脹
生，淪落到一文不値的下場。

省政府爲了抑制通貨膨脹，在1949
行幣制改革，發行新台幣。舊台幣四萬
合新台幣一元，新台幣兌美元匯率則是
一。爲了鞏固新幣制，政府推出多項措
如運用黃金儲蓄、優利存款等方式，穩
衆對新台幣的信心；發行公債、愛國獎
節約救國儲蓄券，吸收資金，以彌補政
政赤字。

消弭惡性通貨膨脹是國民政府値得稱
成績，國民政府更大的成就，是爲台灣
世界第一高的儲蓄率。從1963年開始
灣的儲蓄率就持續上升，平均都在三
右，是國際上少有的特例。高儲蓄率
因，除了與台灣人勤儉致富的傳統觀念
之外，政府採取高利率政策如國民儲
動，以及推動各種獎勵儲蓄的政策與工
也都發揮了推波助瀾的作用。

雖然台灣擁有高儲蓄率，但存入金融機構
錢，卻未必有暢通的管道流通出來。由於
融機構的設立受到管制，既存的公、民營
行偏好放款給大型企業，而且貸款手續繁
、條件嚴苛，在這種保守的放款政策之
，使得占企業比重九成以上的中小企業，
及一般家庭，必須透過互助會與地下錢莊
民間借貸管道來籌措資金。民間借貸管道
不被政府認可、缺乏法律保障，但因利率
銀行高出許多，吸引了大量資金。上述情
構成了台灣金融雙元性的現象。另外，高
蓄率的現象，也凸顯出台灣的資本市場不
發達，投資管道欠缺，以致於過多的資金
法合理疏通的現象。

民股票運動

980年以來，因爲長期對美方貿易順差，
灣累積了大量的外匯存底，民間資金充
，但因政治前景充滿不確定性，民間投資
心不足，儘管資金充裕，投資率卻持續下
。1985年《人間雜誌》以「台灣錢，淹
腳」，來爲台灣資金過剩的情況下註腳：
時無路可去的大量資金，已開始蠢蠢欲
，當時民間興起的大家樂賭博盛極一時，
府爲了遏止這股賭風，在1987年，將長
以來一直是政府重要財源的愛國獎券停止
行。但圍堵的方式，仍無法遏制投機風潮
盛行，因爲許多人想賺錢想瘋了。

中央銀行爲了解決資金過剩的問題，此時
開始持續調降利率，希望一方面能刺激資金需求，另一方面能防止過高的儲蓄率，以免造成銀行的利息負擔過重。但此一方案卻讓資金更加浮濫，因爲資金根本沒有去處。爲了進一步解決資金過剩的問題，銀行開始把放款對象轉向股市與房地產。

地下投資公司也如雨後春筍般成立。當時資本額在五千萬以上的地下投資公司，就有一千多家。其中，以月息四分吸收資金的鴻源集團，就吸收了將近兩千億的資金，他們跨足的行業，包括股市、國際金融市場、房地產，甚至想進軍金融業，比一般銀行還要呼風喚雨，後來卻因惡性倒閉而淒慘收場。

1987年，台灣股市進入狂飆時期，股價指數從九百多點開始，一路竄升到1989年的一萬兩千點，開戶人數高達三百萬戶。股市投資有如「全民運動」，從地下投資公司、證券公司、財團，到一般的投資人，共同享受這場股市盛宴。從此，每天股價加權指數的起落，成爲測量政府與人民心情的體溫計，股市投資人的反應，也幾乎不分黨派，成爲最重要的民意。

百年來，受限於不開放的金融體制，台灣人無法主宰自己辛苦累積的金錢，這一次終於讓人民深刻感受到金錢的魅力，許多人夢想能從股市一夕致富。而且，政治前途上的不確定性，使得人民希望能在經濟上掌握自己的命運，只是這種短視投機的心態，卻爲台灣帶來「賭博共和國」的諷刺稱號。

開放與危機

1990年以後，政府大規模開放新銀行、票券、證券及證券金融公司的設立，從過度緊縮到過度開放的結果，金融機構如脫韁野馬般相互競賽。但是，金融市場的胃納量是有限的，過度競爭的結果，讓高獲利、高風險的房地產與股票質押成爲金融機構的獲利來源，進而催化了金融投機的泡沫化現象。

2000年，台灣政治史上出現第一次的政權和平轉移，在經濟上也更加國際化，各種金融投資工具充斥。然而，新政府上任之後，卻面臨金融機構逾放比日益惡化的現象，房地產縮水，股價加權指數也第二次從萬點崩盤，金融泡沫破裂的危機開始迸發。事實上，這些問題反映了台灣金融體系過度競爭所衍生的投機現象，人人夢想一夕致富、金融業者想一本萬利，卻忽略了水能載舟、亦能覆舟的風險控管問題。

百年來，台灣人經歷過多次貨幣紊亂與金融風暴的局面，但是金融業的經營管理與個人的投資理財，就像民主發展過程一樣，總是要付出學費與代價。希望在21世紀，我們對金錢的態度能夠更成熟健康。

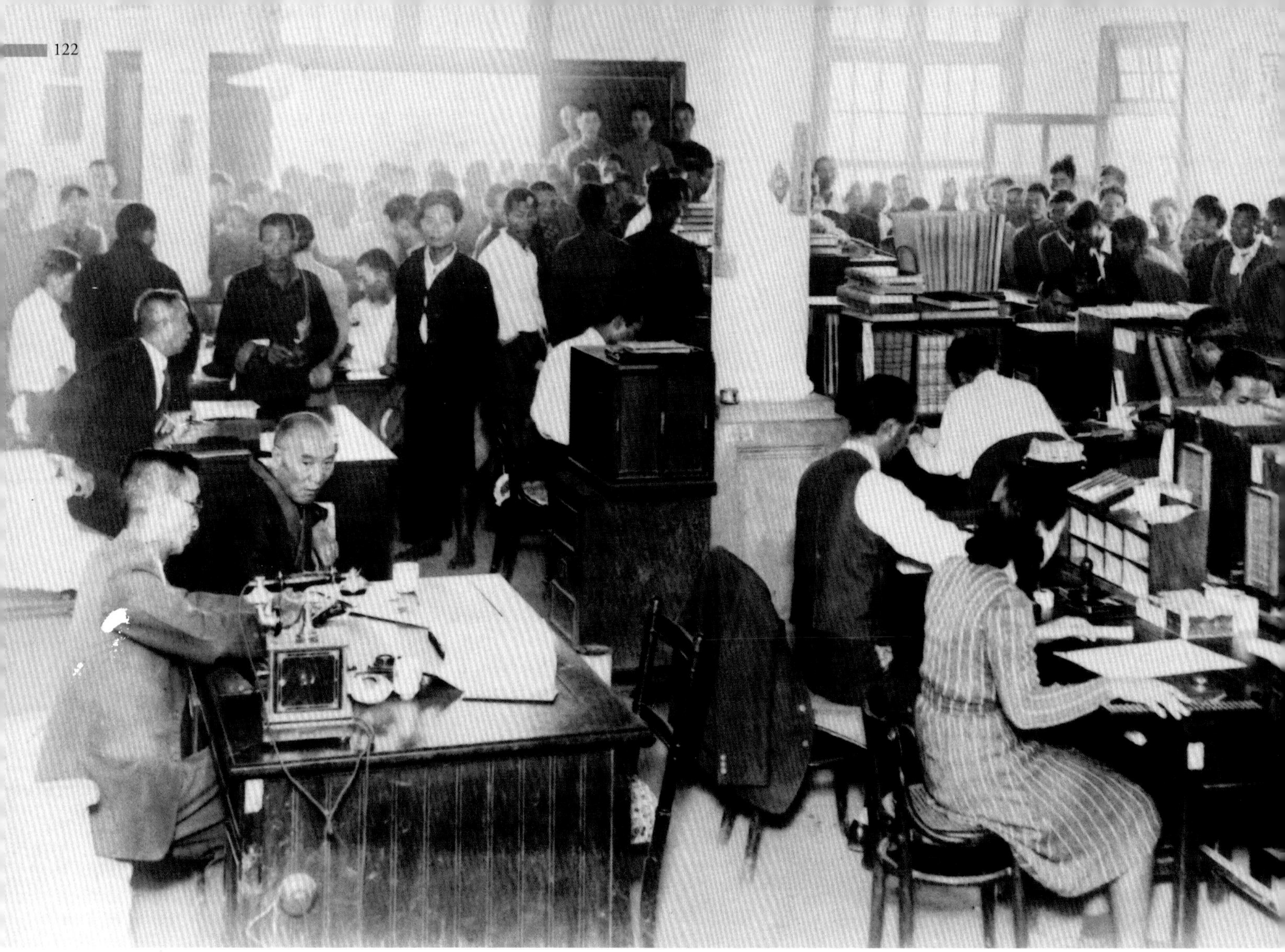

【農村有信用】這是日治晚期草屯農會信用部業情景。從幣制統一到現代金融機構的設立，日治台灣人的「金錢生活」已經歷了一場金融現代化的禮。農村信用組合在1900年代即逐漸發展，當時行集中城市，鄉村缺乏金融服務，信用組合發揮了補功效。日治時期的農村信用部門有許多延續到後，成爲現今的農會信用部。（梁志忠提供）

揮別白銀時代

一張薄紙値什麼錢？這是20世紀初台灣人拿到殖民政府所發行的紙鈔時，心裡產生的疑惑。在這之前，台灣主要流通的貨幣是用銀或銅做成的，分官鑄私鑄、有本國外國，種類繁多，交易時甚至需用秤來計值。

1895年台灣民主國在台南作抗日最後一搏時，爲籌軍餉，曾發行「台南官銀票」，不過只是曇花一現，沒什麼影響。台灣的現代金融革命還是從日本治台開始。

日治初期，在台流通的貨幣仍很紊亂。1899年台灣銀行開始營業，同時發行可兌換銀幣的台灣銀行「銀券」。此時日本已採金本位制，發行銀券，目的只在於銀是台民所習用的。儘管如此，銀券剛發行時還是不受歡迎，民衆仍舊只信賴銀幣。

往後，隨著民衆建立起對紙幣的信心，銀券流通量才逐年增大。在此基礎上，殖民政府接著開始限制銀券通行，以金換銀。1904年台銀開始發行「金券」，朝金本位制邁進。1910年金券完全取代銀券。（王紹中）

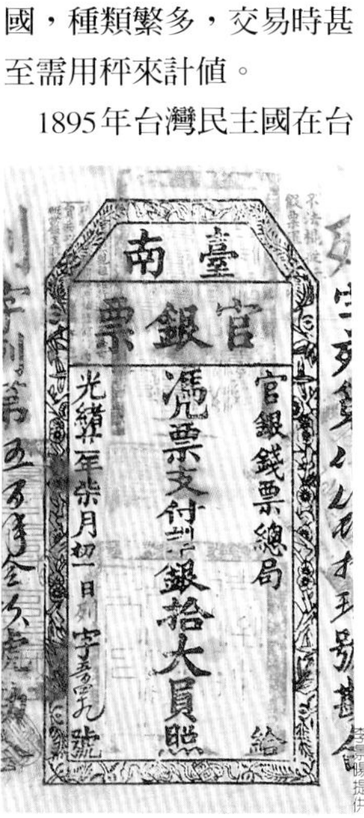

1 1895年台灣民主國在台南發行的官銀票，僅流通30多天就成廢紙。

2 紙幣為台人接受前，只有日本龍銀受歡迎，1900前後。（莊永明提供）

3 1899年開始營業的台灣銀行至今逾百年，日治時期扮演著台灣「中央銀行」的角色，圖為1937年落成的新廈大

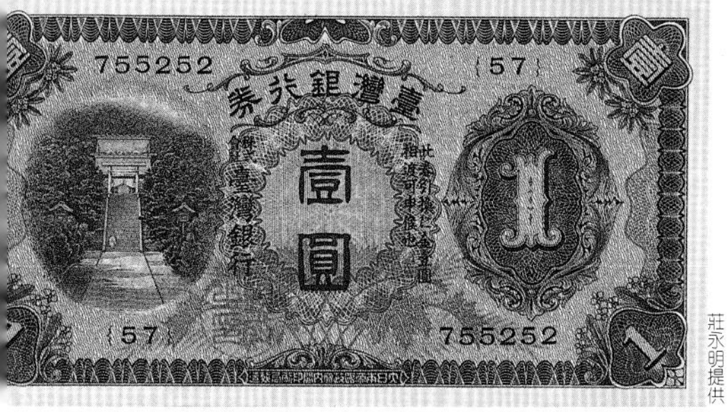
莊永明提供

銀壹圓券,正面圖案為台灣神社,1933年發行.

莊永明提供

銀壹圓券背面圖案為鵝鑾鼻燈塔,1933年發行.

蔡沂均提供

銀佰圓券,正反面均有檳榔樹圖案,1937年發行.

臺灣銀行總行公告（卅七辰發銀政字第1957號）

本行根據社會上之實際需要、奉 財政部核准、發行臺幣五百元、壹千元券二種：五百元券正面凹印大紅色、反面凸印金黃與青蓮隔色、其圖案正面正中國父遺像、左邊本行行屋、右邊臺灣地圖、背面海戰圖 壹千元券正面凹印中藍色、反面凸印深綠與紅茶隔色、其圖案正面正中國父遺像、左邊本行行屋、右邊澎湖地圖 背面海戰圖、以上兩種新券、均與本行已發行之一元、五元、十元、五十元一百元券同樣行使 除將樣本券另送各同業暨有關機關備驗外、特此公告。

中華民國卅七年五月十七日

臺灣銀行總行

臺灣銀行公告 中華民國卅七年五月十三日 營匯字第一三〇八號第 頁

本行定自本（五）月十七日起恢復收滙上海特快電匯儘可能在當日送達收款人茲改定辦法如下：一、不另收特快電費 二、每日中午十二時截止 三、收款人地址在中區為限 四、交滙滙款仍以本行票據為限 特此公告

臺灣銀行總行營業部

遠流資料室

灣銀行發行五百元券、一千元券時的公告,取自《民族報》1948.5.22.

舊台幣不值錢！

1945年8月15日日本投降，10月25日國府派員來台接收。此時因大陸已發生嚴重通貨膨脹，戰前發行的台灣銀行券只好沿用、繼續發行。1946年5月20日台灣銀行接收改組完畢，同時發行「台幣」，目的在與大陸幣制做一區隔。台幣以1:1比率兌換台灣銀行券，但台銀券從1940年代台灣進入戰爭時期後，就逐年增量發行，到了戰後仍繼續。大量通貨，物資卻有限，物價早已驚人飆漲。因此，台幣發行之初已屬先天不良。此後，台灣的經濟金融情勢並未好轉，大陸的通貨膨脹也隨著兩岸匯兌與貿易影響台幣。到了1949年6月台灣幣制改革前，台幣發行量已暴增179倍，物價更高漲一千多倍，民不聊生。

中華民國三十六年四月出版
臺灣事變眞相與內幕
定價 台幣八十元 國幣三千二百元
編著者 勁雨
發行者 上海建設書店
經售處 臺灣各大書局

吳興文提供

8 到了1948年8月法幣崩潰前,同一本書要13萬法幣.

臺銀每日廣播匯率

（本報臺北訊）臺灣銀行頃與廣播電臺商定，每日臺幣匯率，無論有無調整，均由該臺對全省人民廣播一次，時間爲每日上午八時至八時拾五分，備有收音機者，屆時可以收聽。

遠流資料室

9 兩岸幣值極不穩,匯率每日廣播,取自《民族報》1948.1.20.

金圓臺幣滙率調整
政院核定一比一千
如有調整必要得呈院核定

遠流資料室

10 台幣兌金圓券匯率,取自《民族報》1948.11.1.

鉅額鈔票

台幣從1946年5月開始發行，有一元、五元、十元三種面額。1947年底台幣發行量已增六倍，幣值急貶，台銀遂於1948年2月發行百元券，5月發行五百元券、千元券；同月發行五千元台銀本票以應急需。1948年底，台幣通貨量增到48倍，一萬元券發行。隔年5月，台銀更發行面額一百萬元本票。

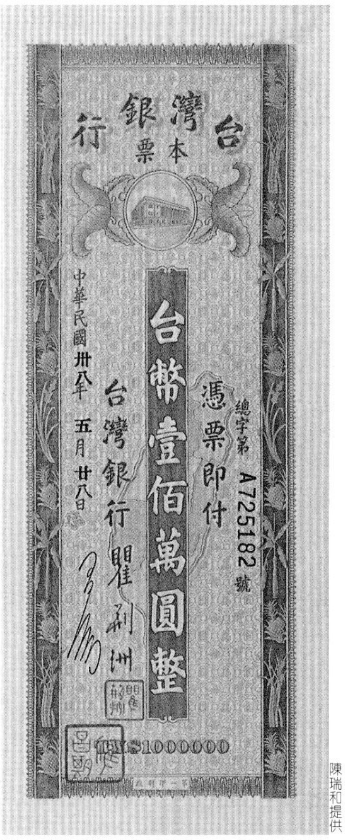
陳瑞和提供

11 台銀壹佰萬圓本票於1949年5月開始發行,反映出當時台幣通貨膨脹的嚴重.

莊永明提供

12 台灣銀行伍圓券於1946年開始發行,是台幣最初的面額.

莊永明提供

13 台灣銀行拾圓券於1946年開始發行,也是台幣最初的面額.

莊永明提供

14 台灣銀行壹佰圓券於1948年2月開始發行.

莊永明提供

15 台灣銀行壹萬圓券於1948年12月開始發行.

新台幣來了！

1946年5月台幣發行，這是台灣戰後首次幣制改革，但「台幣時代」只維持了三年又一個月就失敗收場。1949年國府在大陸的統治已風雨飄搖，台灣逐漸成爲國府退守的最後一個據點，島上的局勢必須穩住。1949年1月陳誠擔任台灣省主席，各項政經措施隨即推展。「三七五減租」率先於四月登場，兩個月後，第二次台幣改革也展開。

1949年6月15日「新台幣時代」來臨。政府以金銀外匯等爲新台幣的發行準備，限定發行總額2億元。新、舊台幣兌換比率是1:40,000，藉此重整已貶到谷底的幣值。新台幣推出後，幣值並未隨即穩定，發行量很快就超額。於是先後推出多項反通膨措施。一方面，多方開源節流穩固政府財政，減少發行貨幣需求，另方面，開辦黃金儲蓄鞏固幣值：辦理優利儲蓄，吸收過多通貨。1950年美援的恢復也對新台幣的穩定發揮相當作用。（王紹中）

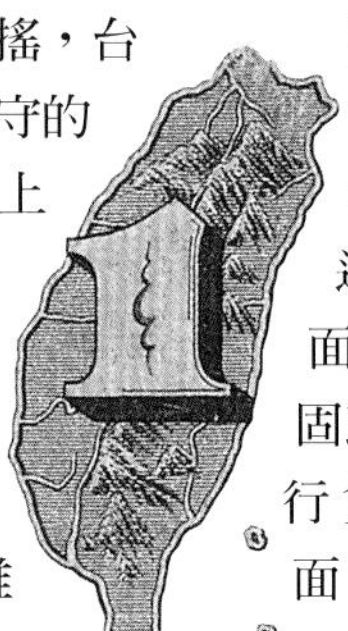

1 台銀壹圓直式券背面的台灣圖案,1949.（莊永明提供）

2 台銀壹佰圓券(局部),1949.（遠流資料室）

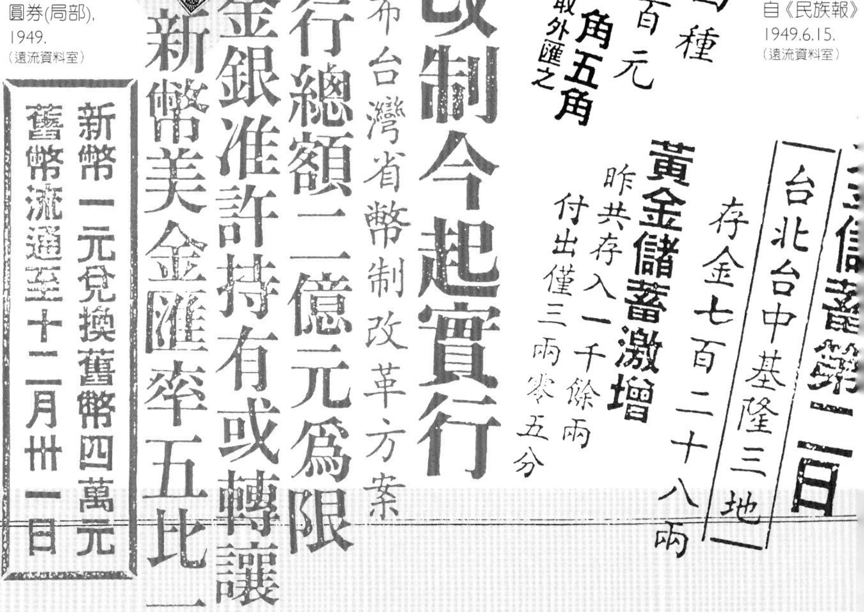

新台幣券面額分爲一、五、十、百元四種

輔幣券一分五分一角五角

以黃金白銀外匯及可換取外匯之物資十足準備

台幣改制今起實行

省府頒布台灣省幣制改革方案

發行總額二億元爲限

金銀准許持有或轉讓

新幣美金匯率五比一

新幣一元兌換舊幣四萬元

舊幣流通至十二月卅一日

黃金儲蓄激增

昨共存入一千餘兩

付出僅三兩零五分

…儲蓄第一日

台北台中基隆三地

存金七百二十八兩

3 新台幣券改制公告,取自《民族報》1949.6.15.（遠流資料室）

4 台灣銀行總行公告,取自《民族報》1949.6.15.（遠流資料室）

台灣銀行總行公告

本行奉

命自即日起發行新臺幣及輔幣券茲將種類及圖…

（甲）新臺幣

一 壹元券 正面膠版紅色上爲國父遺像下爲花…角均有壹字號碼分列上下本行董事…中間反面膠版淡藍色上爲本行行屋…1字中央印製廠臺北廠承印

二 伍元券 正面凹版綠色並有淡綠色底紋上爲…內有伍圓兩字四角均有伍字號碼分…總經理官章分列中間反面凸版桔黃…爲本省地圖嵌有5字第一印刷廠承…

三 拾元券 正面凹版藍色並有淡藍色底紋上…內有拾圓兩字四角均有拾字號碼…總經理官章分列中間反面凹版棕…臺省地圖嵌有10字第一印刷廠承…

四 壹百元券 正面凹版紫色上爲國父遺像下爲…四角均有壹百字樣號碼分列上下…章分列中間並有凸版花地紋兩套…行行屋下爲臺省地圖內嵌英文…阿剌伯字100字樣中央印製廠臺…

（乙）輔幣券

一 壹分券 正反面均爲膠版靛藍色正面上爲…嵌壹分字樣並有每十分兌壹角六…分兩字反面正中爲本省地圖內嵌…邊內嵌1字樣

二 伍分券 正反面均爲膠版棕色正面上爲本行行屋…五分字樣並有每十分兌壹角六字四角花…兩字反面正中爲本省地圖內嵌英文五分…內嵌5字樣

三 壹角券 正反面均爲膠版翠綠色正面上爲國父遺…嵌壹角字樣並有每十角兌壹圓六字四角…兩字反面上爲本行行屋下爲本省地圖內…字四角花邊內嵌10字樣

四 伍角券 正反面均爲膠版桔黃色正面上爲國父遺…嵌伍角字樣並有每十角兌壹元六字四角…角兩字另有肉色地紋壹套反面上爲本行行屋…地圖內嵌英文伍角數字四角花邊內嵌50字…

以上四種輔幣券均係中央印製廠臺北廠承印 特此公告

台灣銀行總行公告

本行自即日起至三十八年十二月三十一日止依照新臺幣發…第六條之規定按 舊台幣四萬元折合新…壹元 之折合率以新臺幣兌換舊臺幣在兌換期內舊臺幣按…折合率照常流通行使 特此公告

叁捌巳刪銀發字… 民國三十八年六…

台灣銀行總行公告

本行黃金儲蓄存款自即日起依修正臺灣銀行黃金儲蓄辦法之規定…除臺北臺中臺南基隆高雄五處業已開辦外其餘各地分部一律辦理特此…公告

叁捌巳刪銀業字第2429號 民國三十八年六月十五日

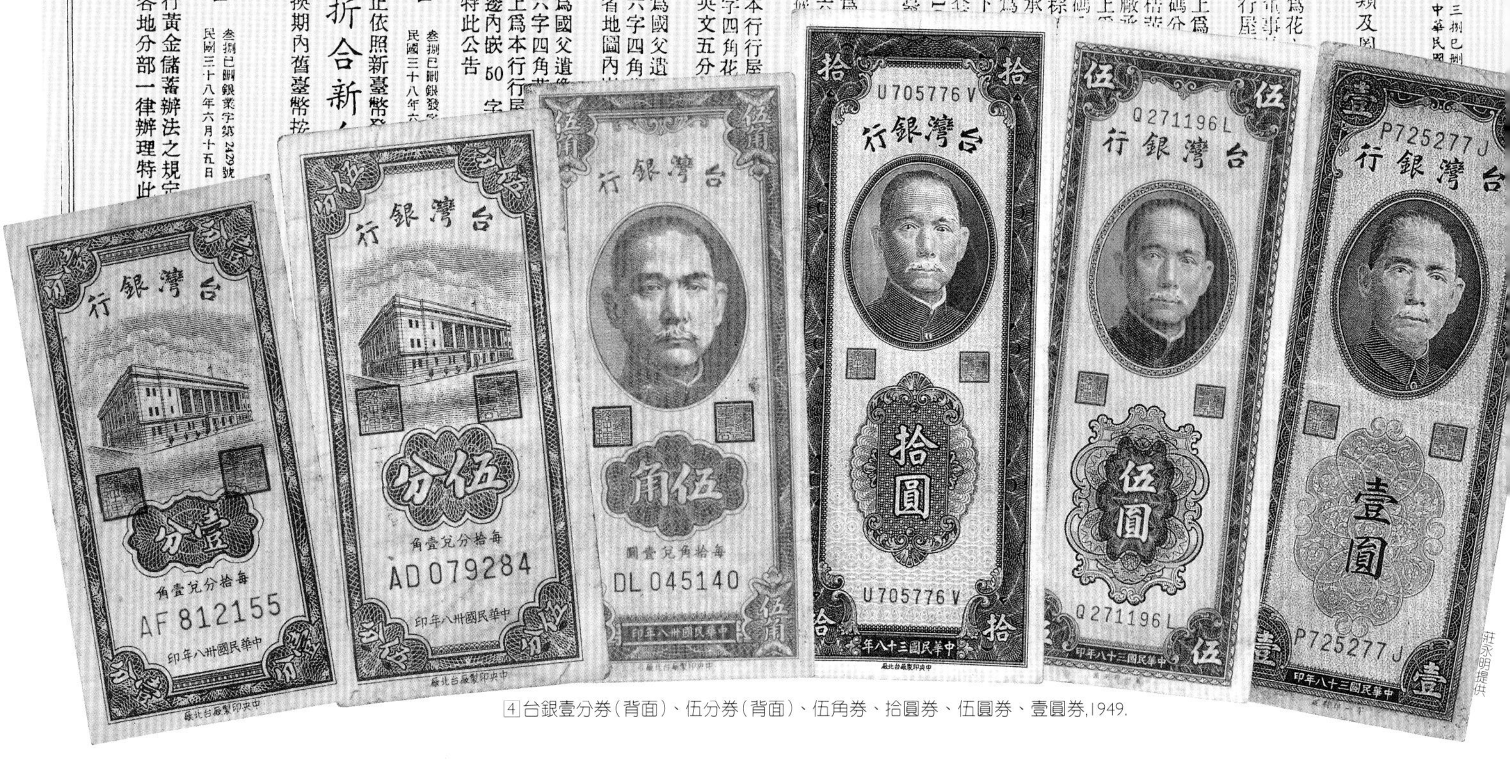

4 台銀壹分券(背面)、伍分券(背面)、伍角券、拾圓券、伍圓券、壹圓券,1949.（莊永明提供）

【數鈔票比賽】銀行一直是金飯碗行業，尤其早期銀行屬壟斷行業，還沒開放新銀行成立時，每年銀行招募員工的考試，幾乎比大學聯考競爭還激烈。銀行每天的業務都和錢有關，點鈔票速度與正確性是行員最基礎的工作。（潘月康攝,1963.7.5,中央社提供.）

台幣繼續「新」下去

50年代在新台幣逐步穩腳跟之際，台灣的經濟邁向成長之路。幾十年，儘管在面臨內外重大變局發生時，新台幣出現不穩定情況，但持續的經濟成長，也讓幣制立足在一個穩固基礎上。

除了內部幣值穩定，新台幣對外關係也很重要，尤其兌美元的匯率，歷經四個時期。1950年代採進出口有別的複式匯率。1961年爲便利出口，將台幣重貶，固定40:1匯率。隨著台灣外匯存底攀高、美元趨軟，台幣面臨升值壓力，1979年改爲機動調整匯率。1987年外匯管制大幅開放，買賣外幣更便利，新台幣也更能跨出國界。（王紹中）

銀壹圓券,1961.（黃國憲提供）

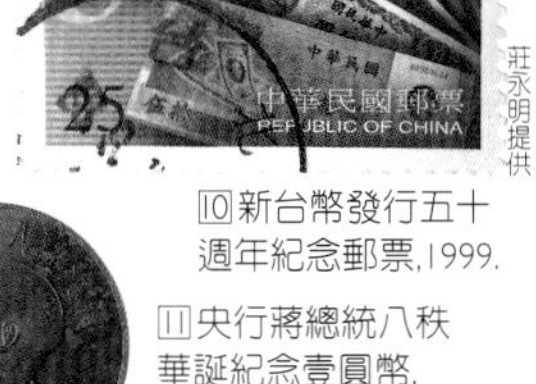

莊永明提供

10 新台幣發行五十週年紀念郵票,1999.

11 央行蔣總統八秩華誕紀念壹圓幣,1966.

12 台銀伍角輔幣,1970.

銀伍圓 ,1977.

7 台銀Y2K測試券,1999.（莊永明提供）

8 台銀壹角鋅幣,1955.

9 台銀壹角輔幣,1949.

13 台新銀行玫瑰金卡,2000.（李秀玲提供）

11 12 莊永明提供

戰地通貨

金門、馬祖這兩個孤懸在海峽另一端的島嶼，從1950年代開始，就因位居前線而肩負捍衛台灣的重責大任，長期籠罩在備戰氣氛下，不僅居民行動受管制，連通行鈔票也烙上限地使用的標記，藉以穩固金融秩序。不只金馬，1955年撤守的大陳島也有過省外發行的新台幣。

14 台銀金門地區壹圓券、壹角券,1949.（黃國憲提供）

國圖台灣分館提供

出錢出力爲打仗

日治初期當日人開始在台灣發行貨幣，打造統一幣制的同時，現代的金融機構也陸續設立。

1895年9月首家銀行在台設立，此後20多年間，先後有多家銀行成立，經過倒閉、合併，到了1923年形成七家銀行穩定經營的局面。到日治結束，七家銀行在台設立了170個營業據點。不過，銀行多集中都市，主要服務對象非一般民衆。

對民衆而言，更切身的金融機構是各地遍設的郵便所及主要在鄉鎮發展的信用組合。郵便所很早開設，日益遍佈。1897年底政府開始宣導郵便儲金，存款額逐年增加。信用組合的發展稍晚，不過也穩定成長。1941年鄉村市鎮的組合有420家。

到了戰爭時期，穩定發展的金融出現變化，總督府爲支應軍耗，發動愛國儲蓄，儲金快速增加，同時，敏感的金融體系也進入非常時期。（王紹中）

莊永明提供

1 愛國儲金簿,1942.1.26.

2 日本勸業銀行於1923年在台設分行,是日治時期最晚出現的一家銀

資本金 五百萬圓

三十四銀行

本支店所在地
大阪（本店南支店天滿支店雜喉場支店）
京都 神戶 兵庫
德島 奈良 臺南

預金利子
定期預金 年利五分五厘以內
當座預金 百圓ニ付日步八厘
小口預金 百圓ニ付日步一錢一厘

臺北支店

明治十一年 創立

3 最早在台設立銀行分支機構的大阪中立銀行,1899年經合併改名為三十四銀行,圖為其分行廣告,取自《台灣日日新報》1905.3.19.（遠流資料室）

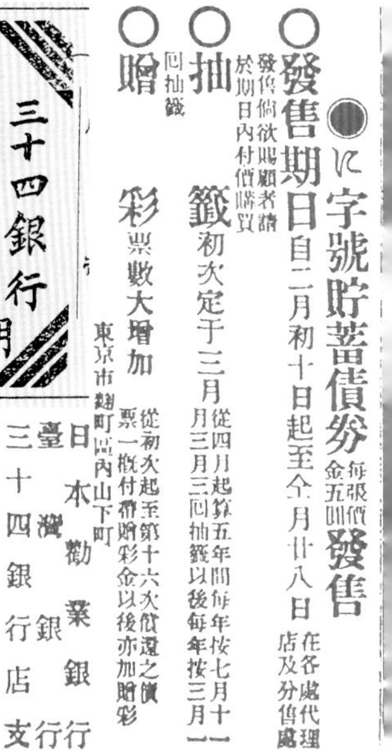

●に字號貯蓄債劵 每張價金五圓 發售

○發售期日 自二月初十日起至仝月廿八日 在各處代理店及分售處 發售候欲賜顧者請於期日內付價購買

○抽籤 初次定于三月 從四月起算五年間每年按七月十一月三月三回抽籤以後每年按三月一回抽籤

○贈彩 票數大增加 從初次起至第十六次償還之債票一概付帶贈彩金以後亦加贈彩

東京市麴町區內山下町
日本勸業銀行
臺灣銀行
三十四銀行臺北支店

4《台灣日日新報》儲蓄債券廣告,1905.2.14.（遠流資料室）

【愛國儲金運動】 愛國這兩個字對被殖民的
人來說，是最諷刺荒謬的字眼。台灣人不僅捐獻身
打一場不知爲誰而戰、爲何而戰的戰爭，還在愛國
運動的口號下，排隊把血汗錢交給銀行，美其名
蓄，實質上是捐獻。（1939年台灣銀行台南分行,取自《保甲之光

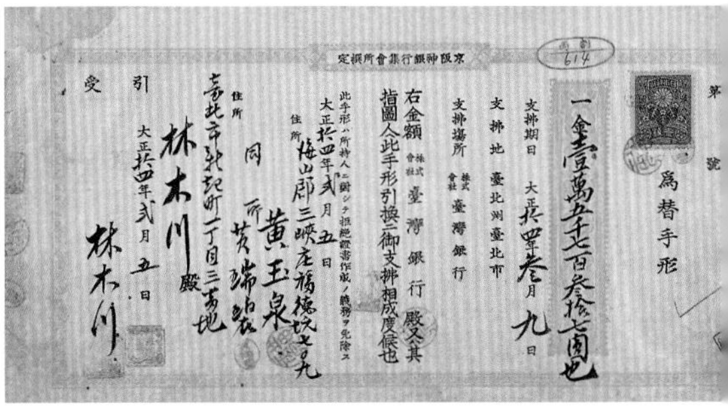

京阪神銀行集會所制定

第 號

爲替手形

一金壹萬五千七百叁拾七圓也

支拂期日 大正拾四年叁月九日
支拂地 臺北州臺北市
支拂場所 株式會社臺灣銀行
右金額株式會社臺灣銀行殿又其指圖人へ此手形引換ニ御支拂相成度候也
大正拾四年弐月五日
此手形ハ所持人ニ對シテ拒絕證書作成ノ義務ヲ免除ス
住所 海山郡三峽庄橫溪七〇九
黃玉泉
所 黃瑞端
住所 臺北市北門町一丁目三番地
同
林木川殿
引受 大正拾四年弐月五日
林木川

5 台灣銀行支票,1925.

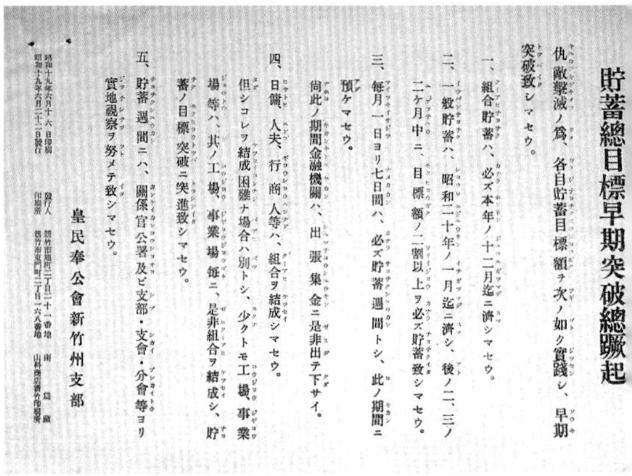

貯蓄總目標早期突破總蹶起

仇敵擊滅ノ爲、各自貯蓄目標額ヲ次ノ如ク實踐シ、早期突破致シマセウ。

一、組合貯蓄ハ、必ズ本年ノ十二月迄ニ濟シマセウ。

二、一般貯蓄ハ、昭和二十年ノ一月迄ニ濟シ、後ノ二、三ノ二ケ月中ニ、目標額ノ二割以上ヲ必ズ貯蓄致シマセウ。

三、每月一日ヨリ七日間ハ、必ズ貯蓄週間トシ、此ノ期間ニ預ケマセウ。
尙此ノ期間金融機關ハ、出張集金ニ是非出テ下サイ。

四、日傭、人夫、行商人等ハ、組合ヲ結成シマセウ。
但シコレヲ結成困難ナ場合ハ別トシ、少クトモ工場、事業場等ハ、其ノ工場、事業場每ニ、是非組合ヲ結成シ、貯蓄ノ目標突破ニ突進致シマセウ。

五、貯蓄週間ニハ、關係官公署及ビ支部・支會・分會等ヨリ實地視察ヲ努メテ致シマセウ。

皇民奉公會新竹州支部

昭和十九年六月十六日印刷
昭和十九年六月二十二日發行
發行人 新竹市旭町二丁目二十一番地 南 篤 藏
印刷所 新竹市東門町二丁目一六八番地 山科商店新竹印刷所

6 太平洋戰爭期間,殖民政府為籌措軍費,遂訂定儲蓄目標,發起「愛國運動」,1944.

⑯南投郵局營業廳,1966.（今日郵政月刊社提供）
⑰1960年代空飄大陸傳單中樣板儲蓄畫面.1965.（莊永明提供）

⑱在鼓勵儲蓄的年代裡,存錢筒是積少成多的象徵.（遠流資料室）

響應陳副總統「三一儲蓄運動」號召
•儲滙局開辦「郵政一元儲金」•
經濟發展
要資本
凡是參觀過加速經濟發展展覽會的，都留有一個深刻的印象，就是臺灣人口增加的壓力太大，每年要添一個高雄市，每年要吃掉一個石門水庫，多麼使人怵目驚心。要適應日益增加的人口壓力，要提高人民生活水準，其唯一的途徑是加速經濟發展，而經濟發展的加速，第一要有資本，資本的形成則要靠國民儲蓄，因此，陳副總統提出了「三一儲蓄運動」的號召，呼籲全體國民每人每日儲蓄一元，以充裕建設資本，發展經濟建設。
資本形成
靠儲蓄

⑦郵政一元儲金廣告,1961.（遠流資料室）

小錢變大錢

戈後台灣的金融體系由
｜金融機構所構成，分
｛戰前設立經改組而成
幾構、由大陸遷台復業
幾構，以及戰後新設的
冓，到了1995年台灣
,294個金融據點，它
編織成台灣的金融網。
與日治時期一樣，相關
也運用各種方式提高
儲蓄率，如公債、愛
券、國民儲蓄運動
隨著經濟發展，台灣
儲蓄率也持續上升，
)年代以後，每年都占
P的30%上下。雖然高
是經濟發展的重要動
1980年代後卻成為
，因為投資持續低
造成資金過剩，反而
資金流向股市與房地
助長了1980年代末
投機現象。（洪震宇）

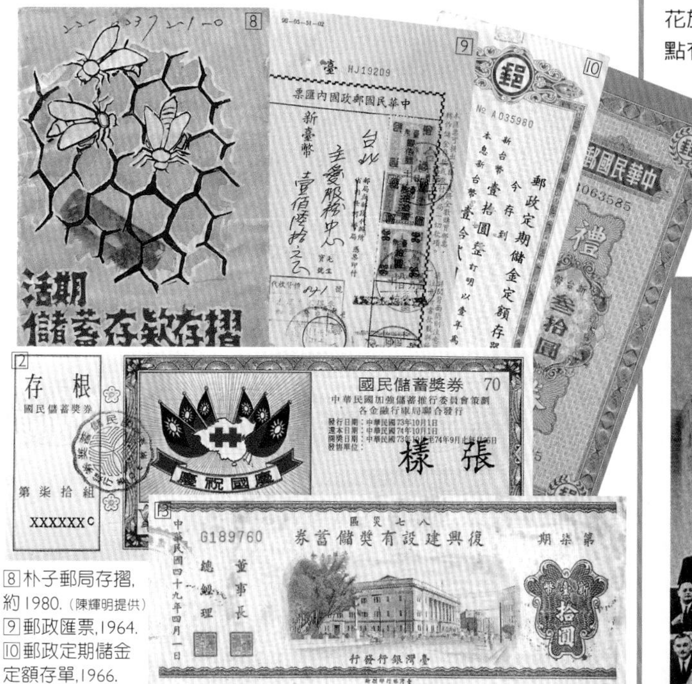

臺灣銀行發行

⑧朴子郵局存摺,約1980.（陳輝明提供）
⑨郵政匯票,1964.
⑩郵政定期儲金定額存單,1966.
⑪郵政禮券,1968（⑨至⑫莊永明提供）
⑫國民儲蓄獎券,1984.
⑬八七災區復興建設有獎儲蓄券,1960.（黃國憲提供）

美商花旗銀行

台灣外商銀行的發展時間可以從1959年算起，戰前日本勸業銀行在台分行被合併為土地銀行，光復後再度來台，成為第一家外商銀行，第二家是1964年來台的美國花旗銀行。外商銀行在金融市場占有率低，因為營業據點有限，而且集中在大都會區，不同於本土銀行傳統的存放款業務，外匯業務與個人消費貸款才是外商長期耕耘的優勢。以信用卡業務著稱的花旗銀行，管理與專業服務都獨樹一幟，這些具專業背景的人才，成為1990年代設立的新銀行積極挖角的目標。目前經營出色的新銀行，高階主管幾乎都有花旗的背景，成為銀行界的「花旗化」現象。

設立中國分行—最早

美國花旗銀行早在一九〇二年就在中國設立分行。倘蒙駕臨本市館前路十八號本行，毋任歡迎，並可分享本行的豐富經驗和知識。

First In China-First Around The World
These are some of the men who run our 170 branches in 60 countries on 6 continents of the globe. They gathered in New York recently to exchange information and ideas that will result in better worldwide banking service for our customers here in Taiwan. No other bank could produce such a picture.
With branches on-the-scene in China since 1902, Citibank's world of experience and knowledge is available to you by walking in our door at 18 Kuan Chien Road, Taipei.
(That's R.H. Morehouse, Taipei Branch Manager, in the front row, third from the right)
FIRST NATIONAL CITY BANK
Partners in Progress in Taiwan

⑲美商花旗銀行廣告,1960年代.（美商花旗銀行提供）

政儲金漫畫,1971.（遠流資料室）

⑮節儉儲蓄漫畫,1971.（遠流資料室）

納稅報國

日治初期，台灣的基礎經濟制度尚待建立，台灣的財政需要靠日本殖民母國補助，以及透過發行公債的方式籌措。

從1905年開始，台灣財政已能自給自足，主要仰賴的是租稅與專賣收入。以1910年爲例，租稅與專賣收入，分別占了政府歲入的32%及40%。

早期的租稅收入以地租、消費稅（尤其是砂糖消費稅）爲主，後來所得稅、關稅、酒稅也占了相當比重。專賣事業則有鴉片、食鹽、樟腦、菸等項目，後來酒也實施專賣。1937年中日戰爭爆發，爲了應付日益龐大的軍費開支，殖民政府又增列了一些稅目，並且開徵特別稅。到1945年日本投降前，幾年間台灣的稅收總額暴增數倍。（王紹中）

2 新巷庄役場擁擠的納稅人潮,1943.

3 日本殖民政府宣導繳納保甲費的文宣圖案,1926.(中研院科社所提供)

1 新竹州納稅宣傳海報,約1940年代.(洪聰益提供)

4 公館庄房屋附加稅收據,1941.(莊永明提供)

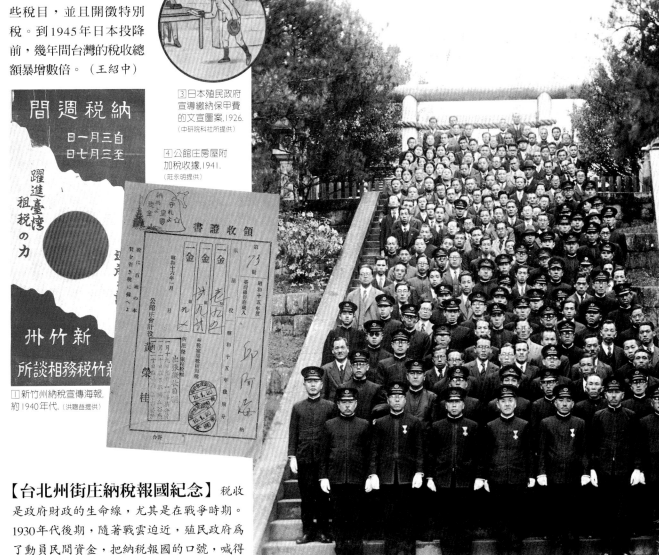

【台北州街庄納稅報國紀念】 稅收是政府財政的生命線，尤其是在戰爭時期。1930年代後期，隨著戰雲迫近，殖民政府爲了動員民間資金，把納稅報國的口號，喊得響徹雲霄。（洪聰益提供）

華民國
萬稅

中華民國萬萬稅」形台灣稅目的繁複，小島嶼上，曾長期存在府與中央政府之間組構疊床架屋，而使中地方的財政結構不均現象。稅制雖繁複，仍多，如地下經濟蓬展、人頭戶充斥等，政府幾乎無可奈何。然1980年代末期股房地產狂飆，曾讓政收荷包滿滿，成爲大。但對人民來說，政土地與股市的課稅方卻造成富者愈富、貧貧的不平等現象。例府只抽證券交易稅，徵證券所得稅，使得雄厚的證券大戶，用方式來避稅，而且土值稅的公告現值與市有很大差距。這個結受薪階級成爲誠實的人，賺大錢的人反而可趁。（洪震宇）

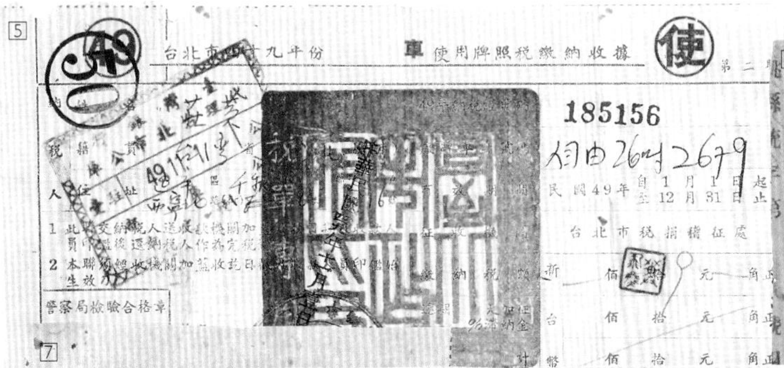

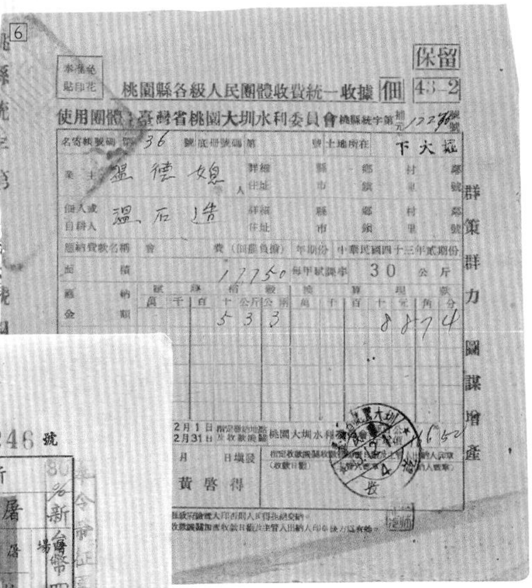

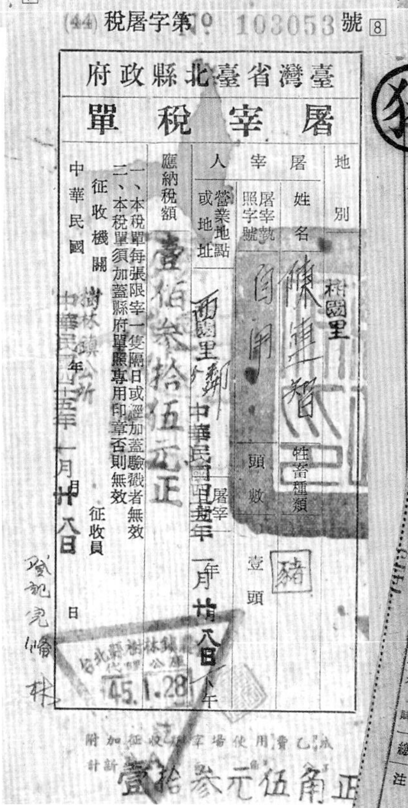

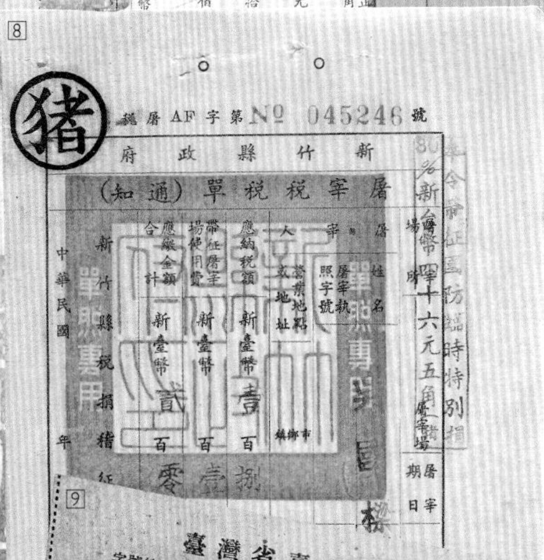

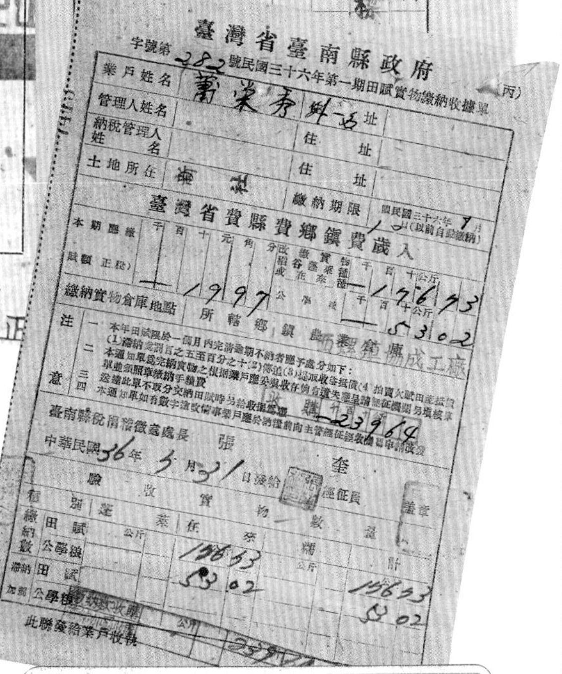

5 腳踏車牌照稅稅單,1960.
6 桃園大圳水利委員會佃農田賦收據,1954.（蔡進昌提供）
7 台北縣屠宰稅稅單,1956.1.28.
8 新竹縣政府屠宰稅稅單,1963.
9 台南縣田賦實物繳納收據,1947.
（5 7 8 9 莊永明提供）

縣市稅	
稅目	課征標的及稅率
房捐	營業用 自用按現值 20‰ 租用按年租 20% 工廠自用 10‰ 住家用 自用按現值 6‰ 租用按年租 10%
筵席稅	酒家消費額滿50元以上者征20% 其他消費額滿50元以上者征10%
娛樂稅	舞場 100% 電影 五省轄市 外國片 60% 五省轄市 中國片 40% 其他縣市 外國片 30% 其他縣市 中國片 20% 歌場書場魔術馬戲 20% 撞球場 60% 球房溜冰場歌唱舞蹈音樂演奏及其他 20% 戲劇 10%
屠宰稅	猪 每頭 220元 牛 每頭 310元 羊 每頭 42元
契稅	賣契 6% 典契 4% 交換契 2% 贈與契 6% 分割契 2% 佔有契 6%
戶稅	每戶自然人及營利法人均按其不動產總值滿6,000元者就其總值課征千分之六（土地部份除外）

17 1960年代縣市稅的開征稅目,取自《現行台灣稅務》,1967.（遠流資料室）

天然果汁貨物稅查驗證,約1970年代.

化妝面紙貨物稅查驗證,約1970年代.

衛生紙貨物稅查驗證,約1970年代.

13 調味粉貨物稅查驗證,約1970年代.

14 橡膠車胎進口貨物稅查驗證,約1970年代.

15 化妝品貨物稅查驗證,約1970年代.
（10至15 莊永明提供）

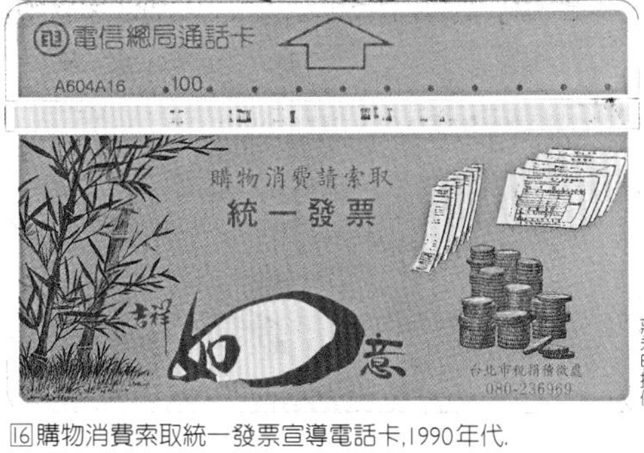

莊永明提供

16 購物消費索取統一發票宣導電話卡,1990年代.

稅務小記

稅收是政府重要財源。早年稅收以間接稅為主，1975年以前關稅與貨物稅都是政府主要稅收來源。隨著民生日漸富裕，直接稅比重增大，1980年所得稅成為政府最大稅收。稅目的變化也反映出時代變遷，如早期的防衛捐、筵席稅，都很能讓人懷往。

總督府專賣

19世紀末台灣成爲新興殖民帝國日本的第一個戰利品。帝國要拓展殖民事業，當然需要成本，除了稅收，專賣收入也是殖民政府另一項重要財源，尤其相較於直接向人民抽稅，專賣是一種較間接和緩的取財之道。

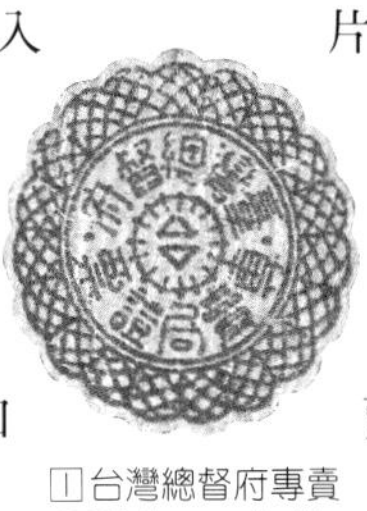

①台灣總督府專賣憑證,約1910年代.（莊永明提供）

早期台民有吸食鴉片習慣，台灣總督府一方面管制鴉片吸食，一方面於1897年將鴉片列爲專賣。1899年食鹽、樟腦成爲專賣，1901年台灣總督府專賣局設立，1905年菸專賣，1922年酒也成爲「公營事業」。

從殖民政府財政收入來看，日本治台期間，專賣收入大約均占政府經常歲入40%上下，初期在政府財源有限的情況下，甚至超過50%，始終都是政府最大財源。

幾項專賣中，早年以鴉片收入最豐，其後樟腦與菸比重漸增。到了日治中期以後，菸與酒成爲最重要的專賣，二者合計已超過專賣收益七、八成。（王紹中）

②台灣總督府專賣局香菸.（莊永明提供）

③1922[illegible]的台灣總督府專賣局,也是後來的菸酒公賣局.（莊永明提供）

④高砂啤酒全島巡迴推廣遊行隊伍,1926.（中研院社科所提供）

鴉片專賣

鴉片成為專賣之前，日本政府內部對於是否禁止吸食鴉片發生爭議，後來在日本內務衛生局長後藤新平（後成為台灣總督府民政長官）建議下，採取「漸進政策」，將鴉片歸專賣，只准許有毒癮的人憑證購買。沒想到後來鴉片專賣帶來暴利，反而讓吸食者增，甚至需開設工廠製造鴉片，成為一大諷刺。1927年成立的台灣民眾黨為反對殖民府的鴉片政策，向國際聯盟控訴，台灣總督府不得不設勒戒煙毒的「更生院」以為回應

⑤鴉片工廠,約1910年代.（莊永明提供）

⑥吸食鴉片特許證,約1910年代.

⑦專賣局虎骨酒酒標,約1920年代.（莊永明提供）

⑧專賣局香菸,左起:曙牌香煙,紅茉莉香菸,亞倫香菸,約1930年代.（莊

⑨專賣局高砂黑啤酒酒標,約1920年代.（莊永明提供）

投街施姓商人獲專賣局頒煙、酒、零售商公開陳列競賽入選而特別拍攝的照片,1930年代.(施秀盼提供)

⑪長壽新春菸,約1970年代.

莊永明提供

⑫菸酒公賣局廣告,1956.

遠流資料室

壽菸,1980年代.

⑭長壽菸,1980年代.

⑮長壽美式淡菸,1980年代.

⑯長壽英式淡菸,1970年代.

⑰長壽海軍菸,1970年代.

⑱長壽國光菸,1970年代.

⑲長壽白色淡菸,1980年代.

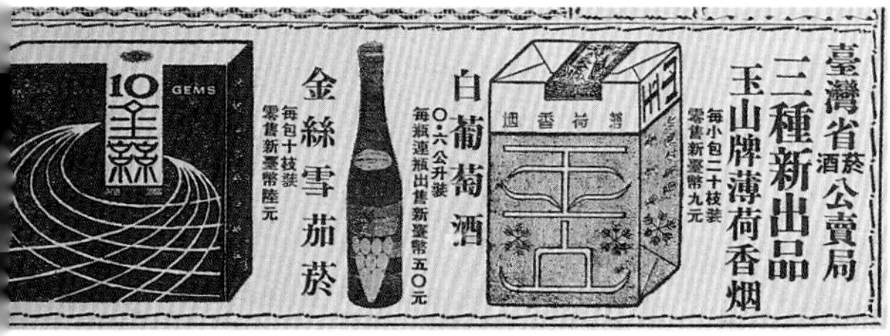

酒公賣局廣告,1961.

㉑台灣啤酒早期的三環商標,1960年代.

㉒台灣黑啤酒商標,1970年代.

㉓台啤獲世界酒類評鑑金牌獎商標,1990年代.

㉔公賣局代製日本聯合啤酒商標,1960年代.

㉕台灣啤酒商標,1990年代.

⑬至㉕莊永明提供

賣局金色年華

彎啤酒與長壽菸

是到戰後設立的台灣省酒公賣局，總會讓人想台灣啤酒與長壽香菸，兩者不但出名，也是政的金雞母。

公賣事業原本是中央政的管轄範圍，但是戰後民政府完全繼日治時代的賣體制，中央政府毛省政府營。公賣局然只是省政府組中不起眼的二級位，但是員工人、配銷所與土地資產卻常驚人。從1960年到1969年，公賣利益就占省政府總收入的一半以上，幾乎是當時課稅收入的兩倍。但是隨著經濟自由化的呼聲日益高漲，公賣局也面臨與民爭利的質疑。另一方面，隨著國外菸酒開放進口，只此一家的產品受到市場嚴厲考驗。面對挑戰，公賣局也開始規劃民營化走向，同時也試圖擺脫以往老舊的官式作風，頻頻打出以年輕人爲訴求的廣告。（洪震宇）

㉖公賣局代製日本麒麟啤酒商標,1960年代.(莊永明提供)

專賣特別證

專賣是政府的事，民衆要經營專賣商品，必須先取得政府頒發的許可，戰前戰後皆是如此。1945年國民政府從日本人手中接收台灣，也接收了日本人設立的專賣事業，從多如牛毛的專賣憑證可以看出，對台灣人來說，前後兩個政府真是換湯不換藥。1947年爆發的228事件，起因就是公賣局前身「菸酒專賣局」為了取締私煙，引爆嚴重官民衝突，專賣局並遭到民衆包圍，後來專賣局為了減輕負面印象才改為公賣局。

㉗菸草販賣特別許可商店的商標,1930.(遠流資料室)

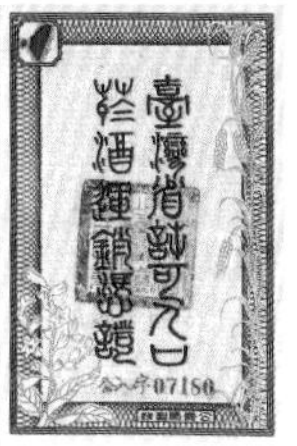

㉘菸酒運銷憑證,1950年代.(莊永明提供)

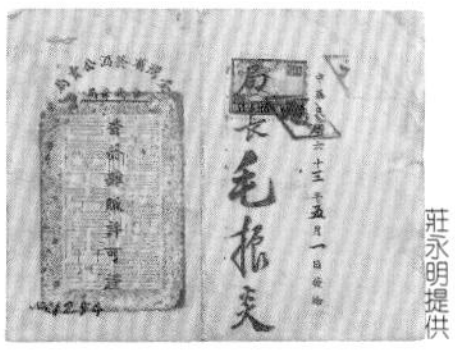

㉙五年有效期的台北市香菸攤販許可證,1974.

莊永明提供

㉚菸酒公賣局輸入品配銷證,1960年代.(莊永明提供)

㉛專賣諷刺漫畫,葉宏甲繪,《新新》2期,1946.2月.

鄭世璠提供

1 日本政府為籌措戰爭經費而發行的「大東亞戰爭」公債,1943.

一切爲帝國：日本殖民時代債券

台灣在日治時期就有股票，只是當時不稱股票而稱「株券」，因爲這些株券都是由株式會社所發行的。株式會社有官營、民營、或官民合營，民營又可分日資、台資。當時並沒有形成株券交易的集中市場，只有一些私下交易或股金募集。總督府有時也介入其中，向有力人士勸募認股。不過，這些株券的入股與交易，與一般民衆大多無關，主要從事者還是資本雄厚人士。

除了株券，日治期間另一種債券是政府發行的公債。1899年3月「台灣事業公債法」頒布，立法的目的是協助殖民政府在台推動殖民事業基礎工程。同月，台灣總督府就發行總額達3千500萬日圓的公債，以籌措台灣鐵道、基隆港及土地整理等支出費用。不過，這批公債均由台灣銀行承購。隨後台灣財政趨於健全，政府未再發行公債，一直要到1932年才再發行金額3千200萬日圓的公債。

1936年以後，日本推行南進政策，積極向外擴張，需要台灣負擔經費。1937年中日開戰，隔年總督府發行「事變公債」。1940年第一期「愛國公債」開始發行。1941年太平洋戰爭爆發，殖民政府爲籌措軍費，繼續在台灣發行公債，以彌補戰費支出。（洪震宇）

2 台灣合同鳳梨株式會社株券,1935.
3 台灣拓殖株式會社株券,1936.
4 戰時教育結婚資金保險證券.東京第一徵兵保險株式會社發行,1942.
5 台中振南貿易株式會社株券,1920.
6 台灣製糖株式會社株券,1921.
7 支那事變(七七事變)報國債券,1931.
(2至5簡義雄提供,6 7莊永明提供)

臺灣省實物土地債券
甘藷折付現金券第柒次本息券
甘藷壹千公斤
發行區域 臺中縣
憑此本息券於中華民國四十五年七、八月公告償付之日
折算之現金
主席
財政廳廳長
經理銀行 台灣土地銀行
中華民國四十二年八月一日
7
09201313

⑧耕者有其田政策後發行的台灣省實物土地債券,地主可藉此換領稻作農穫等實物.1953.（莊永明提供）

⑨台灣水泥公司轉民營股東大會上打算盤的會計們,1950,鄧秀璧攝.

【土地換股票】 戰後政府的土改政策，以釋出公營企業股票做為地主的補償，大多數小地主因而沒落，成為持股的散户，少數大地主階層則重新抬頭，獲得台泥、台紙、農林、工礦四大公司的經營權。在有土斯有財的觀念裡，這些股票只是無用紙張，散户的眼神透露出些許徬徨。（台泥轉民營股東大會,1950,鄧秀璧攝,中央社提供）

⑩股票因中共軍事演習而重跌,政治影響經濟,波動股價是台股的特性.

民股票運動

953年，耕者有其田政
進行，政府為彌補地主
失，以實物債券與四大
營事業股票做補償，這
債券連同政府先前發行
公債，開始在市面流
，一時間街頭鄉里出現
多寫著「買賣證券」的
紙條，等著仲介股票交
，但一切還未上軌道。
962年台灣股市集中交
正式開始，但上市公司
投資人有限，股市表現
調，一直到1980年代
期之前，股價指數始終
1000點以下徘徊。但
沒想到此後由於游資過
，資金開始集中到股
，短短幾年間，股票指數一路狂飆突破萬點，股票投資也成為全民最熱中的活動，從菜籃族、街頭小販到政府官員，人人都成為股市專家。

股市本來就起起落落，但是台灣的現象是只准股市上漲，股價下跌就要政府負責，「護盤」竟成為政府的最大任務。股民儼然成為特殊族群，證券公司（號子）變成社交場所，只要政策違背股民利益，投資人就走上街頭。在政治人物暢談族群、政黨大和解之前，台灣股民早就不分天南地北、男女老幼，水乳交融地大和解了。（洪震宇）

⑪股市交易行情表,數字上下震盪,心情上下起伏,2000,陳炳勳攝.（數位時代雜誌社提供）

東亞第一賭國

「賭博共和國」原本是用來形容台灣1980年代末期的投機現象，但是台灣人堅強的賭性早在20世紀初就讓日本人見識到了。爲了抑制賭風，官方曾經大力取締賭博，卻成效不彰。這時馬尼拉與華南地區發行的彩票也受到台灣人的歡迎，導致資金大量外流。

1906年，台灣總督府開始發行彩票，一方面籌募慈善、衛生、廟社保存所需資金，另方面也同時把賭博納入管理；當時也跨海向華南地區發行。每期彩票開獎當天，政府要員、法官與民間有力人士還會到場見證，可見官方對彩票公正性的重視。不過隨後由於投機者經常哄抬價格，甚至變造彩票來詐領獎金，總督府不得不在隔年3月宣布中止彩票發行。1944年爲籌措軍費，總督府亦曾發行「奉公彩票」。（洪震宇）

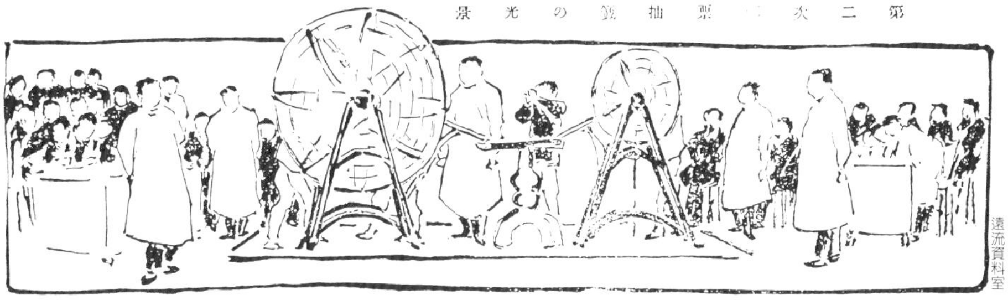

遠流資料室

1 1906年12月第二次彩票公開抽籤情景，地點在總督府專賣局內，取自《台灣日日新報》漫畫，1906.12.27.

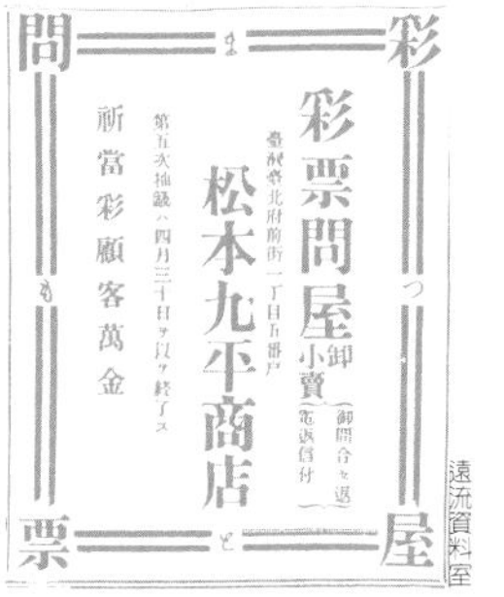

遠流資料室

2 彩票批發商廣告，取自《台灣日日新報》1906.12.27.

遠流資料室

3 雨後在彩票局前觀看彩票中獎號碼單的民衆，取自《台灣日日新報》漫畫，1906.12.27.

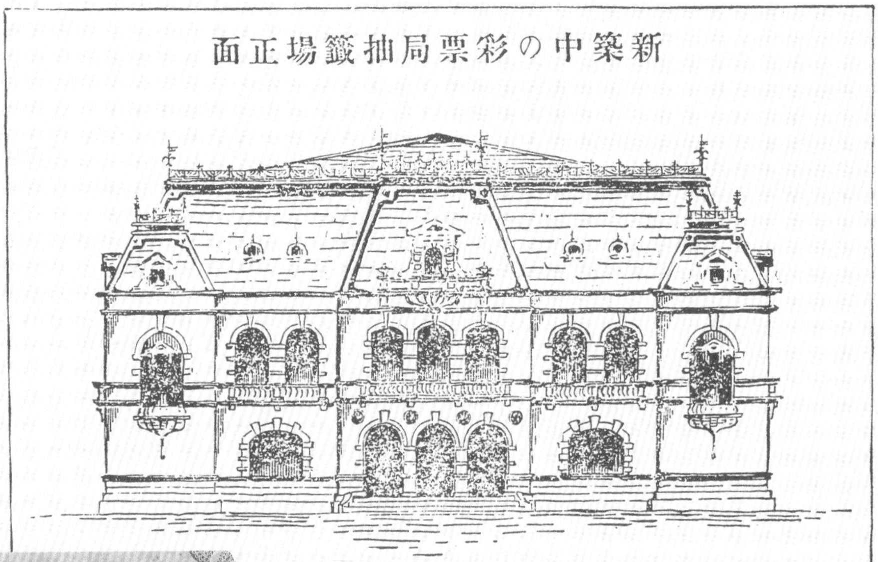

遠流資料室

【彩票局】這是興建中的彩票局建築正面描繪。不過
票在發行三回後就停辦，彩票局也改爲總督府博物館，
再改爲圖書館，藏書之豐居東亞之冠，可惜此建築後來
於太平洋戰爭時期的美軍轟炸。（取自《台灣日日新報》1906.12.27.）

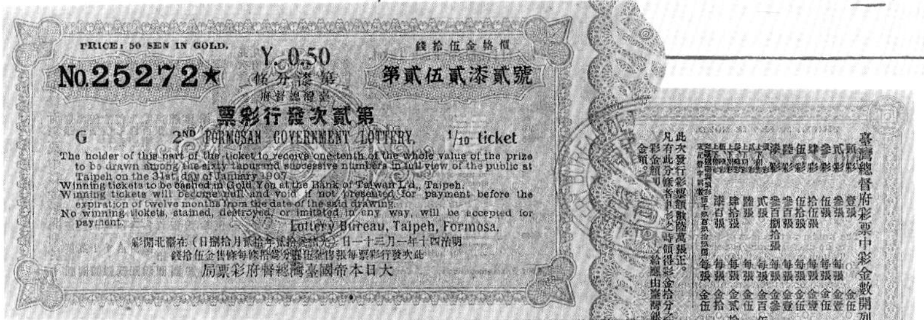

4 台灣總督府彩票局發行的第二回彩票（正、背面），1907.1.31.（陳瑞和提供）

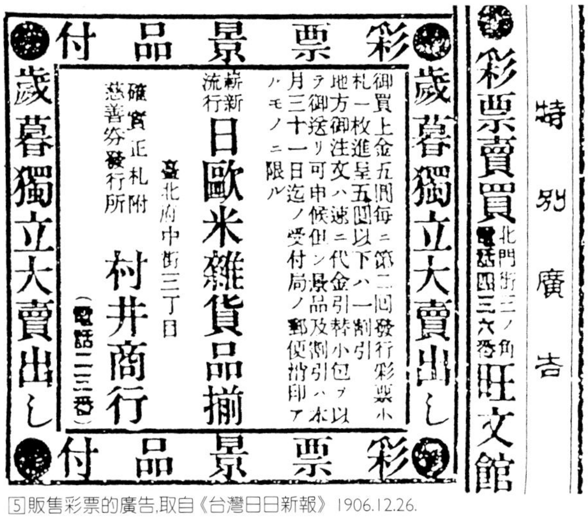

遠流資料室

5 販售彩票的廣告，取自《台灣日日新報》1906.12.26.

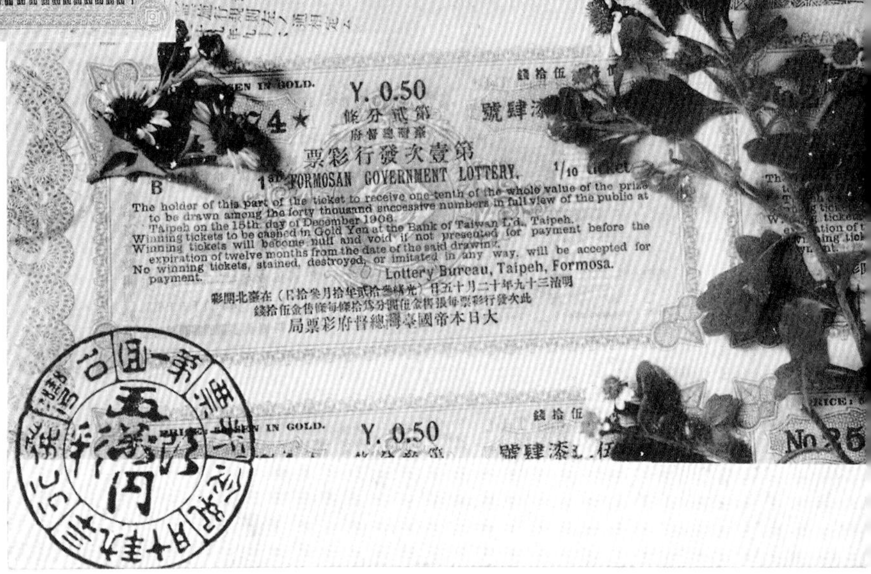

6 第一回彩票發行紀念明信片，1906.

國獎券行,1985,陳炳勳攝.（天下雜誌社提供）

10 愛國獎券1134期,1986.6.25.

11 台北市社會福利彩券,1985.

12 高雄市公營彩券,1998.

13 中華民國公益彩券第1期,1999.

錢來也！

從金錢遊戲中可以看出台灣人在數字方面具有無窮想像力，從股票、大家樂到六合彩，都有神鬼附會其間。賭迷除了透過夢境或香灰形狀來了悟神意外，甚至連監督愛國獎券開獎的省議員生日、門牌、車牌號碼等，只要是能跟數字扯上關係的，都是簽賭時苦苦參解的明牌。然而賭迷也非常現實，只要預測精準，廟前總是香火鼎盛，一旦失靈，神像立即斷頭斷臂、到路邊流浪。

滾錢
想賺大錢

從1950年到1987年，灣銀行發行的愛國獎券共賣了七百億元，繳回庫的盈餘，高達三百億。它曾陪無數台灣人走貧困的年代，在「一券手，希望無窮」的口號，成爲市井小民一圓發夢的重要寄託。

但是隨著1980年代中民間游資的氾濫，金錢戲風靡，愛國獎券的開號碼也被中南部的大家賭博所利用，做爲兌獎據。就像20世紀初的督府彩票一樣，政府也中止發行的方式，解決設歪風。不過，賭興不減的台灣民衆，立刻改採香港的六合彩開獎號碼兌獎，而且六合彩是一周開獎兩次，更能滿足台灣人投機發財的心理。

1998年，高雄市政府率先發行公益彩券，導致與中央政府爭執對立的局面，最後以停辦收場。1999年，中央政府發行公益彩券，目的已從早年的愛國改爲此時的公益。

彩券將市井小民的發財夢與社會公益相扣連，其實有種「窮人互助會」的味道。不過，採取當場現刮、一翻兩瞪眼的小額中獎方式，不若六合彩刺激，也沒有明牌可求，或許無法滿足一些民衆偏好辛辣的重口味。（洪震宇）

8 豪興愛國獎券行戳章,1986.（莊永明提供）

莊永明提供

9 救濟大陸同胞的獎券,特獎獎品是鑽石,1955.

14 六合彩賭客凝神觀看香柱上的明牌,1992,中和,蔡明德攝.

1「什麼東西都有,但是,不夠錢」,陳家鵬繪,《新新》2期,1946.2月.(鄭世璠提供)

電扇600萬！
通貨膨脹真艱苦

現代金融體系帶來了資金調度的便利，但惡性通貨膨脹也成了它的夢魘，政府只能不斷趕印鈔票來追上極速攀升的物價。台灣戰後就遇上這樣的浩劫，不僅日常用品奇貨可居，連基本的糧食也發生問題。對生在稻米之鄉的台灣民眾來說，「米荒」是不可思議的事情，但卻在回歸祖國後發生了。

日治時期雖然建立完整的金融制度，但金融業務幾乎都是以日本人與本地有錢人爲對象，因此一般民眾調度資金的需求，仍然提供地下錢莊發展的空間。甚至在戰後初期，地下錢莊除了高利貸業務，還經營外匯業務，當時光是台北市一地，就有四百多家地下錢莊。

因此，當台灣被捲入戰後大陸持續性的惡性通貨膨脹暴風，地下錢莊潛藏的危機也就正式暴露出來。其中最著名的是1949年5月間爆發的七洋倒閉事件，許多民眾因此血本無歸，雖然政府加緊查緝地下金融，但卻衍生地下錢莊的倒閉風潮，讓金融風暴更加動盪。（洪震宇）

【大物件，換小錢】二戰後的台灣，凋蔽殘敗的百業等待復甦，民生物資也極度匱乏，此時金融市場卻又一片混亂，大陸國幣、台幣兌來換去，把錢越變越小，在惡性通貨膨脹的陰影下，平民百姓只能揀到什麼算什麼了。圖爲1945年台北市民在戰爭期間墜毀的軍機殘骸中，揀拾可用物資，準備論斤賣出。（1945,鄧南光攝.）

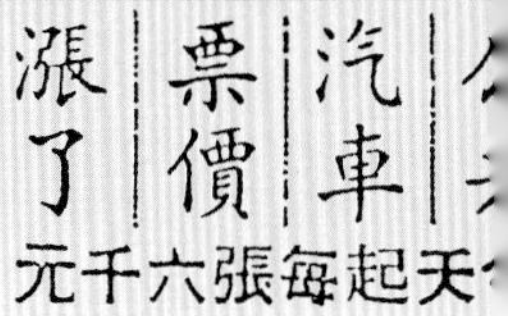
汽車票價漲了
天起每張六千元

7 1949年通貨膨脹報導.(遠流資料室)

各地殺人米價
請拿出辦法來

3《商工經濟日報》米價報導,1948.3.6.(遠流資料室)

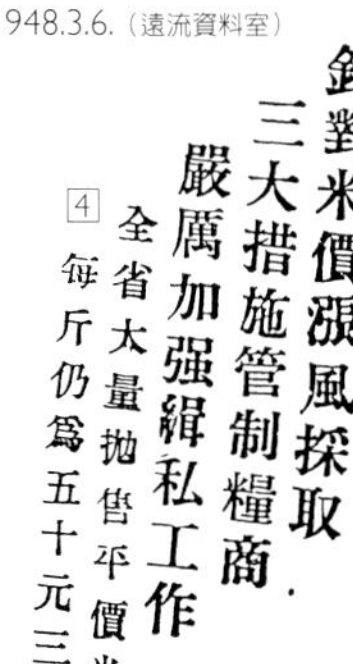
針對米價漲風採取
三大措施管制糧商
嚴厲加强緝私工作
全省大量拋售平價米
每斤仍爲五十元三角

當局决心解除米荒
限令米商定量發售
市民每戶憑證可買六斤
每斤售價一萬五千五，昨日
售出一千三百九十六包。

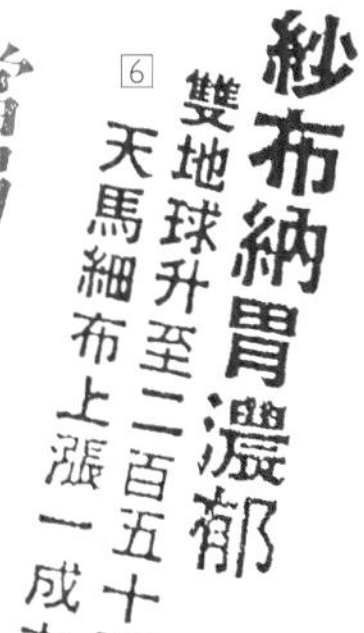
紗布納胃濃郁
雙地球升至二百五十萬
天馬細布上漲一成左右

4 5 6 取自1949.5-6月《民族報》剪報.(遠流資料室)

「燒肉粽」的故事

自悲自嘆歹命人，父母本來眞疼痛，乎我讀書…
落冬，出業頭路無半項，暫時來賣燒肉粽，燒肉粽，燒肉粽，賣燒肉粽。

物件一日一日貴，厝內頭嘴這大堆，雙腳行到…撐腿，遇到無銷上克虧，認眞再賣燒肉粽，燒肉粽，燒肉粽，賣燒肉粽。…………

「燒肉粽」由張邱東松作詞作曲，創作年代正是1949國府遷台的那一年，當時台灣社會正面臨嚴重的通貨膨脹及失業問題。這首歌眞切地道出市井小民生活的悲苦，因而傳唱台灣南北。

2「原來如此」,華王兒繪,《新新》3期,1946.3月.(鄭世璠提供)

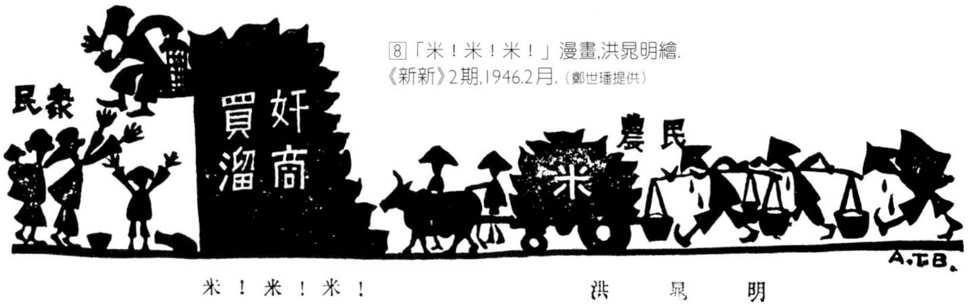

8「米！米！米！」漫畫,洪晁明繪.《新新》2期,1946.2月.(鄭世璠提供)

華南電球啓事
謹告全省各界配購
本廠為徵求實際用戶明瞭本牌品質之優劣不惜鉅大犧牲舉辦全面配銷辱蒙各地各大電料行踴躍登記賜予協助至深感謝茲定於本月十一日起至十五日止在此期內請各界用戶向當地電料行每戶配購二只機關團體每單位限購五百只為日無多幸勿向隅
●逾期即照定價五萬元出售●
配價六折每只叁萬元
△臺北臨時配購處▽
臺北電料行 延平北路一段一三二號
陳建豐行 鄭州路六三號
遠東水電行 西寧南路一六七號
祥生行 館前路二六號
亨昌電氣行 信義路二段一一四號
太一行 延平北路一段三三號
電扇六百萬

9 10 1949通貨膨脹期間報紙上的民生用品廣告.(遠流資料室)

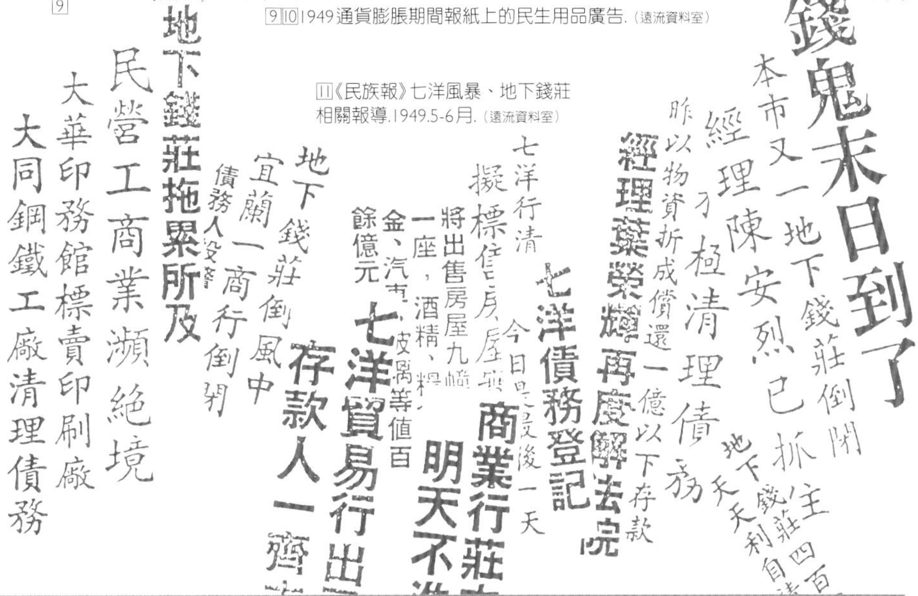

錢鬼末日到了
本市又一地下錢莊倒閉
七洋債務登記
地下錢莊拖累所及
民營工商業瀕絕境
大華印務館標賣印刷廠
大同鋼鐵工廠清理債務

11《民族報》七洋風暴、地下錢莊相關報導.1949.5-6月.(遠流資料室)

地下錢莊錢吃錢

國民政府戰後初期在大陸經歷了金融失控的慘痛經驗，來台後特別嚴管金融市場，除了限制金融機構數目，也約束其經營項目。1960、70年代，隨著經濟成長，許多企業家擁有雄厚資金後，也想跨足金融業。依規定不得開設新銀行，只能以成立信託公司或入股地方性信用合作社，來滿足這些企業家的金融家夢。

然因政府執法不嚴，在1980年後這些金融機構陸續發生問題，例如亞洲信託、國泰信託、第十信用合作社、華僑信託等，因為他們用高利息吸收存款，又將資金投入股市與房地產，或是將資金貸給關係企業，當這些公器私用、人謀不臧的行為爆發後，發生了戰後台灣史上最大的金融風暴。

其中令人印象最深的是「十信案」。當時任十信理事主席的立委蔡辰洲，頂著良好政商關係，挪用合作社鉅款，事件爆發後，引發台灣金融史上最大的擠兌風潮。類似的案件暴露出台灣金融監理機制的嚴重缺失。

12十信弊案爆發後存款人擠兌現場,1985.2.11,陳明仁攝.(中央社提供)

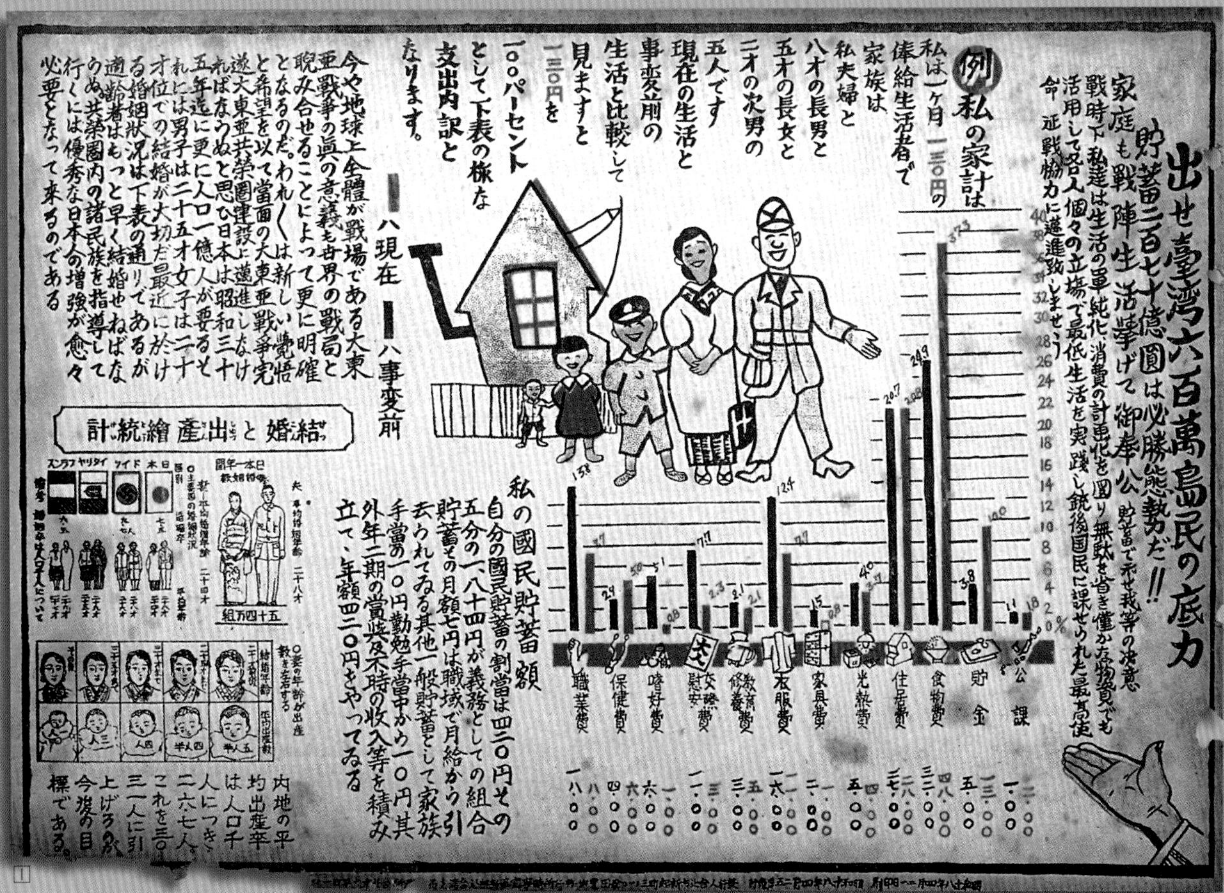

編輯員 鄭世潘
自今月俸金六十五圓ヲ給ス
昭和十八年十月三十日
株式會社臺灣日日新報社

龍山區公所員工實物配給
食米單
No.
姓名	吳瓊波
年月份	53年2月份
數量	194公斤
發單人蓋章	

本單無加蓋發單人...

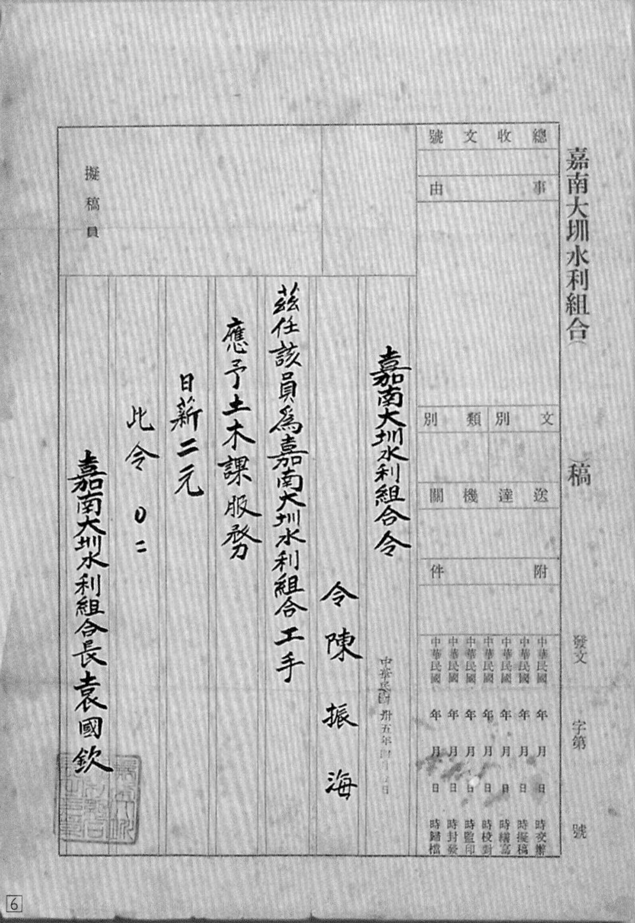
嘉南大圳水利組合
稿
嘉南大圳水利組合令
令陳振海
茲任該員為嘉南大圳水利組合工手
應予土木課服務
日薪二元
此令
嘉南大圳水利組合長袁國欽

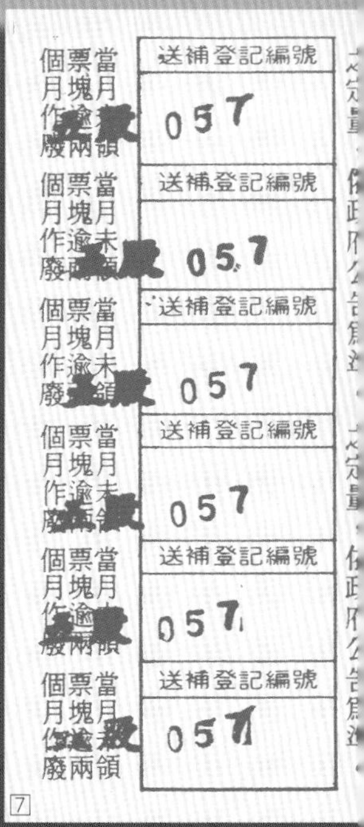

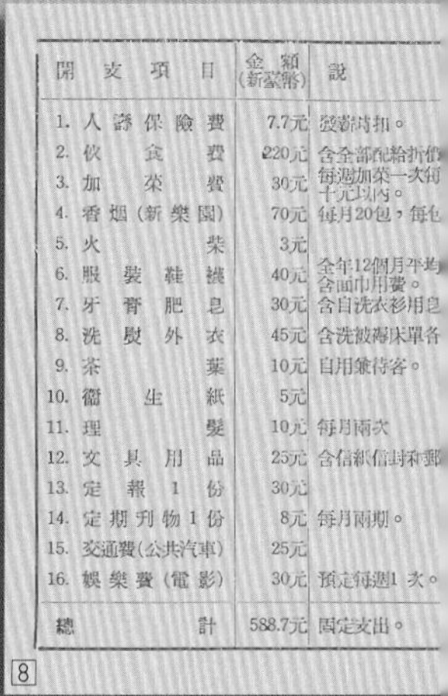
開支項目	金額(新臺幣)	說
1. 人壽保險費	7.7元	發薪時扣。
2. 伙食費	220元	含全部配給折價
3. 加菜費	30元	每週加菜一次每十元以內。
4. 香烟(新樂園)	70元	每月20包，每包
5. 火柴	3元	
6. 服裝鞋襪	40元	全年12個月平均含面巾用費。
7. 牙膏肥皂	30元	含自洗衣衫用皂
8. 洗熨外衣	45元	含洗被褥床單各
9. 茶葉	10元	自用兼待客。
10. 衛生紙	5元	
11. 理髮	10元	每月兩次
12. 文具用品	25元	含信紙信封和郵
13. 定報1份	30元	
14. 定期刊物1份	8元	每月兩期。
15. 交通費(公共汽車)	25元	
16. 娛樂費(電影)	30元	預定每週1次。
總計	588.7元	固定支出。

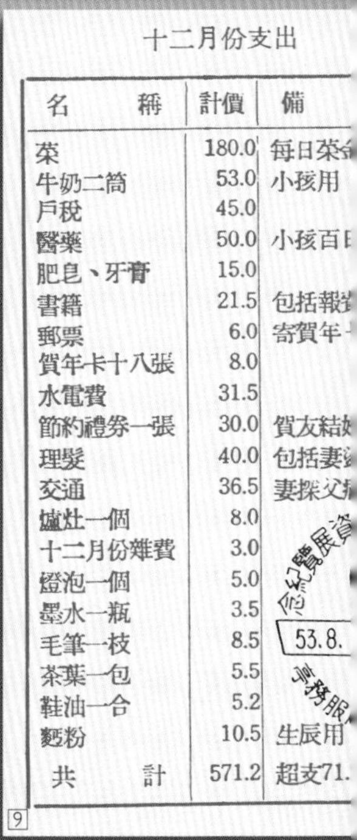
十二月份支出

名稱	計價	備
菜	180.0	每日菜金
牛奶二筒	53.0	小孩用
戶稅	45.0	
醫藥	50.0	小孩百日
肥皂、牙膏	15.0	
書籍	21.5	包括報紙
郵票	6.0	寄賀年卡
賀年卡十八張	8.0	
水電費	31.5	
節約禮券一張	30.0	賀友結婚
理髮	40.0	包括妻
交通	36.5	妻探父
爐灶一個	8.0	
十二月份雜費	3.0	
燈泡一個	5.0	
墨水一瓶	3.5	
毛筆一枝	8.5	
茶葉一包	5.5	
鞋油一合	5.2	
麵粉	10.5	生辰用
共計	571.2	超支71.

拾穗，在百年金錢的風雲過後

回味百年金融更迭的田園
在一畦一畦的收成後
總還有些值得你我拾穗
……

新辭彙·舊時語

【老鼠會】日治時代即已出現的直銷事業，當時規模並不大。第二次大戰後，直銷事業不但規模變大，而且朝企業化方向發展，因此在發生倒閉事件時，往往會有一大串的受害人遭受到波及。

【跑三點半】銀行營業至下午三點半，在打烊前幾分鐘，總有剛調足頭寸的人，急忙衝到櫃檯存款，補足戶頭的不足額，以免所開出的支票發生跳票，喪失信譽。

【十信事件．鴻源事件】均為發生在1980年代中後期因惡性吸金所導致的金融風暴。前者為國泰集團蔡辰洲把台北市第十信用合作社私有化，向合庫違法貸款，並以優利吸金，因資金周轉惡化引起擠兌恐慌。鴻源事件則是以高利吸金的地下投資公司發生倒閉的嚴重案件。二者反映出政府監理不周與民間投機風氣的熾盛。

【洗錢】經由合法的金融體系管道，將非法所得錢財轉為合法資金，以逃避查

【錢】指隨著1990年代全融自由化趨勢下，在各融市場中迅速移動的投資金，以操作短期獲利票、外匯為主，而不是對廠房、設備、經營等項目的長期固定投資。

【塑膠貨幣】一種非實體性貨幣，如金融IC卡、信用卡等。塑膠貨幣建立在金融體系的穩固聯繫上，它讓金錢交易成為帳面的數字變化，一卡走天下成為可能，1990年代台灣才開始大量通行。

尋常百姓錢財事

【圖片說明】1 太平爭戰爭時期儲蓄報國政策下的「六百萬島民儲蓄力統計表」,約1940年代.（洪聰益提供） 2 1943年《台灣日日新》報社編輯聘書上的月薪是65圓.（鄭世璠提供） 3 國軍同袍儲蓄創辦10週年紀念戳,1969.（遠流資料室） 4 第一銀行第一代標誌,約1910年代.（遠流資料室） 5 公教人員配給米食單,1964.（莊永明提供） 6 戰後舊台幣時代嘉南大圳水利組合會聘書上的每日工資為2元,1946.（張素娥提供） 7 公教人員配給糧票上的戰時動員說明,約1960年代.（莊永明提供） 8 9 1950-70年代的公教人員薪資偏低,圖為教師將「每月開支表」投函到《自由中國》月刊要求政府改善待遇,1957.（遠流資料室） 10 銀行業務與證券投資展覽戳,1964.（遠流資料室） 11 12 13 14 早期軍公教人員糧票.（莊永明提供） 15 百年來地下錢莊始終是民間資金流通的重要管道,圖為汽車買賣廣告紙,1999.（遠流資料室） 16 信用卡帳單, 2000.（鄭麗卿提供） 17 貸款是現代台灣人的理財重要機制之一,圖為房貸廣告,1999.（富邦銀行提供） 18 一銀來電速貸廣告,2000.（遠流資料室） 19 開放新銀行成立之後,銀行間業務競爭大,信用卡業務是戰場之一,圖為各銀行以時髦偶像人物為訴求的信用卡宣傳冊,2000.（莊永明提供）

歷史照相簿

人的記憶，無法永存，留住歲月痕跡的是影像。

「文字的歷史」，由於解釋權的歸屬，容易產生爭議。而留住「短暫印象」的相片，往往是佐證歷史的重要史料，也因此有一個影像勝於一堆文字敘述的說法。

按下快門，記錄的不只是生活的碎影，有時也是歷史的真相，一幀一幀的圖像，就有如一頁一頁的史實。

影像資料的不足，讓我們在重構歷史場景時，很難拼出全貌，所以我們藉著「歷史照相簿」專輯，顯影過去，重現舊時光影，讓子子孫孫永遠不失憶。

皇國的足跡

日軍侵台的乙未之役，台灣人死亡1萬4千多人，日軍死亡4,806人，其中戰死者僅164人，其他4,642人多爲罹病亡故；連率領征台勁旅「近衛師團」的北白川宮能久親王，亦喪命台灣，死因衆說紛云。

「稟賦強壯」的能久親王，從5月29日鹽寮登到10月28日遽逝台南，短短150餘天內征戰各地凡他歇腳、紮營或徵住的民宅，都被視爲「御地」；若不是在原地建紀念碑，便是保存建築物及相關文物，以供祭拜瞻仰，殖民政府將其神化本統治台灣的象徵。1905年能久親王亡故10週年

1

1 任內大力推動「理蕃事業」的佐久間左馬太總督征討太魯閣蕃凱旋歸來,1914,台北車站前.(國圖台灣分館提供)

2 在登基前三年,裕仁太子來台旅行視察時,於總督府前乘坐馬車準備出巡,1923.4月.(洪聰益提供)

2

督府在台北劍潭山興建「台灣神社」（今圓山飯店）他，做爲在台最崇高的官幣大社，每年舉行祭後永爲例。台灣神社外，全島各地也都普設神大部分奉祀能久親王。祭拜神社原爲「年例」，皇運動期間，殖民政府爲凝聚島民向心力，更取代的寺廟、宗祠，台灣人必須經常前往參拜。

此外，1910年到1914年執行「五年理蕃計畫」，以強大兵力血腥鎮壓原住民的佐久間左馬太總督，亡故後亦建有神社和紀念碑。甚至1923年4月抵台視察旅行的太子裕仁（後登基爲昭和天皇），僅12天的參觀地點，也大多立碑紀念。戰後，神社多被拆毀，只剩桃園神社留存改做忠烈祠。（莊永明）

4

5

6

3 新竹州尖石神社，在太平洋戰爭爆發後的1941、1942年間建成，因神社在派出所旁，所以居民經過神社前方時，因畏懼警察大人，都會按規矩向神社敬禮，圖爲奉納祭典，1942-43年間。（楊仁杰收藏/陳板提供）

4 位於台北圓山的「台灣神社」是1905年在第四任台灣總督兒玉源太郎任內興建的，神社奉祀的是死於1895年乙未征台之役的北白川宮能久親王，「台灣神社」也是台灣各地神社的「總舵主」，1930年代。（莊永明提供）

5 紀念征台期間戰死日軍的台北建功神社，約1930年代。（莊永明提供）

6 東門城郊牧童與台北總督府，台灣西洋現代美術教育的啓蒙者——石川欽一郎這幅簡筆速寫，無意中留下了台灣最高權力中心，與純樸民間情調的絕妙對比，令人不禁想起「帝力於我何有哉？」的寫意心懷，約1930年代。（莊永明提供）

戰歌嘹亮，爲何而戰？

台灣似乎難有和平的日子；統治者不是把台灣做爲「南進基地」，就是把它當做「反攻跳板」，不然也視之爲「不沉的航空母艦」。整軍備武，就是要有雄赳赳、氣昂昂的軍人，做了軍人，卻不知「爲何而戰？」是台灣人的悲哀之一；服從是軍人的天賦，誰給你槍桿，要你瞄準誰，是不由你問話的。

百年來，台灣人從抗日、懲支（懲罰中國）、剿共（從軍剿共），到負起「光復國土」的使命，都是身不由己不使然。最初，在台灣民主國的「黃虎旗」下戰鬥的「義民」，在日方是「匪徒」。之後是日本殖民政府

1

2

3

1 1940年代太平洋戰爭時期台灣人無分男女老幼全都在太陽旗下愛國動員起來，圖為在新竹芎林公學校受訓的青年團.（徐仁修提供）

2 日中戰爭時在金門島基地駐防的日本兵，1939年3月，取自《日本植民地史》.（莊永明提供）

3 1945年1月，日本殖民政府開始實施徵兵制時的役男體檢情景，來源同 2

在太陽旗下打大東亞戰爭是「台籍日本兵」；戰國民政府募兵，跨海在青天白日旗下打老共，變「台籍大陸兵」；到了「光復國土」時期，只要檢合格的役男，都得做枕戈待旦的「國軍」……經過這一歷程的台灣人家族有機會以軍人身分穿自的軍裝，合拍一張團體照，那會是什麼畫面？

1949年，撤退來台的國軍，不也是「形形色色」嗎？除正規軍隊外還有少年兵、青年兵、木蘭兵……以及被「拉伕」而來的人，各路人馬全到齊了。時代的悲劇，讓他們來到島上成為「阿兵哥」，每天吶喊著「為光復大陸而戰」、「為解救同胞而戰」。沒錯，戰歌嘹亮的年代，占了台灣歷史太多的頁數！（莊永明）

7

8

4 台灣原住民向來驍勇善戰,日本治台初期必須以特別規劃的「五年理蕃計畫」來馴服他們,太平洋戰爭時期則以「高砂義勇軍」的名義徵調他們去南洋打叢林戰,許多原住民青年因此死於異鄉.圖為曾任高砂義勇軍,在戰爭中失去一截左手臂的魯凱族老人,1992,台東大南部落,潘小俠攝.

5 台灣少年團創於1939年,創立者李友邦曾參與日治時期台灣的非武裝抗日運動,1937年中日戰爭爆發後即組織「台灣義勇隊」至大陸從事醫療支援工作,台灣少年團則在大陸地區進行勞軍服務,二者均為李友邦「保衛祖國、收復台灣」理念的落實,戰爭結束,李友邦隨國府返台,後死於1950年代的白色恐怖,台灣少年團的歷史也隨之被冰凍起來,圖為少年團於浙江受訓情景.1939.10.30,俞創碩攝.

（中央社提供）

6 國軍所屬的陸軍54軍士兵進行刺槍操練,約1950年代,花蓮.

（邱榮華提供）

7 1949年,國府自大陸撤退,沿途收容了許多戰亂孤兒,年齡從8歲到16、17歲不等,以13到16歲為多,他們多半在軍中充任雜役或傳令兵, 這些尚未長大即已目睹生離死別的娃娃兵隨軍隊輾轉遷移來台後,孫立人將軍將他們整編為「幼年兵總隊」共1,000人,後移駐台南三分子,羅超群攝.

8 1948年,孫立人將軍在屏東阿猴寮成立女青年訓練大隊,隸屬陸軍司令部,她們來自中國各地,一半是徵募而來,一半是流亡女學生,共有400多人,1950年改為女青年工作隊,隸屬國防部總政治部,在復興崗受訓結業後分發各地,從此展開另一段軍旅生涯,羅超群攝.

躲！躲！躲！躲到防空洞

第二次世界大戰末期，台灣也捲進戰火邊緣。為防美國軍機來襲，全島各地都加強防空、防火演習，晚間實施燈火管制，遇有警報，窗戶天窗都需密遮，嚴防燈光外洩。每戶人家都要挖防空洞，出門時男人準備頭盔，女人要戴防空頭巾。

1943年11月25日，美軍第一次來襲，轟炸新場。1945年5月31日，美國軍機對台北市展開大轟總督府也被轟炸引發大火延燒三天三夜。7月，開島的疲勞轟炸。雖然平時有防空演習，但眞正的來臨，炸彈像雨滴一般落下來，民衆仍然驚慌不

1 戰爭爆發之前總督府即已著手進行防空宣導演習，1934，台灣總督府前.（莊永明提供）

2 台北大稻埕的防空宣導演習.（莊永明提供）

3 二次大戰期間，美軍拍攝的台北空照圖，圖中偏上為其轟炸目標台灣總督府，後來總督府在1945年5月31日被轟炸.（莊永明提供）

4 台灣總督府被美軍轟炸後整整延燒三天，此為受損後斷垣殘壁的景象，1945，李重耀攝.

5 二次大戰後期防空宣導演習相當密集，把窗戶遮上黑布，以防燈光外洩，或頭戴防毒面罩，攜帶水壺躲入防空壕，都是日常訓練之一.（莊永明提供）

6 南部學校女學生頭戴防空頭巾進行防空演練.（張素娥提供）

7 即使在1950年代，防空仍是生活大事，圖為教官們教導長榮中學學生穿戴防毒面具.（長榮中學收藏/台南市文化基金會提供）

1

2

市區及高雄、基隆等要塞地區被轟炸得最厲害，紛紛疏散到鄉間。南部的農地上被炸出一個個大，後來農民就地利用，做爲蓄水池。

49年國府播遷來台，時時準備反攻大陸，對岸也放棄要解放台灣，因此仍然時常在防空演習。防在全島各地處處可見，後來甚至成爲無家可歸者或是流浪狗的窩。在1970年代殘存的防空洞，是學童幻想中的鬼怪和匪諜棲身之處。

不知不覺中，防空洞一個一個從我們身邊消失，祖父母輩兒時「走空襲」的恐怖、又令人興奮的集體記憶，往後恐怕要被「防震演習」取代了。（鄭麗卿）

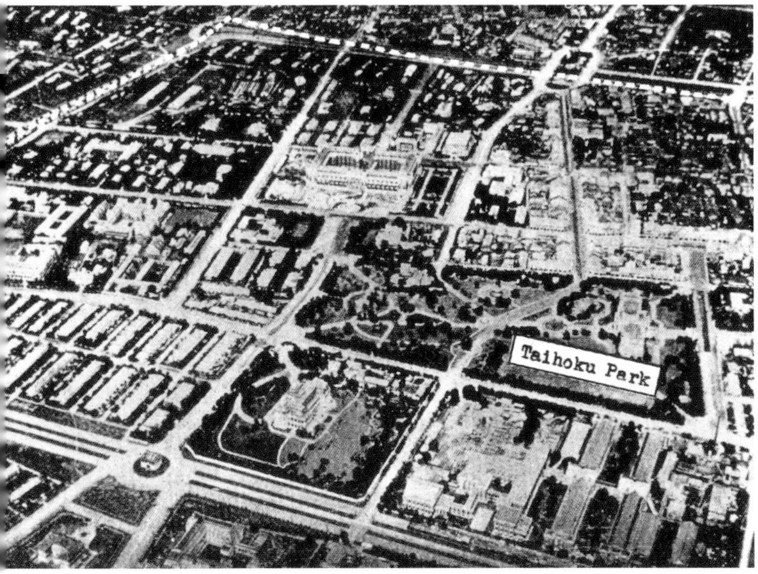

5

6

7

平時如戰時

日本治台期間，對民間組織動員一向不遺餘力，基層除有街庄、保甲等組織系統外，殖民政府也十分重視青年人口。1914年青年團創立，1919年也成立女子青年團。青年團利用晚上在各地方廟口集合訓練，宣示團綱、唱愛國歌、進行檢閱、培養日本精神，也須參加「勤勞奉侍」，做環境清潔衛生、造路等服務。

1915年，台北首創少年義勇團，爲少年團的先
1940年，台灣總督府爲紀念日本皇紀2600年，以養皇民化運動的基層人員，在各地陸續成立國民

1

2

3

4

1 在戰爭時期，日本殖民政府推行街庄健民運動,成年組成員集合在街上做擴胸深呼吸運動,小朋友也有模有樣地學著做.1943,楊梅老街,吳金淼攝.

2 台北高等學校學生在總督府前閱兵,1940年代初期.（莊永明提供）

3 國府的反攻復國信念,無遠弗屆,連在農村都豎立「完成中興大業」的精神感召.其旁正有一隊幼童敲小鑼、打小鼓遊行而過.約1950-60年代,傅良圃攝.（常民文化協會提供）

4 1950年代的台灣,戰爭氣氛濃厚,街頭處處可見和「殺共匪」有關的各種標語,圖為台北第二女中（今中山女高）手持「一條命殺共匪」的看板歡迎韓戰反共義士來台.1954,傅良圃攝.（常民文化協會提供）

5 日、德、義三國締結「軸心國」同盟,州立台南第二中學校師生手持日本國旗和納粹旗幟遊行慶祝,隊伍行經當時的大正公園旁、台南州廳前廣場.1940.10.13.（台南一中收藏/台南市文化基金會提供）

6 一、二、一、二齊步走,1950至70年代軍隊行軍經過大城小鎮是常見的事.這一列行伍正走過當時的台北市重慶南路,一個小男孩專注地看著軍隊的移動,氛圍顯得一片肅殺.傅良圃攝.（常民文化協會提供）

行報國青年隊，徵調地方青年，施予二、三個月動奉侍作業，當時的中部東西向道路（今中橫公身）即利用青年隊的人力開闢；此外青年隊還要軍事訓練，完全展現日本帝國整軍備武的企圖。

府來台之後，「反共救國」成為青年人的使命。大力宣導「時代考驗青年，青年創造時代」，除了把時代青年徵召入伍，更透過教育系統，積極培育「愛國青年」；軍訓課、護理課是學子必修的課程，每個高中生都成為「中國青年反共救國團」的團員，教官「駐校」成為訓導工作的主要人員。軍方介入教育，其實昭示了國府無時無刻不在準備反攻大陸的意圖。（鄭麗卿）

酸甜苦辣從軍記

自太平洋戰爭末期以來，從軍是台灣男性共同的夢魘。在入伍前，全家必定在「光榮出征」的幡旗下合影留念；這一去是否能夠平安歸來，還在未定之數。

823砲戰以後，入伍後眞正上戰場的人越來越少了。雖然少了生命的危險，接到兵單時大家仍是千百
願意。新兵在入伍之前，總會聽說到關於「中心
事：「血濺車籠埔、魂斷關東橋、淚灑金六結、
在新中」，便是關於各地訓練中心的描述。中心一個月的時間很快過去，受訓將結束時，最令人緊
是抽部隊簽，因爲這將決定往後兩年在哪裡度過

1

2

3

1 有人要出征了,同儕兄弟打鼓吹嗽叭,親戚朋友扶老攜幼來相送,場面好不熱鬧.只是這一去,不知能否歸來？歸來又是何年何月何日？彭君心裡恐怕是五味雜陳吧.圖為二次大戰期間在楊梅老坑彭屋茶工廠前志願軍伕彭金泉的出征前紀念照,1937,吳金淼攝.

2 1950年代的入伍青年搭乘「青年從軍專車」前往鳳山新軍訓練基地報到.羅超群攝.

3 年輕的父親要入伍,雙手懷抱稚齡的兒女,與老母、妻子、家人在日式家屋前合影留念.1951.8.21.台北,鄧秀璧攝.(中央社提供)

到「金馬獎」，還得到金門、馬祖外島去。

開中心後，每人根據自己抽到的籤下部隊。部隊輯，是絕對的梯次階級制，剛進部隊的新兵稱爲，必須負荷最大的體能訓練與精神折磨。新兵只耐，等熬到老兵的時候，自然苦盡甘來。

隊裡都是男性，陽剛氣盛又缺乏娛樂。好久才一次勞軍，也是「消火」良方。但對阿兵哥來說，放假比較實在，可以自由選擇「消火」方式。役期剩一年的那天叫破冬，剩一百日那天叫破百。老鳥常說：「什麼都是假的，只有退伍是眞的」，這句話只有自己熬到那天，回首過去的日子才能眞正體驗。畢竟，當個「死老百姓」還是比做「活阿兵哥」好！（黃智偉）

5

4 香港影歌星白光特地來台為蔣中正總統祝壽,也到軍中慰勞三軍將士.1955,10.30.羅超群攝.

5 勞軍不分行業,大家共襄盛舉.即使是在酒家上班的小姐也要慷慨解囊,發動義賣活動來勞軍,1956.3.4,台北,秦炳炎攝.（中央社提供）

6 鳳山新軍訓練基地定期開放新兵家屬親友前往探視,新兵和家屬都期待這樣的「懇親日」,母親殺雞宰鴨的準備食物,妻子或女友悉心打扮來探望,阿兵哥則藉此機會開葷吃好料,並解相思之苦,約1950年代,羅超群攝.

張燈結綵喜洋洋

1945年8月15日，日本宣布無條件投降，經過了幾天，人們對終戰才逐漸有眞實感，從戰爭與被壓抑中解放出來。於是，家家戶戶張燈結綵，鞭炮砰砰響起來。從日本投降到國府所任命的陳儀來台受降這段期間（8月15日～10月25日）是政治眞空期，但整會情勢還算平靜而穩定。

一般民衆對中國或多或少懷有「祖國情結」，14日國府第70軍與長官公署的官員抵達基隆，來島各地歡迎「王師」的民衆，蜂湧在台北車站和碼頭，然而，迎來的卻是一批身著厚棉襖、腳

1

2

1 2 4 5「張燈結綵喜洋洋，光復歌兒大家唱，唱遍城市和村莊，台灣光復不能忘，不能忘，常思量，不能忘，常思量，國家恩惠地久天長，不能忘.」這首台灣光復紀念歌和中華民國國歌、國父紀念歌（原為總理紀念歌）、反共復國歌等四首名歌，是國民小學音樂課本必錄，可見國民政府多麼重視宣導「光復」.而十月慶典的雙十節、光復節、總統華誕（蔣介石生日）也一起冠上光輝十月之名，以廣召天下來台慶祝.以上圖象為1945年9-10月期間，台中、台北、新竹等地民衆歡迎國府、慶祝光復的場面，圖 5 的新竹東門上還有大大的「歡迎」二個字.
（遠流資料室）

3 1948年台灣省博覽會萬人空巷的盛況，從當時名叫介壽館、現今的總統府正門露台看出去，台北市還相當空曠，廣告看板上的駱駝牌電鐘、鼎新染織廠、派拉蒙雨衣等民生用品，恐怕也沒有多少人記得了.鄧秀璧攝.
（中央社提供）

6 戰後台灣的第一本人文雜誌是1945年11月創刊的《新新》月刊，創刊號封面的「主角」是一座歡迎國軍的牌樓，青天白日滿紅的國旗在牌樓上飄揚著，兩位穿旗袍的女郎漫步而過，洋溢著「光復」初期的台灣一片歡騰、期待的氣氛.（鄭世璠提供）

台南廢墟寫眞：眞實的畫

從彷徨在恐怖轟炸的悲哀(現已成爲過去的回憶)中解放出來，來到受災害的地方時，發現了美麗玄妙的形色，不禁發出感嘆。

這片帶著極其酸慘過去的風景，是一段歷史結束的創造吧。

對發見這種風景而感到歡喜的美術者，他的歡喜，也許是忘了過去悲慘的一種惡魔的笑吧。

在充滿如畫風景的台南，因轟炸所造成的廢墟，多麼美麗……

遠隔著一個崩壞的拱門看去，青天白日滿地紅旗，翩翩飛揚！那是引導榮光和自由的旗幟啊！

在以廢墟爲前景的美景裡，我肅然地喊叫，在心底喊叫：

「畫，畫啦：眞實的畫啦！」

譯寫自〈眞實的繪〉，王花文/圖，
《新新》月刊4-5號，1946.（鄭世璠提供）

3

揹著大鍋挑米簍的國軍……。

月25日在台北公會堂由陳儀主持受降典禮，並宣從今天起，台灣和澎湖正式重入中國的版圖」，此而被定為「光復節」。1948年，為慶祝第三屆光復國府特別舉辦「台灣省博覽會」，除了本地的展品尚有上海、天津、山西、廣州、四川等地運台的展覽品。此次博覽會的用意在於展示台灣光復三年以來的政績，並招徠大陸人士來台參觀。博覽會第一會場即設在由台灣人捐款修復的、戰爭期間被美軍炸損的總督府，當時的台灣總督府原準備做為蔣介石六十壽誕的紀念建築——介壽館，沒想到一年後兩岸分隔，從此成為中華民國的總統府。（鄭麗卿）

5

6

美麗的光復日

周伯陽

蔚藍的天空下
百花裝飾的歡迎門聳立
現在
開始初綻光復歡欣的笑容
紅色春聯的詩
懸垂空中的新娘燈
都是隱藏在內心遙遠的回憶
受扭曲半世紀的腦海裡
就如同垂死前的一片荒漠

路上的同胞
懷念啊
回憶那搖籃的曲調
赤誠凝集熱血澎湃洶湧
菊花的香氣飄浮
絢麗的馬車催促
嶄新世紀的到來
豐富的鄉土情懷
曾經如陽光般地熾烈
歡迎門啊
就如同節日裡織夢的少女

譯自《新新》雜誌創刊號，1945.11月。(鄭世璠提供)

國恩家慶，普天同慶？

「國慶日」又稱雙十節，是中華民國的「生日」。每年的這一天，全台灣家家戶戶必須懸掛國旗，不必上班也不上課，是「光輝十月」第一個來臨的慶典。

國慶日通常有兩個重要節目，一是總統府前的閱兵和遊行，一是當晚淡水河畔的煙火晚會。每年到月初，總統府前就搭起五顏六色的牌樓，高塔上起慶祝國慶的標語，令原本肅穆的總統府廣場，熱鬧親切了起來。

10月10日上午的閱兵，由三軍統帥蔣中正總統主持。陸、海、空三軍各種部隊，依序將光鮮亮

1 中華民國51年國慶慶祝大會,1962.10.10,潘月康攝.（中央社提供）

2 「中華民國萬歲、三民主義萬歲」大汽球也是國慶遊行的主角之一,1961.10.10.（國史館提供）

3 蔣中正總統校閱兵工部隊,1956.（中央日報社提供）

4 國慶閱兵隊伍經過總統府前接受校閱,1952,鄧秀璧攝.（中央社提供）

5 國慶最佳男主角──國軍,1991,劉振祥攝.

6 國慶閱兵隊伍中的木蘭隊經過重慶南路,約1970年代.（莊永明提供）

1

2

3

搬上台北街頭，讓民眾開開眼界。天空上則有戰凌空飛過，還故意將後燃器打開，讓廣場上的民驗音爆的「震撼教育」。新型武器也不忘藉機展象徵國力壯盛的閱兵結束後，就是「表現」四海的節目，如民間遊藝活動，而學校的儀隊、樂隊藉此互別苗頭。更令人期待的是夜晚淡水河岸放煙火，水門內外擠滿看煙火的群眾。

為達成普天同慶的目的，每年雙十節不忘邀請各國使節代表、歸國華僑參加，華埠小姐往往是媒體報導焦點。世界各地的大使館、辦事處、華僑會館，也在當天舉行酒會舉杯遙祝「國運昌隆」。但其實，在十月一日的另一個「國慶」，他們也可能參加！（黃智偉）

6

超級政治巨星

韓戰以後，美國成爲台灣最好的盟友。美國的政治巨星們，像麥克阿瑟、羅斯福，在台灣也一樣是巨星，甚至有道路以他們來命名。台北市有羅斯福路，台北到基隆的高速道路命名爲「麥克阿瑟公路」。二次大戰的聯軍統帥、後來成爲美國總統的艾森豪也位超級巨星，來台短短二十四小時的訪問，就讓台灣社會興奮了好久的時間。此外，名列外國「亞洲獨裁者」之一的韓國大統領朴正熙也曾來台

衆多巨星中，最耀眼的當然是台灣的最高領袖正。蔣中正生前領導我們反共抗俄，死後留下銅

1

2

3

長相左右。曾經，每個機關、學校、公園，乃至路口，都站著他的銅像。有慈祥和藹長者風範有氣宇昂揚騎馬英姿的，也有披斗蓬統帥造型似乎他的每個年齡層都有「豐功偉業」。

中正生前我們稱他為蔣總統，死後稱先總統 蔣洋人對他用介石音譯，海峽對岸稱他介石，會稱呼他為「中正」的，大概只有台灣人。

中正不僅是人名，也是戰鬥機、國際機場的名字。更有趣的是從都市到鄉村，各地最大的道路非中山即中正。難怪台灣的都市，一定有中山、中正、中華的「三中大道」。而後的「經國路」、「登輝大道」也就不足為奇了。（黃智偉）

1 手持蔣中正畫像的女學生隊伍經過總統府前,約1950年代,羅超群攝.

2 蔣中正總統戴著墨鏡在司令台上看軍校學生演習,被外國媒體稱為「亞洲獨裁者」的蔣中正難得露出這樣輕鬆的神情,約1950年代.（中央日報社提供）

3 蔣中正總統夫婦主持國慶大典時向民衆致意, 1951.10.10.（中國國民黨黨史會提供）

4 蔣中正總統及蔣夫人宋美齡為來台的麥克阿瑟送行,一同步出介壽館,1950.7.31.（中國國民黨黨史會提供）

5 蔣中正總統與來訪的艾森豪總統一起閱兵,1955.6.18,郭琴舫攝.（中央日報社提供）

6 韓國大統領朴正熙及夫人來台訪問,蔣中正總統夫婦接機,1966.2.15.（莊永明提供）

7 手持歡迎艾森豪總統看板的台北市民,1955.6.18,郭惠煜攝.（中央日報社提供）

7

異國情調「共進會」

所謂共進會是指網羅各地物產薈萃一堂，介紹物產如何生產、各地產業狀態與產銷互動的產業博覽會。日本在本國每五年由中央政府主辦，台灣則由總督府分別於1908年台灣縱貫鐵路通車時在台北、1911年在嘉義、1915年在台南舉行小型共進會。1916年爲
領台20年，開辦規模盛大的台灣勸業共進會，蒐
島及日本各府縣、朝鮮、滿洲等地物產，並邀集
半島、南洋各地提供產品，共同陳列於一堂。

勸業共進會的目的首先在於對外公開台灣產業
濟發展情況，也讓台人熟知日本帝國本土及殖民

1

3

2

4

5

1 第一屆台灣勸業共進會(Formosa Industrial Exhibition)以尚未完工的台灣總督府為第一會場,當時總督府前還特別設置了噴水池. 1916. 1.1. (遠流資料室)

2 台灣勸業共進會紀念明信片,1916.1.1. (莊永明提供)

3 4 5 1919年創立的「日本高砂麥酒株式會社」,在台北市上埤頭（即公賣局建國啤酒廠現址）設廠,是日治時期台灣唯一的啤酒工廠,主要供應在台日本人的啤酒需求,台灣啤酒在日治時期稱做「高砂啤酒」,早年外銷美國、中國時,改稱China Beer(中國啤酒),從高砂啤酒、中國啤酒、台灣麥仔酒到台灣啤酒,不論是那個名字,它的品質始終如一.不管是早年的促銷活動或今日的電視廣告,台灣啤酒的氣泡一直蓬勃地冒著.

圖 3 為1926年高砂啤酒在台灣全島巡迴展演的場面,牛車隊後面的芭蕉煎餅是「元祖」的商號.

圖 4 為高砂啤酒巡迴展在晚間舉行的日式歌舞表演會.

圖 5 為觀看難得一見的晚間盛會的民眾,被閃光燈瞬間打亮的茫然神情,煞是有趣.

(中研院社科所提供)

狀態；其次是希望日本人及台灣人能夠研究華南洋的產業與經濟事務；同時也希望華南與南洋人此觀覽台灣與日本各殖民地的產物、經濟概貌。

進會的第一會場設於尚未落成啓用的總督府廳第二會場在林業試驗場附屬台北苗圃（今植物。展期由4月10日至5月9日，後來延至15日閉幕。參觀人數約有80萬人次，日本也派出閑院宮殿下夫婦來台灣視察。此次共進會的成功落幕，也預告了20年後「台灣博覽會」的盛況。

除共進會外，日本當局在台灣引進各種活動，例如啤酒巡迴展、神社的祭典、各類的化妝舞會及遊行，如今看來，卻已是年代遙遠的異國風情調。（鄭麗卿）

8

6 中壢神社鎮座祭典中楊梅團「出」的化妝隊伍,令人驚奇的是他們扮裝黑人的模樣:全身塗黑、戴面具、圓錐形的胸飾、圍草裙、戴腳環,活脫脫的異國情調,1939,吳金淼攝.

7 1940年代因某個不知名的節日而舉辦的化妝遊行,專賣局（埔里酒廠的前身）的員工穿著各行各業的標準服裝扮成各色人等遊行,之後在專賣局前合照,畫面右側的燈籠寫著「人生行路五十」,意謂著人的一生短短五十年(當時人的平均壽命大約五十歲),要珍惜生命的可貴.

（莊正夫提供）

8 日治時代甚為流行的小學生化妝會,約1940年代.

（徐仁修提供）

[1] 始政40周年紀念台灣博覽會海報共有三款,此為第二款,本來徵選了台灣本地畫家來設計,但當局對作品並不滿意,所以仍由第一款的設計師塚本閣治設計.藍色背景中的白鴿高舉著翅膀,誇示博覽會的成果.左下角的椰子樹和芭蕉葉象徵台灣.取自《始政40周年紀念台灣博覽會協贊會誌》(國圖台灣分館提供)

[2] 台灣博覽會明信片集封套,來源同 [1].

[3] 為使來台北參觀博覽會的觀衆留下深刻印象,台北車站前搭設了設計精巧、色彩鮮艷的台灣博覽會歡迎門.(莊永明提供)

[4] 兒童館提供了各種運動器具、飛行塔、小火車等遊樂設施.(國圖台灣分館提供)

[5] 台灣博覽會會場鳥瞰圖,吉村清三郎所繪.為了廣為宣傳,當時總督府曾發行台北市地圖及博覽會參觀指南、會場指南,分送全島各機關,並在飯店、車站販售.(洪聰益提供)

當東方之星升起

1935年（昭和10年）是日本領台第40年，文治武功已經穩固，各項建設也達於巔峰；對正急劇擴張帝國版圖的日本而言，台灣的戰略位置對其「大東亞共榮圈」夢想具有關鍵的重要性。日本一方面爲誇耀其在台的殖民成績，另方面也爲展現帝國的實力，遂規模足以媲美當時歐洲萬國博覽會的「始政四十紀念台灣博覽會」。博覽會由當時總督中川健藏裁，總督府總務長官平塚廣義任會長，統籌一切事務。展期爲10月10日至11月28日，共50天。

會場有四處：第一會場設於台北市公會堂（今

1

及公會堂以南三線道路至小南門，設有交通土木產業館、府縣館及電氣館等；第二會場設於新公，有文化設施館、國防館、演藝館、兒童館等；在大稻埕太平公學校北側（今永樂國小對面），介洋各地的風土、產業及貿易關係；另有草山分館在今陽明山中國飯店附近），以介紹台灣觀光勝地爲主。博覽會主要展覽內容有台灣物產及建設成果、日人治台政績、日本各地風土物產介紹、日本在朝鮮、滿洲和樺太等殖民地的治績、日本當代工業及國防科技成就、南洋地區風土名產等等，總計展出物件有30萬件以上，展覽期間參觀人數達275萬餘人，參觀人數達當時台灣總人口的1/3。（鄭麗卿）

3

4

殖民地大觀園

1935年4月，新竹、台中發生強烈地震，災民達26萬多人，正值復元之際，日本當局仍不改初衷舉辦博覽會，可見其彰顯國勢意圖之強烈。日本在台灣博覽會上宣揚國威不遺餘力，但台灣的地域性特色仍是宣傳的重點，以便招徠世界各國的觀光客。

在介紹台灣各地的物產、鐵路、林業、衛生政、教育等展覽館中，均製作了各種圖表、模型島或產地的全覽圖幫助觀衆一目了然。以第一會糖業館爲例，展覽館牆上寫著「看！台灣製糖業之冠」的大字，日本聲稱糖業爲台灣文化之母，

1

2

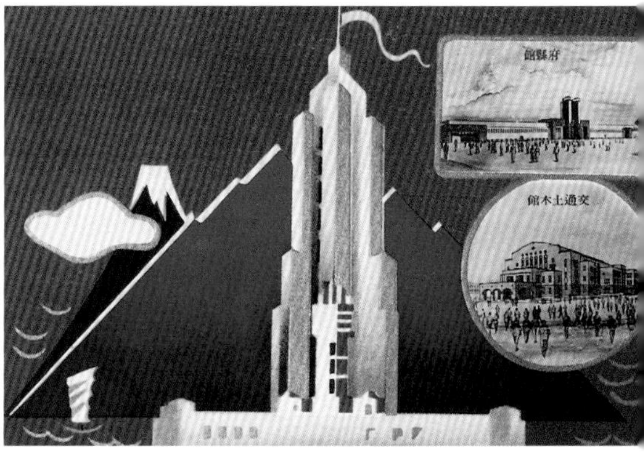

3

4

1 3 4 台灣博覽會明信片集.(國圖台灣分館提供)
2 5 6 7 8 9 10 台灣博覽會各展覽館明信片集,連台灣以外的日本殖民地,如朝鮮也羅列其中,儼然展現殖民地大觀園的壯盛威容.(莊永明提供)

隆帶動島內各種產業的發展；並展出製糖地分布甘蔗病蟲害圖、砂糖種類、製糖需用品、輸出地各種食品營養表、各國砂糖消費量表、國防與糖關係等等。除了這些精心的規劃之外，根據當時報導，糖業館在會場的陳列也是最爲出色。

新公園的展場，博物館前築有饒富古風的蕃屋，也是博覽會極特出的景象之一，讓來自日本的人有親臨「蕃地」之感。

另外，在小南門廣場所設的興業館，展出「20年後的工業台灣」的主題，將20年後的台灣送電系統、電力供需分布圖以及水利地圖等等，一一展示出來，日本人治台的用心與謀慮不可謂不深矣！（鄭麗卿）

8

9

10

城鄉嘉年華

戰後初期，每逢初一、十五在各地鄉鎮廟口的市集，展售的雖是衣服、鞋子、廚房用具和農產品等日常生活必需品，但在那個沒有電視的年代裡，卻是一個令人興奮期待的熱鬧盛會。

1949遷台的國民政府，在經過十年的休養生息爲公開呈現十年來的經濟建設成果，特別於1959台中舉辦「國產商品展」，展示台灣從農業邁向工過程中，輕工業與中小型工業的進步，當然也不倡愛用國貨；其間還舉辦熱烈的「商展小姐」競更將熱鬧的展覽會場帶入高潮。

1

1 牛墟是農業時代農村買賣牛隻的地方,固定在每個月三、六、九,或是星期二、四、六開市,牛墟上備有牛車讓買主試牛,有時牛車上會坐上許多看熱鬧的人來考驗牛的力氣大小,牛墟周圍還有賣驅打牛隻的籐條,牛墟開市是一樁盛事,背著小孩的婦女,穿改良式旗袍的女郎也來湊熱鬧,自從農業機械化之後,農人不再駛牛,牛墟也隨著消失了.1956,台南新化.楊基炘攝.

2

3

2 3 令人難以想像的萬里蛙比賽，是發生在「美援」時代的一件趣事,圖 3 為美國國際萬里蛙跳遠競賽在台南舉行的國內預賽,選拔賽中跳得最遠的青蛙將被取名為「萬里蛙」並加以訓練,遠赴美國參加國際比賽,那是一個連小小的青蛙也能為國爭光的年代！圖 2 為即將遠渡重洋到美國參加國際「萬里蛙」競賽的青蛙,由特派的空中小姐陪同搭機.
取自《豐年》雜誌7卷11期,1957.6月.（莊永明提供）

後，隨著工商業持續發展，各種大大小小的展覽也不斷舉辦，以創造商業利益，促成產業之間的觀摩與合作。例如1964年的「經建成果展覽會」、年的「外銷新產品展」等；其中規模最浩大的是年的「慶祝中華民國建國60年經濟建設成果展覽，展出台灣的經濟資源、政府遷台後經濟建設政策、台灣經濟發展過程，以及最重要的——未來長期建設的藍圖。

從民間日常的廟會市集，到政府主導的大型商展，代表了台灣經濟發展的不同階段；現在我們每天在世貿中心可以看到人山人海的各式各樣商展，台灣的經濟發展早已不可同日而語。（鄭麗卿）

6

4在1971年「中華民國建國60年經濟建設成果展」的參觀人潮中,老牌子的洗衣聖品——非肥皂的天鵝標誌相當醒目.羅超群攝.

5商展小姐向來是大衆焦點,圖為年度商展小姐排出陣式,吸引了大批搶拍最佳鏡頭的媒體記者與民衆,1959,鄧秀璧攝.（中央社提供）

6小販業職業工會於台北市城中區的慶祝活動,1950,秦凱攝.（中央社提供）

參考書目

凡書籍資料未標示日文版、英文版者均爲中文版

20世紀歷史・影像

- 20世紀：從攝影看世界與日本的一百年（日文版）,1996,日本東京,集英社
- 人物20世紀（日文版）,1998,日本東京,講談社
- 日錄20世紀（日文版）,1999,日本東京,講談社
- 時代精選,1973,時代雜誌
- 20世紀影像史（英文版Photohistory of the 20th Century）,1986, Grimwood,
- Joanthan/Blandford Press, 紐約.
- 我們的時代：馬格蘭攝影精選（英文版In Our Time: The world as Seen by Magnum Photographers, 1989, William Mancheter with essays by Jean Lacouture and Fred Ritchin.
- 人類大世紀（20th）,1999,大地地理出版社
- 20世紀史（Our Times）,1998,貓頭鷹出版社
- 珍藏20世紀（The Century）,1999,彼德・詹寧斯、陶德・布魯斯特著/時報出版社

台灣日治時期歷史・影像

- 台灣民衆黨特刊,1930
- 台灣總督府警察沿革誌（中文復刻版）,1933-45,台灣總督府警務局
- 皇國之道（日文版）,1932,台灣總督府文教局學務課
- 東台灣展望（日文版）,1933,東台灣曉聲會
- 台灣地方自治選舉問答（日文版）,1935,海山自治協會
- 台灣地方選舉事務提要（日文版）,1935,台灣地方自治協會
- 兒童年鑑（日文版）,1938,日本東京,野玫瑰、第一線出版社
- 台灣大年表（中文復刻版）,1938,台灣經世新報社
- 台灣製糖株式會社史（日文版）,1939,台灣製糖株式會社
- 台灣統計地圖,1946,行政長官公署統計室
- 台灣省五十一年來統計提要,1946,台灣省行政長官公署統計室
- 日本植民地史3： 台灣・南洋（日文版）,1978,日本東京,每日新聞社
- 台灣懷舊1895-1945,1990,創意力文化公司
- 台灣回想1895-1945,1993,創意力文化公司
- 斯土繪影1895-1945,1996,立虹出版社
- 台灣鳥瞰圖,莊永明著,1996,遠流出版公司

台灣史料總覽

- 台灣全記錄,1990,錦繡出版社
- 台灣歷史年表（1-5）,台灣史料編纂小組,業強出版社
- 台灣歷史圖說,周婉窈著,1997,聯經出版社
- 台灣歷史辭典,楊碧川著,1997,前衛出版社
- 台灣百科,若林正丈、劉進慶、松永正義編著1993,克寧出版社
- 台灣地區文獻會期刊總索引,1989,龍文出版社
- 島國顯影（1-4）,1997,創意力文化公司
- 日據下台灣政治運動社會史,2000,葉榮鐘著,晨星出版社
- 台灣紀事：台灣歷史上的今天（上/下）,莊永明著,1989,時報出版社
- 台灣第一,莊永明著,1995,時報出版社
- 台灣百人傳1/2,莊永明著,2000,時報出版社
- 台灣史100件大事（上/下）,李筱峰著,1999,玉山社出版公司
- 台灣事變真相與內幕,勁雨編,1947,上海建設書店
- 台灣1987-1990人權報告,1990,台灣人權促進會
- 台灣民權運動回顧,1999,台北228紀念館
- 被出賣的台灣：葛超智文物展縱覽,1999,台北228紀念館
- 傷口的花,1999,李敏勇著,台北228紀念館
- 光復前台灣文學全集,1979-82,遠景出版社
- 70年代：理想繼續燃燒,楊澤主編,1994,時報出版社
- 狂飆八〇：紀錄一個集體發聲的年代,楊澤主編,1999,時報出版社
- 台灣民主政治40年,李筱峰著,1987,自立晚報出版社
- 台灣集會遊行十年記事,徐桂峰著,1989,自立晚報出版社
- 台灣議會政治40年,鄭牧心著,1991,自立晚報出版社
- 黨外・漫畫・250,簡錫堦著,1983,關懷之聲出版社
- 台灣光復廿五年,1970,台灣省新聞處
- 國民革命與台灣,1980,近代中國出版社
- 台灣畫刊（1954-61）,1965,台灣畫刊社
- 台灣民間產業40年,王克敬著,1991,自立晚報出版社
- 台灣茶葉發展史,范增平著,1992,台北市茶商業同業公會
- 尋找工業傳家寶,1992,光華雜誌社
- 中華民國金字招牌廠商年鑑,1991,全國金商標推展委員會
- 彰化商業銀行九十年史,1996,彰化銀行

彎影像・圖象誌

新懷念集,約 1975,私人出版
灣行腳,1984,大拇指出版社
灣經濟影像 1940-80,1987,卓越文化事業公司
像的追尋（上/下）：台灣攝影家寫實風貌,張照堂著,1988,光華書報誌社
門下的老台灣,1989,向陽、劉還月編著,林白出版社
投縣老照片特輯（1-5）,1994,南投縣立文化中心
日情懷：大甲老照片徵展專輯,1994,台中縣立文化中心
首楊梅壢,1995,楊梅文化促進會
開新港人的相簿,顏新珠編著,1995,遠流出版公司
灣百年攝影展圖錄,1995,國立歷史博物館
灣：戰後50年,1995,時報出版社
說淡水四百年,1995,台北縣淡水鎮公所
石鐵臣：台灣畫冊解說,1996,台北縣立文化中心
輕・台北,1996,台北市政府新聞處
說台北,1997,台北市政府新聞處
義風華,顏新珠編著,1997,嘉義縣立文化中心
像寫台灣：花蓮人的老相簿,邱上林編著,1997,花蓮縣立文化中心
林故鄉：林田山專輯,鄭仁崇編著,1998,花蓮縣立文化中心
桐最後的望族,林保寶著,1998,玉山社出版公司
見原鄉人,1998,北市府、台北市客家公共事務協會
灣少年工,1999,前衛出版社
想清水：牛罵頭老照片專輯,1999,台中縣立文化中心
真的台北人,1999,張照堂主編,台北市政府新聞處
異鄉到家鄉：「外省人」影像文物展,2000,台北228紀念館

紙・期刊

新月刊（1995復刻版 1-8）,1945-46,傳文文化公司
灣文化（1999復刻版系列）,1945-46,吳三連台灣史料基金會、傳文化公司
由談月刊,3卷12期,1952 ；6卷1期,1955 ；7卷3期,1956 ；卷4期,1956 ；9卷10期,1958 ；11卷4期,1960/ 中國自由出版社

- 豐年2卷1期,1952 ；4卷15期,1954 ；7卷11期,1957 ；18卷1期,1968 豐年社
- 台灣水利2卷1期,1954,中國水利工程學會、台灣水利出版委員會
- 自由中國15卷10期-16卷3期,1954-60,自由中國社
- 台灣新生報光復創刊16年特刊,1961
- 地方自治半月刊284號,1961,地方自治半月刊社
- 農友13卷9期,1962,台灣省農會
- 今日世界248期,1962,今日世界出版社
- 工業設計創刊號、3期,1967/68,工業設計雜誌社
- 美麗島創刊號,1979,美麗島雜誌社
- 世界地理雜誌精選集,1984,世界地理雜誌社
- 人間37期,讓歷史指引未來專題,1988,人間雜誌社
- 歷史月刊45期,1991,歷史月刊雜誌社
- 天下雜誌,發現台灣特刊,1991 ；200期,影響200，飛越2000專題,1998 ；217期,風雲際會100年專題,1999/天下雜誌社
- 廣告雜誌100期,1999,滾石文化
- 數位時代創刊號,1999 ；周特刊3期,2000/巨思文化

特別感謝

以下人士及單位熱心提供珍貴影像、圖象、文史資料，
讓我們得以長眺台灣百年政經歷程，並共同在21世紀繼續累積，
在此一併致上最深的謝意。

照片提供

李文吉、宋隆泉、吳永順、吳忠維、吳耀坤、徐仁修、林茂榮
岳國介、楊基炘、林彰三、黃伯驥、許村旭、許伯鑫、黃子明
莊萬壽、傅良圃(F. J. Foley)、陳炳勳、陳輝明、潘小俠、蔡明德
蔡沂均、顏新珠、劉振祥、鄒宗翰、謝三泰、蘇聖斌、羅超群

圖片・資料提供

丁榮生、立石壽美、王　駿、王連源、王淑津、李　疾、李秀玲
李重耀、吳子文、吳天章、吳興文、吳夏雄、吳榮訓、吳樹民
周明德、林保寶、林皎宏、林信誼、林美瑢、林絜霏、卓清木
紀　政、邱榆鑑、邱榮華、洪瑞麟家屬、洪聰益、侯俊明
高明華、連德誠、唐壽南、許翠華、舒國治、梁志忠、施秀盼
莊正夫、黃春秀、黃盛璘、黃國憲、張素娥、張國華、陳　板
陳瑞和、陳映真、陳碧奎、陳德生、陳慶芳、陳耀圻、曹　森
張傳財、游常山、楊茂林、楊仁杰、楊敏盛、曾炳松、雷養德
葉芸芸、葉博文、廖素霞、鄭世璠、蔡玉村、蔡文婷、蔡進昌
劉育東、劉還月、簡明輝、簡錫堦、簡義雄、謝里法、蘇文魁
羅廣仁
中研院中山人文社會科學研究所、台北228紀念館
國家圖書館台灣分館、國史館、中央通訊社、中央日報社
中國時報編輯部資訊中心、中國國民黨黨史會、行政院新聞局
牛罵頭文化協進會、台北縣文化局、台南市文化基金會
花蓮縣文化局、南投縣文化局、宜蘭縣縣史館、集集鎮公所
台南市長榮中學、嘉義縣興中國小、台北市茶商業同業公會
台灣人權促進會、外貿協會、余登發文教基金會、信誼基金會
常民文化學會、張進通・許世賢文教基金會、新港文教基金會
鄧麗君文教基金會、綠色小組、展顏工作室、賴和紀念館
大同公司、富邦銀行、彰化銀行、第一銀行、美商花旗銀行
華泰電子公司、工業設計雜誌社、天下雜誌社、今日郵政月刊社
玉山社出版公司、晨星出版社、勞動者雜誌社、傳文文化事業公司
數位時代雜誌社、小邱工作室

台灣世紀回味：時代光影 = Scanning Taiwan
1895-2000 / 遠流視覺書編輯室，一台北市
：遠流，2000【民89】
168面：23 × 30公分．一（台灣世紀回味系列：1）
含索引
ISBN 957-32-4236-2（精裝）

1.台灣一歷史

673.22　　89018465